전통사찰총서

9

전북의 전통사찰Ⅱ

寺刹文化硏究院

고창 선운사 전경

고창 선운사 대웅보전

고창 선운사 금동지장보살상

고창 문수사 전경

군산 상주사 대웅전

군산 은적사 내경

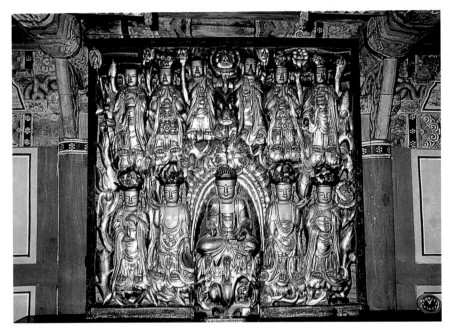

남원 실상사 약수암 목각탱

남원 실상사 전경

남원 실상사 내경

남원 선국사 대웅전 공포 용두장식

남원 귀정사 내경

남원 덕음암 미륵전 미륵상

남원 대복사 극락전

남원 미륵암 용화전 미륵상

남원 심경암(적조암) 대웅전 석불

남원 선원사 대웅전

남원 선원사 약사전 철조여래상

남원 용담사 칠층석탑 · 석불

남원 창덕암 전경

남원 만복사지 전경

남원 만복사지 오층석탑

남원 만복사지 석조여래상

부안 개암사 대웅보전

부안 개암사 대웅보전 삼존불

부안 내소사 내경

부안 내소사 대웅보전 문살

부안 월명암 법당

순창 실상암 내경

순창 강천사 내경

순창 대모암 내경

임실 상이암 내경

임실 신흥사 대웅전

임실 죽림암 법당

정읍 법인사 대웅전

정읍 석탄사 내경

정읍 정토사 내경

정읍 내장사 정혜루

정읍 유선사 내경

전통사찰총서

사찰 문화 이해의 길잡이

한반도에 불교가 전래된 지 천육백여 년, 불교는 고대 국가의 찬란한 문화를 선도하고 수많은 고승 대덕을 배출하여 실로 한민족의 문화적·정신적 바탕이 되어왔다. 일찍이 불교 문화를 꽃피웠던 신라시대의 경주 거리는 '사사성장탑탑안행(寺寺星張塔塔雁行)'이라 표현하여 곳곳에 절과 절이 맞닿아 있고 탑과 탑이 기러기처럼 줄을 잇고 있었다고 하였다. 그야말로 불국토의 장엄한 세계를 신라 사회에 그대로 옮겨 놓은 불연(佛緣) 깊은 나라였다.

고려시대에는 온 국민이 하나가 되어 팔관회와 연등회 같은 불교 행사가 성행하였고, 이러한 불심(佛心)은 마침내 불력(佛力)으로 국가적 재난을 막아내고자 하는 팔만대장경불사로 이어졌다. 그러나 조선시대에는 다소 침체의 길을 걷는 등 변화하는 역사 속에서 불교는 성쇠를 거듭해 왔다. 오늘날의 불교는 다종교의 홍수 속에서도 한민족의 전통 사상으로 굳건히 자리하고 있음은 주지의 사실이다. 더욱이 현대 사회에 있어서 물질과 금력이 팽배해 감에 따라 정신적 안식이 현대인에게 요청되어 고요한 사찰을 찾는 이들이 점점 증가하고 있다. 그러나 선조들의 빛나는 문화 업적과 소중한 사찰 문화재는 옛모습을 잃고 조금씩 변화해 가며 때로는 유실되고 있는 실정이다.

그리하여 사찰 문화의 보존과 현대적 계승이라는 취지에 뜻을 같이 하는 몇몇 사람들이 모여 원을 세웠다. 불교 문화의 참뜻을 찾아 한데 모으고 다듬어 때를 벗겨 정리함으로써, 이 시대의 사람들과 뒷 세대들로 하여금 재창조와 도약의 발판으로 삼을 수 있도록 하자는 것이었다. 이러한 원을 실현하기 위하여 사찰문화연구원을 설립하고 그 첫번째 사업으로 「전통사찰총서」를 간행하게 된 것이다.

　우리의 사찰은 불교의 참정신이 깃들어 있는 곳이요, 고승들의 발자취가 서려있는 곳이며, 몸과 마음을 맑힐 수 있는 신행의 요람처이다. 따라서 「전통사찰총서」의 집필에는 외형적이고 피상적인 사실의 설명에서 한 걸음 더 나아가 사찰이 간직하고 있는 정신 세계와 본질을 규명하는 데 초점을 맞추었다. 곧 각 사찰의 연혁에서부터 소중히 보존해야 할 문화재, 하나하나의 성보(聖寶)에 깃들어있는 의미, 그 절이 지니는 신앙의 성격, 그리고 관련 설화까지를 소상하게 밝혀 놓았다.

　한편 잘못 이해되고 바로 잡아야 할 부분에 대해서는 분명한 까닭을 밝히고 비평을 가하였다. 어느 누구라도 한 사찰을 방문할 때 지침서가 될 수 있도록 나름대로 열심히 엮기는 하였지만, 그래도 보지 못하고 접하지 못한 모습과 듣지 못한 내용이 적지 않을 것이다. 이에 대해서는 많은 분들의 가르침을 기다려 마지않으며 오직 바람이 있다면 이 책이 사찰 문화의 진수를 이해하는 데 조그마한 길잡이가 될 수 있었으면 하는 것이다. 끝으로 이 책을 간행하는 데 협력하여 주신 문화체육부, 조계종 총무원 그리고 각 사찰의 스님들께 깊은 감사를 드린다.

1992년 12월

寺刹文化研究院

전북의 전통사찰 II · 차례

Ⅰ. 군산시

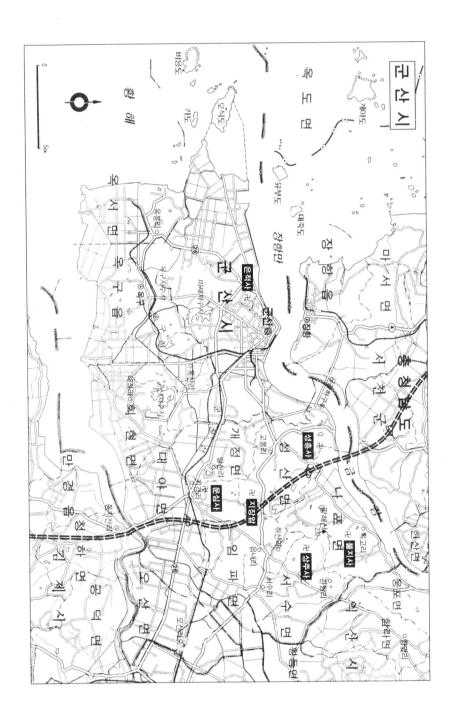

군산시의 역사와 문화

　군산시(群山市)는 전라북도의 서북부에 위치하는 시로서 동쪽은 익산시, 서쪽은 서해, 남쪽은 만경강을 경계로 김제시, 북쪽은 금강을 경계로 충청남도 서천군 및 장항읍에 접한다. 인구는 1996년 말 현재 27만 8,626명, 행정구역은 34개 읍·면·동으로 이루어져 있다. 1995년 1월 1일 옥구군(沃溝郡)과 군산시가 통합되었다.

　자연환경은 시의 대부분이 충적평야와 구릉지로 되어 있으며, 북동부 일부 지역에 불지산(佛智山, 171m)·오성산(五聖山, 228m)·장계산(長溪山, 111m)·천방산(千房山, 120m) 등 아주 낮은 산지가 분포한다. 평야 사이로 흐르는 경포천(京浦川)·탑천(塔川)·어은천(魚隱川) 등이 금강과 만경강의 지류가 되어 서해로 흘러 들어간다. 군산과 장항 사이의 금강 하구는 토사가 급격히 퇴적되어 썰물 때는 갯벌을 이루어 선박 출입에 큰 어려움을 주므로, 이를 극복하기 위해서 1926년에 군산항의 수심 유지를 위한 대안도수제(對岸導水堤)를 축조하였다. 또한 대형 선박의 출입을 위해 1980년 미성읍에 군산 외항(外港)을 건설했다.

　역사는 삼국시대에 백제의 영토로서 마서량현(馬西良縣)·부부리현(夫夫里縣)·시산군(屎山郡)으로 불렸다. 이 지방은 중국과의 교역 창구이자 군사상 요충지로 중요시되었다. 삼국통일 뒤에는 757년(경덕왕 16)에 마서량현이 옥구현(沃溝縣)으로, 부부리현은 회미현(澮尾縣)으로 바뀌면서 시산군이 개칭된 임피군(臨陂郡)에 속했다. 이 지방은 전대에 이어 해안의 요지인 동시에 중국 문물의 교류지로서 여전히 중요시되었다. 고려에는 940년(태조 23) 지방제도를 정비할 때 옥산군(玉山郡)이 되었다가 1018년(현종 9)에 임피현(臨陂縣)으로 강등되었으나 옥구·회미현은 여전히 그 속령(屬領)이 되었다. 한편 이 시대에는 조운(漕運)이 제도화되었는데, 당시 임피에는 전라도 지방의 조세미(租稅米)를 거두어 서울까지 운반하는 진성창(鎭城倉)이 있었다. 그리고 당시 빈번하게 출몰하던 왜구의 침입을 방어하기 위해 사자대 봉수대(獅子臺烽燧臺)를 비롯하여 화산(花山)·천방산(千房山)봉수대 등이 설치되었다. 1380년(우왕 6)에는 최무선(崔茂宣)·심덕부(沈德符)·나세(羅世) 등이 왜적선 500여 척을 격침한 유명한 진포대첩(鎭浦大捷)이 있었다. 조선시대에는 1397년(태조 6)에 진(鎭)이 설치되면서 병마사(兵馬使)가 파견되었으며, 1408년(태종 8)에 전라수군영을 전라남도 무안 지방으로 옮길 때까지 이 지방에 전라수군절제사영(全羅水軍節制使營)이 설치되었다. 조선시대 역시 이 지방은 서해안 방어의 요충지였으며, 고려 말 왜구의 잦은 침입으로 한때 중단되었던 조운이 1487년(성종 18) 군산포에 군산창(群山倉)이 설치되면서 재개되어 다시 전라도 조운의 중심지가 되었다.

근대에는 1895년(고종 32)에 전주부 관할 옥구군·임피군이 되었다가 이듬해 전라북도 소속이 되었다. 1899년(광무 3)에 군산항이 개항(開港)되고 옥구부(沃溝府)로 개편되었다가 1902년에 옥구군이 되었다. 1914년에 임피군과 함열군의 일부 및 고군산열도·비안도·어청도를 통합하여 옥구군이 되면서 10개 면을 관할했으며, 옥구군과 분리되어 군산부가 창설되었다.

한편 일제강점기에는 1912년에 호남선이 개통되고 군산~익산간 철도가 부설됨에 따라, 김제·만경 평야를 비롯한 전라도 지방의 농산물을 군산항을 통하여 일본으로 앗아가는 거점이 되기도 했다. 1949년에 군산시로 승격되었으며, 1980년에 옥구면이 옥구읍으로, 미면이 미성읍으로 승격되었다. 최근에는 1995년 1월 1일에 군산시와 옥구군이 통합되었다.

불지사

■ 위치와 창건

불지사(佛智寺)는 군산시 나포면 장상리 838번지 축성산(鷲城山) 중턱에 자리한 대한불교조계종 제17교구 본사 금산사의 말사이다.

절이 자리잡은 축성산은 서해를 바라보고 있어서 본래는 망해산(望海山)이라 했는데, 산의 형세와 아름다움이 석가모니가 수도 설법하던 인도의 영축산

불지사 절이 위치한 산의 형세가 석가모니가 설법하던 영축산과 흡사하다 하여 축성산이라고 불린다.

대웅전　대웅전중수기에 따르면 절은 인도승 마라난타가 백제에 들어와 창건하였다 한다.

(靈鷲山)과 흡사하다 하여 축성산이라 고치고 절의 이름을 불지사(佛智寺)라 했다는 일화가 전한다. 이 말을 입증이라도 하듯 절 경내에서 바라본 전경은 야트막한 봉우리들이 절을 중심으로 에워싸고 있어서 마치 절이 높은 산의 탁 트인 정상에 올라 앉아 주변 경계를 내려다 보고 있는 듯한 느낌을 준다.

절이 언제 창건되었으며, 어떠한 내력을 가지고 있는지를 알려주는 자료로서 가장 오래된 것은 1911년에 신종환에 의해 쓰여진 「대웅전중수시주기」이다. 이 중수기에 의하면 이 절은 인도승 마라난타가 384년(침류왕 1) 백제에 들어왔을 때 지어졌는데, 그 이후 한동안의 사적은 자세히 기록되어 있지 않다. 조선시대에 들어와서는 1716년(숙종 42)에 덕령·신초 등의 스님이 옛날의 모습에 의거하여 전각들을 중건함으로써 절이 다시 번성하였으나, 이후 별다른 불사가 없어 다시 퇴락하였다. 그 뒤 근대에서는 1911년에 김종우(金鍾雨) 스님이 대웅전과 응진전·벽안당을 중수했다고 한다.

중수기의 내용에서 불지사는 인도 스님 마라난타가 백제에 불교를 들여올 때 지어졌다고 했으나 현재 그 사실을 증빙할 만한 유물이나 유적, 기록물 등이 남아 있지 않아서 그것이 사실인지의 여부는 정확하게 알 수 없다. 다만 1716년 조선 숙종 때에 이르러 대웅전 등이 한 차례 중수되었음은 확실히 알 수 있다.

그런데 이 중수기 외에 절의 연혁을 살필 수 있는 또 하나의 귀중한 자료가 있는데, 현 대웅전 지붕위에 얹어진 막새기와가 바로 그것이다. 기와에는 '崇禎三年二月'이라는 명문이 새겨져 있는데 숭정 3년은 곧 1630년(인조 8)으로서, 중수기에 보이는 1716년(숙종 42)보다 거의 100년 가까이 거슬러 올라가는 시기다. 이 명문이 있는 기와를 통하여 볼 때 1630년 무렵 이 절에 새로운 전각이 지어졌거나 혹은 기와를 새로 얹는 불사가 있었음을 알 수 있다.

1716년 이후 약 280여 년 뒤인 1911년에 다시 한 차례 대웅전·응진전·벽안당 등의 중수가 이루어졌으나 그 뒤로는 별다른 불사없이 이어오면서 한 때는 가람이 거의 퇴락하다시피 했다. 현대에 들어와서는 1985년에 부임한 덕운 주지에 의하여 대웅전의 단청이 보수되고, 나한전·삼성각·벽안당·일주문 등이 연차적으로 중수되는 등의 대대적 불사가 이루어져 지금에 이른다.

이곳에서 특히 눈여겨 볼만한 성보문화재는 대웅전으로서 현재 전라북도유형문화재 제117호로 지정되어 있다.

■ 성보문화재

절 입구에 세워진 '축성산불지사' 현판이 붙은 일주문을 지나 약 5분 정도 걸어 올라가면 축대를 쌓아 터를 다듬고 가지런히 건물을 지은 불지사 경내에 들어선다.

불지사의 가람배치는 중앙에 대웅전을 중심으로 서쪽에 나한전과 삼성각이 있다. 그 동쪽에는 벽안당(碧眼堂) 현판이 있는 'ㄷ'자형 요사가 있는데, 대웅전을 제외한 나머지 건물들은 모두 1985년 이후에 지어졌다.

● 대웅전

　앞면 3칸, 옆면 2칸의 주심포계 팔작지붕 건물로서 최근에 단청을 새로 했다. 조선시대 건물로서 1986년에 전라북도유형문화재 제117호로 지정되어 보호되고 있다. 대웅전을 보수하던 중 '숭정 3년 2월'이라는 명문이 새겨진 막새기와를 발견했는데, 이것으로 보아서 훗날 여러 차례에 걸친 보수가 이루어지기는 했겠지만 적어도 지금으로부터 370년 전인 1630년에는 존재했던 건물임을 알 수 있다.

　내부에는 '대웅전' 현판과는 다르게 아미타불상이 본존불로 봉안되어 있다. 아미타불상은 고개를 약간 앞으로 숙이고 있으며 몸체에 비하여 얼굴이 약간

대웅전 아미타불상
조선시대에 조성된 것으로, 김제 모악산 귀신사에 있던 것을 이곳으로 옮겨왔다고 전한다.

큰 본존불은 조선시대에 조성된 것으로 보인다. 전하는 바에 의하면 본래 모악산 귀신사(歸信寺)의 영산전에 봉안되어 있었던 것인데 언제인가 이곳으로 옮겨 왔다고 한다. 10년 전 개금할 때 '전라도 태인지 운장산 운장사(全羅道泰仁誌雲長山雲長寺)'라 쓰인 『법화경』 활자본과 함께 기타의 복장물들이 나왔다고 한다.

나한전 나한상

대웅전 내부에는 본존 불상 이외에 본존 후불탱화인 영산회상도를 유리 액자에 넣어 중앙에 봉안하고 있으며, 좌우벽에는 신중탱화와 지장탱화가 봉안되어 있다. 이들 탱화 가운데 영산회상도를 제외한 나머지는 모두 근래에 조성되었다.

● 나한전

앞면과 옆면 각 3칸씩의 맞배지붕 건물로서 내부에는 석가모니불상을 중심으로 좌우에 16나한과 사자상(使者像)이 봉안되어 있으며, 후불탱화는 영산회상도와 나한도 4폭이 봉안되어 있는데 모두 근래에 조성된 것들이다. 나한상은 2체만이 근래에 조성된 것이며 나머지는 오래 전부터 전해내려 오던 것이라 한다.

● 삼성각

앞면 3칸, 옆면 1칸의 맞배지붕 건물로서 내부에 불상은 없고 중앙에 칠성
탱화를 중심으로 근래에 조성된 산신탱화와 독성탱화가 좌우에 봉안되어 있
다. 삼성각 앞에는 두 손을 가운데로 모아 지물(持物)을 들고 있는 석상 1체
가 있는데, 꽤 오래된 것으로 보인다.

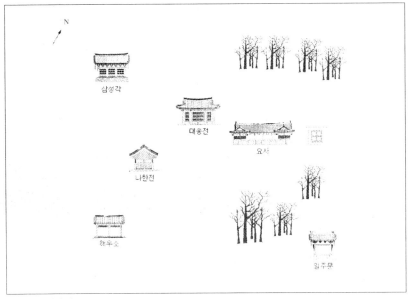

불지사 가람배치

상주사

■ 위치와 창건

상주사(上柱寺)는 군산시 서수면 축동리 544번지 축성산(鷲城山) 동편 기슭에 자리한 대한불교조계종 제17교구 본사 금산사의 말사이다.

창건에 관하여 전해오는 바에 의하면 606년(백제 무왕 7)에 혜공(惠空)대사가 창건했으며 그 뒤 고려시대인 1362년(공민왕 11)에 나옹(懶翁)대사가

상주사 최근의 중창불사로 대부분의 전각을 고쳐짓거나 새로 지어 가람을 일신하였다.

중수했다고 한다. 그리고 조선시대에 들어와서는 1641년(인조 19)에 취계 대사가 3차 중수했고 1762년(영조 38)에 학봉(鶴峰)선사가 4차 중수했다. 그러나 이러한 절의 연혁을 증명할 만한 중수기 등의 기록이나 유물 등은 현재 전혀 남아 있지 않다. 특히 창건 무렵인 신라 진평왕 때의 이 지역은 백제 무왕 7년에 해당하는데, 백제지역에 신라의 혜공대사가 와서 창건했다는 점은 신빙성이 희박한 것으로 보인다. 다만 『삼국유사』 등에서 보이듯 신라의 혜공대사는 신비한 능력을 가지고 있던 탁월한 고승이었기에 아마도 후대의 언젠가 절의 창건을 혜공대사에 붙인 것이 아닌가 한다.

전해오는 바에 의하면 절의 이름은 본래 상주사(上住寺)였다고 한다. 그런데 이곳 상주사의 나한전은 영험이 많기로 널리 알려져 있어서 고려 때는 공민왕이 절에 들러 나라의 안녕을 비는 기도를 하였다. 이것이 인연이 되어 절 이름을 '나라의 기둥'이 되는 절이라는 의미에서 '머무를 주(住)'자를 '기둥 주(柱)'자로 바꾸어 상주사(上柱寺)라 하게 되었다. 그 당시 축성산 내에는 상주사에 속한 암자가 9개나 있었으며, 승려만 해도 약 200여 명이나 되어서 밥하기 위해 씻은 쌀뜨물이 아랫마을까지 내려갔다고 한다. 이러한 점들을 통해 한때는 규모가 매우 컸던 사찰임을 알 수 있다.

조선시대인 1762년(영조 38)에 학봉선사가 4차 중수를 한 이후 약 200여 년간 절의 변천을 알려주는 기록은 전혀 찾아 볼 수 없다.

근래에 들어와서는 1989년부터 1994년까지 부임한 주지 여산 스님과 그 뒤를 이어서 현재까지 주석하고 있는 성륜 주지스님에 의해서 대대적 중창불사가 이루어졌다. 여산 스님은 나한전과 요사를 보수하고, 대웅전에 신중탱화·현왕탱화·지장탱화 등을 봉안했다. 1994년부터 현재까지 주석하고 있는 성륜 스님은 붕괴 직전에 있던 대웅전을 해체 보수하고 새롭게 단청작업을 하였고 대웅전 옆에 관음전을 새로 지었으며, 나한전 뒤편에 삼성각을 세우고 요사를 고쳐짓는 등의 불사를 이루었다. 또한 현재에도 관음전의 단청과 대웅전 삼존의 개금불사, 관음전 앞의 종루 이전, 절 경내 조경사업 등의 불사들이 계속될 예정이라고 한다.

현재 대웅전은 전라북도유형문화재 제37호로 지정 보호되고 있다. 여의주를 입에 물고 있는 용머리 모양의 쇠서나 내부의 용이 섬세하게 조각된 전패목 등은 조선시대 건축물의 아름다움을 보여주는 대표적 문화재이다.

■ 성보문화재

절은 중앙에 대웅전과 관음전이 나란히 자리하고 있다. 대웅전 서쪽에 나한전과 요사가 나란히 동쪽을 향하고 있으며, 나한전 뒤편에는 삼성각이 있다. 관음전 옆에는 옛 요사의 일부가 남아 있고 관음전 앞에는 범종각이 있다.

절의 경내에서 눈길을 끄는 것 가운데 하나는 대웅전 앞에 있는 수령이 500년 정도된 백일홍과, '丁巳年四月二十五日化主德仁'이라는 명문이 있는 좌대 모양의 석물 1기다. 백일홍의 수령을 통해서 이 절의 나이를 어느 정도 짐작할 수 있을 듯하다.

대웅전 최근 해체 복원하고 단청작업을 하였다. 공포나 내부의 천장·보 등의 조각이 빼어나다.

나한전 석가삼존불상 석가모니부처님을 중심으로 미륵보살과 제화갈라보살을 봉안하였다.

● 대웅전

앞면과 옆면 각 3칸씩의 다포식 팔작지붕 건물로서 붕괴직전에 있던 것을 1995년에 해체 보수하였으며 1997년에 새로 단청을 했다. 이 건물의 대표적 특징은 공포나 내부의 천장 보 등의 조각이 빼어나게 아름답다는 점이다. 공포의 쇠서 윗머리에 조각한 용머리 장식, 공포의 사이사이 화반에 그려진 여래좌상, 내부 천장 보에 조각하여 붙인 게·물고기·연봉 조각, 천장의 네 귀에 달린 연등 모양의 조각, 금방이라도 날아갈 듯 생동감있게 조각된 여의주를 입에 문 용 모양의 전패목 등 어떤 것 하나도 놓칠 수 없을 만큼 그 섬세한 수법이 인상적이다.

대웅전 내부에는 석가여래상을 중심으로 그 좌우에 아미타불과 약사불의 삼불상을 봉안하였고, 본존 뒤에는 영산회상도가 있다. 그리고 그 오른쪽에는 지장탱화, 왼쪽 옆면 벽에는 신중탱화, 오른쪽 벽에는 현왕탱화를 봉안하고 있다. 영산회상도가 1922년에 조성된 것 외에는 전부 근래에 봉안되었다.

대웅전 내에는 이외에도 업경대(業鏡臺) 2기와 위패(位牌) 대좌가 오랫동안 전해내려 오고 있었는데 근래에 들어와 업경대는 도난 당하고 현재는 위패 대좌 1기만이 남아 있다. 업경대와 함께 탱화도 도난 당했다.

● 관음전

앞면 3칸, 옆면 2칸의 팔작지붕으로서 이곳은 본래 요사가 있었던 자리다. 1996년에 요사를 헐어버리고 그 자리에 관음전을 새로 지었으며, 관음전 옆에는 옛 요사의 일부가 남아 있다.

관음전에는 아직 불상이나 탱화 등을 봉안하지 않았으며, 단청도 하지 않은 상태이다. 1900년대 초에 조성되었을 것으로 보이는 옛 요사의 마루에 걸려 있던 오방신장탱화를 앞으로 이 전각에 봉안할 예정이라고 한다.

● 나한전

앞면 3칸, 옆면 2칸의 맞배지붕 건물로서 내부에는 중앙에 석가모니불을 중심으로 좌우에 미륵보살과 제화갈라보살을 배치했으며, 그 좌우에 각각 8나한상과 직부사자상을 봉안하고 있다. 본존 뒤의 후불탱화로 1916년에 조성된 영산회상도가 걸려 있다.

나한전은 옛부터 영험이 많기로 소문나 있었으며, 여기에 모셔진 16나한상은 그에 얽힌 일화도 간직하고 있다. 1834년(순조 34)에 상주사 주지와 임피(臨陂) 현감 민치록(閔致祿)의 꿈에 갓을 쓰고 흰 옷을 입은 세 사람이 세 차례나 계속하여 나타나, "지금 나포 앞바다에 떠 있는 배에 존상이 있으니 그 존상을 가져다가 높은 절에 모시면 나라가 태평해질 것"이라고 하였다. 알아보니 과연 나포 앞바다에 주인 없는 빈 배가 있고 그 안에 꿈에서 들은 바와 같은 존상이 있어서 이를 모셔와 봉안한 것이 바로 나한전의 나한상이라고 한다.

● 삼성각

앞면과 옆면 각 1칸씩의 맞배지붕 건물로서 최근에 지어졌다. 내부에는 칠성탱화를 중심으로 독성탱화와 산신탱화가 좌우에 봉안되어 있다.

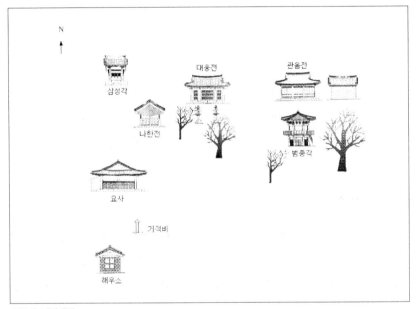

상주사 가람배치

성흥사

■ **위치와 창건**

　성흥사(聖興寺)는 군산시 성산면 둔덕리 26-1번지 오성산(五聖山) 도진봉
서쪽 중턱에 정북향으로 자리한 한국불교태고종 사찰이다.

　절의 창건이나 연혁을 알려주는 자료나 유물은 전혀 없는 상태이며, 다만
구전에 의하여 간단하게 절의 창건내력이 전해질 뿐이다. 전해오는 바에 의하

성흥사　허경선사가 창건하였다고 전하는 절은 오성산 도진봉 서쪽 중턱에 자리하고 있다.

면 1844년에 허경선사가 절을 창건했으며, 1898년에 고청정심 보살이 대웅전을 중창했다고 한다. 그러나 현재 허경선사의 창건을 입증할 만한 기록이나 유물·유적은 전혀 없다.

또 한때 이곳에는 증산도(甑山道)의 일파인 태을도(太乙道)에서 교주로 모시는 고씨부인, 곧 법륜 고판례씨가 머문 적이 있었다. 증산도의 신앙을 가지고 있었던 고씨부인이 이 곳에 기거한 까닭은 아마도 이곳이 오래 전부터 산신신앙의 영험이 있는 곳으로 알려져 있는 등 이 지역 민간신앙의 중심지였으며, 이 절은 바로 그러한 민간신앙을 대변할 수 있는 적절한 도량으로서의 역할을 할 수 있었기 때문으로 보인다. 그는 이곳에서 1933년부터 3년 동

통화명 관음보살입상
고려시대에 조성된 이 관음보살상은 대좌 뒤편에 '통화28년'이라는 연도가 새겨져 있다. 조성년대가 명확하여 귀중한 자료적 가치를 지니고 있다.

안 기거하다가 여기에서 세상을 떠나 절 인근에 묻혔다. 이에 따라 오늘날에도 태을도 계통의 신도들이 고씨부인을 제사하기 위하여 이 곳에 오기도 한다. 결국 이러한 사실을 통해 볼 때 1933년 무렵에는 성흥사가 있었음을 알수 있다.

1941년에 대웅전이 다시 한 차례 중건되었으며, 그 뒤에 채효석·양복용·무진 스님 등이 주석하였고 별다른 불사없이 이어져 왔다.

근래에는 1991년에 대웅전 건물이 오래되어 무너지자 일휴 스님이 대웅전 자리에 요사가 딸린 인법당을 지어 사찰을 유지했다. 이어서 1992년에 부임하여 현재까지 주석하고 있는 법원 스님은 축대를 쌓아 경내를 넓히고 1994년에 원통전을 주전각으로 새로 지었으며, 인법당으로 사용하던 건물을 약간 늘려지어 요사로만 사용하는 등의 중창 불사를 이루었다.

현재 원통전에 봉안할 석가·관음·지장의 금동삼존불이 조성되었다.

■ 성보문화재

절은 원통전과 요사, 법당 뒷편의 산신각이 가람의 전부로서 탑이나 부도 등의 석조물은 전혀 없다.

● 원통전

앞면 5칸, 옆면 3칸의 팔작지붕 건물로서 절의 금당 건물이다. 1994년에 새로 지었으며 아직 단청은 하지 않았다.

내부에는 중앙에 석가모니불을 중심으로 좌우에 관음보살과 지장보살이 봉안되어 있고 본존 뒤의 후불탱화로는 영산회상도가 봉안되어 있다. 영산회상도 좌우에는 인등이 설치되어 있고 그 옆에 독성상과 독성탱화, 그리고 신중탱화와 칠성탱화가 봉안되어 있다. 모두 근래에 조성된 탱화들이다. 그밖에 중종과 소종이 각 하나씩 있다.

● 산신각

앞면과 옆면 각 1칸씩의 건물로서 전해오는 바로는 1910년에 지었다고 하는데, 내부의 대들보에 쓰여진 '檀紀四二九九年丙午'라는 기문으로 볼 때 1910년에 지었다가 1966년에 중수된 듯하다. 현재 이 절에 있는 전각 가운데 가장 오래된 것이다.

내부에는 산신상이 봉안되어 있고 후불탱화로 산신탱화가 봉안되어 있는데 둘 다 근래에 조성되었다. 오른쪽 옆 벽면에는 꽤 오래되었음직한 지장·관음 보살이 협시하는 석가불탱화가 봉안되어 있는데, '佛紀應化二九四九年壬戌'이라는 화기가 남아 있는 것으로 보아서 1922년에 조성된 것임을 알 수 있다. 그림을 그린 금어는 전라북도 사찰을 중심으로 활동했던 진엄 상오(震广尚旿) 스님이다.

● 성흥사 관음보살상

절에는 고려시대에 조성된 청동관음보살입상 2체가 전한다. 이 보살상들은 1991년 대웅전이 무너진 자리에서 함께 발견되었다고 한다. 본래부터 절에 전하던 보살상이었는데, 어떤 이유에선지 한 동안 보이지 않았다가 대웅전이 무너지자 그 자리에 원통전을 짓기 위해서 철거하고 터를 닦던 중 발견되었다고 한다.

두 보살상 가운데 눈에 띄는 것은 약 60㎝ 정도의 크기로 조성된 청동관음 보살입상이다. 이 보살상에는 특히 '聖居山天聖寺統和二十八年'이라는 명문이 기단 뒷편에 새겨져 있어 중요하다. 통화 28년은 중국 요(遼)나라의 연호로서 고려 현종 1년, 곧 1010년에 해당된다.

불상의 조각수법은 기단부는 팔각의 이중기단으로 되어 있으며, 상대와 하대 사이의 연결된 부분은 안상(眼象)으로 처리되었으며, 기단 위의 대좌는 16엽의 길쭉한 복련으로 조각되었고, 그 위에 오른손에 연꽃 봉우리를 받쳐

관음보살입상
명문은 없으나 통화명 관음
보살입상과 함께 고려시대
의 것으로 추정된다. 불상의
뒷면에는 두광의 흔적이 남
아 있다.

들고 있는 보살입상이 세워져 있다. 보살의 보관에는 여래상이 새겨져 있어
이 보살상이 관음보살임을 알 수 있다. 오른손은 쳐들어 연꽃 봉우리를 들고
있고, 왼손은 손목 바로 위 부분에서부터 없어졌다. 도톰한 볼과 날씬한 콧날,
가늘게 뜬 눈 등을 통해 이 상이 잘된 작품임을 느낄 수 있으나, 가느다란 연
꽃잎 대좌나 단순하면서도 딱딱한 옷주름은 어딘지 어색해 눈에 잘 들어오지
않는다. 크기는 대좌를 포함하여 전체 높이 66㎝, 불상 높이 52㎝, 대좌 지름
19㎝이다.

또다른 보살상은 뒷면에 두광의 흔적이 남아 있다. 크기는 전체 높이 37㎝,
불상 높이 31.5㎝, 대좌 지름 10.2㎝이다.

이 두 보살상은 성흥사에 오래 다닌 신도들에 의해 그 전부터 봉안되었던 것으로 확인되면서도, 어떤 이유에선지 근래 잠시 모습을 감추었다가 원통전을 지으면서 새롭게 나타났다는 이적(異蹟)이 있어 흥미롭다. 그래서 지면(紙面)을 통해 공개되는 것은 아마도 이것이 처음으로 보여진다. 또한 불교미술사 입장에서 보더라도 국내에 흔치 않은 조성년대가 기록된 고려시대 보살상이라는 점에서 매우 중요한 자료적 가치를 지닌다.

성흥사 가람배치

운심사

■ **위치와 창건**

　운심사(雲深寺)는 군산시 대야면 산월리 48번지 백산(白山) 남쪽 중턱에 자리한 한국불교태고종 사찰이다.

　절의 연혁에 관한 기록이나 유물은 현재 전해지지 않기 때문에 정확한 것은 알 수가 없고, 다만 현재 절을 관리하는 연칠금 교임과 이곳에서 2km 앞에

운심사　절은 1989년에 미륵불을 봉안하는 등 본격적인 중창 불사가 시작되었다.

있는 곳에 자리한 광법사(廣法寺)의 김득환 주지의 말에 의하여 절의 창건 내력을 알 수 있을 뿐이다.

창건은 1938년 무렵 양재호의 어머니가 사재를 들여 절을 짓고 김동섭 스님을 모셔와 주석하게 한 것이 그 시작이다. 김동섭 스님이 1950년 무렵에 입적한 이후에는 한동안 광법사에서 이 절을 동시에 관리하기도 하였다. 이후 1960년대에 이종선·이종학 형제가 들어와 관리하기 시작했고, 뒤를 이어 이종선의 아들 이주환이 관리하면서 절의 명맥이 겨우 유지되었다. 그 뒤 1987년에 연칠금 보살이 이 절을 이어받아 진수 스님을 모셔 오면서 1989년 대웅전 앞에 19척의 미륵불을 봉안하는 등 본격적 중창불사를 하였다.

근래에는 1993년에 진수 스님이 다른 곳으로 옮긴 후부터 연칠금 교임, 곧 지금의 자윤(慈允) 스님이 절 일을 도맡아서 보고 있다.

■ 성보문화재

절의 전각으로는 본래 대웅전과 산신각이 있었으나 1960년대에 이주환 씨가 관리하면서 대웅전 건물을 요사로 사용하고 산신각을 대웅전으로 바꿔 불상을 모시게 되었다. 따라서 현재 절은 과거에 산신각으로 사용되었던 대웅전과 종각 그리고 대웅전보다도 큰 요사가 전부이며, 대웅전 앞에 19척의 미륵불이 봉안되어 있다.

● 대웅전

앞면 3칸, 옆면 2칸의 조그마한 팔작지붕 건물이다.

내부에는 중앙에 석가여래상을 중심으로 좌우에 2단의 사각 보관이 씌워진 미륵보살과 관음보살이 봉안되어 있다. 본존 뒤에 걸린 후불탱화는 영산회상도이며 그 왼쪽에 산신탱화·신중탱화가, 오른쪽에 칠성탱화·지장탱화가 모셔져 있는데, 전부 1987년에 봉안되었다.

본존 옆에 있는 관음보살상은 일제강점기에 조성된 것으로 보이는 일본식 관음보살상으로서, 본래부터 이 절에 있었던 것이라고 한다. 이 관음보살상은 절 입구에 있는 몇 그루의 울창한 벚나무와 더불어 이 절의 창건 연혁을 말해 준다.

대웅전 앞 종각에 걸린 범종의 표면에는 시주자 명단이 새겨져 있는데, 이종선·이주환의 이름이 보이는 것으로 볼 때 1960년대 후반 무렵에 조성된 것으로 보인다.

대웅전 앞에는 1989년에 조성된 미륵불입상이 봉안되어 있는데, 앙련대좌 위에 세워진 불상은 그 높이가 19척이나 되어 대웅전의 작은 규모와는 어울리지 않을 정도로 거대하다.

요사는 앞면 5칸, 옆면 3칸의 건물로서 지금의 대웅전 건물보다 훨씬 큰데, 본래는 이 절의 중심 법당이었다고 한다.

운심사 가람배치

은적사

■ 위치와 창건

은적사(隱寂寺)는 군산시 소룡동 1332번지 설림산(雪琳山) 서쪽 기슭에 자리한 대한불교조계종 제17교구 본사 금산사의 말사이다.

절은 613년에 원광국사(圓光國師)에 의하여 창건된 것으로 전해 온다. 그러나 613년은 백제 무왕 4년에 해당하는 시기로서 당시 이 지역이 백제의 영

은적사 도심 한가운데 자리한 절답게 어린이집 운영 등 활발한 포교사업을 하고 있다.

역이었고 백제와 신라의 관계가 그다지 좋지 않았던 사정을 감안한다면 이곳 백제의 지역에 신라의 원광국사가 사찰을 세웠다는 것은 믿기 어려운 사실이다. 또한 이 지역에서 수습되는 유물도 삼국시대까지 거슬러 올라가는 것이 없어 613년 원광국사의 창건설은 현재로서는 믿기 어렵다.

은적사와 관련하여 현재 전해지고 있는 또 하나의 창건설화는 백제 말기 이전에 창건되었다는 것이다. 신라가 당과 연합하여 백제를 침략하였을 때 중국 당나라의 소정방이 백제를 치기 위하여 이 설림산 인근의 천방산(千房山) 아래에 상륙했는데 이곳에 이미 절이 있었다는 것이다. 이 내용에 의하면 정확한 창건년대는 알 수 없으나 백제 말 신라가 침입하기 이전에 이미 이 곳에 절이 있었던 것으로 짐작할 수 있다.

창건 이후의 사적을 살펴보면 고려시대인 952년(광종 3)에 정진국사(靜眞國師)가 중건했고, 1373년(공민왕 22)에 고려 말의 고승 나옹(懶翁) 스님이 2차로 중수했다. 조선시대에 들어와서는 1781년(정조 5)에 보경(寶鏡)선사에 의해 중수되었으며, 1937년에 허옹(虛翁)선사가 4차로 중수하는 등 전부네 차례에 걸쳐 중수가 이루어진 것으로 전한다. 그러나 이것은 구전되어 오는 내용으로서 정확한 연혁을 확인할 수는 없다.

한편 작성된 연대는 그다지 오래되지 않았지만『조선사찰사료』하권「전라북도」편에 〈은적사중수시주기〉가 있어 절의 연혁을 이해하는 데 도움이 된다. 이 중수기는 1856년(철종 7)에 쓰여진 것으로서 현재 전하는 절에 관한 기록 가운데는 가장 오랜 기록이다. 이 중수기를 통해 적어도 1856년 무렵에는 은적사가 법등을 이어오고 있었음을 확인할 수 있다. 그런데 애석하게도 이 중수기에서조차 1856년 중수 이전의 연혁에 대해서는 다만, "백년고찰로서 오랫동안 중수하지 않아서 거처하는 승려들이 안타까워했다."고만 전할 뿐 자세한 연혁을 알 수 있을만한 어떠한 단서도 나와 있지 않다. 따라서 철종 이전의 사찰 연혁은 다만 구전으로 전해오는 것으로서 추정할 수 있을 뿐이며, 철종 이후의 것에 관해서만 대략적인 것을 알 수 있다.

현재 은적사와 관련된 대부분 자료에서는 구전에 따라서 조선 정조 5년에

극락전 내부를 편안한 강당식으로 꾸며 불자들을 위한 설법과 포교의 터를 제공하고 있다.

보경선사에 의하여 중수가 이루어진 것으로 조사 기록되어 있는데, 〈은적사
중수시주기〉의 내용을 참조해 보면 정조 5년의 보경선사는 아마도 철종년간
에 활동했던 보경(寶鏡)선사를 오인하여 구전된 것이 아닌가 한다. 정조 5년
에 은적사를 3차 중수했다고 하는 보경선사는 장흥 보림사(寶林寺)의 고승
으로서 1790년(정조 14)에 정조의 명을 받아 팔도도화주가 되어 경기도 화성
의 갈양사터에 용주사(龍珠寺)를 세운 바 있는 보경 사일(寶鏡獅馹) 스님
을 가리키는 것으로 보인다. 그런데 1856년에 쓰여진 이 중수기를 살펴보면
1856년에 '보경상인(寶鏡上人)'이 재물을 모아 전각을 올리고 옥구현감으로
재임하던 황종현(黃鍾顯)에게 중수시주기를 부탁하였던 것으로 기록되어 있
어서 이 해에 은적사가 보경상인에 의하여 또 한차례 중수되고 있음을 알 수
있다. 이 중수기에 보이는 보경상인은 범해 각안(梵海覺岸)의 『동사열전(東
師列傳)』에 의하면 완주군 고산면 불명산 화암사(華嚴寺)로 출가하여 공주
마곡사에 주석한 바 있는 용담 출신의 보경 혜경(寶鏡慧璟) 스님을 가리키

는 것으로 보인다. 따라서 구전되는 3차 중수는 정조 5년에 보경선사에 의하여 이루어진 것이 아니라 철종 7년에 전혀 다른 인물인 보경선사에 의하여 이루어졌다고 보는 것이 정확하지 않을까 한다.

근래에 들어와서는 1937년에 허옹선사(虛翁禪師)가 중수했다. 뒤를 이어 법운 스님이 주석하였으며 그 뒤 한동안 별다른 불사없이 이어오다가 1985년에 대우 스님이 주석하면서 중창불사가 시작되었다. 1989년에는 삼성각이 불타 없어졌고, 1993년에 명부전을 헐고 2층 전각으로 새로 지었다. 이 해에는 또한 대웅전을 해체해서 지금처럼 늘려 고쳐 지었다.

1994년에 지금의 주지로 부임한 성우 스님은 그 뒤를 이어 불사를 계속하여, 기존의 약 200여 평에 불과하던 협소한 경내가 현재 약 4,000여 평으로 대규모 확장되었다. 이곳에 대웅전·지장전·극락전·범종각 등의 전각이 새로 지어졌으며, 현재도 극락전·범종각 등의 단청불사가 이어지고 있다. 또한 교육관도 새로 지어 어린이집을 운영 중에 있다. 이전의 은적사에 비교하면 눈부신 변화라고 할 수 있다. 다만 한 가지 아쉬운 점이 있다면 이같은 대대적 중창이 이루어지면서 대웅전 앞의 삼층석탑과 오층석탑을 제외한 대웅전·극락전·명부전·조사전 등 기존의 건물들이 하나도 남지 않고 모두 새로 지어져서 옛 모습을 전혀 찾아 볼 수 없게 되었다는 점이다.

또한 이 절의 문화재 가운데 유일하게 지방유형문화재로 지정 보호되었던 산신각이 1991년에 방화로 인하여 전소되므로써 옛 정취를 찾아보기가 더욱 어렵게 되었다.

■ 성보문화재

남향으로 위치한 은적사에는 대웅전을 중심으로 좌우에 지장전과 극락전 그리고 어린이집과 종무소로 사용되는 교육관 및 범종각이 있으며, 대웅전 앞에는 좌우에 삼층석탑과 오층석탑이 배치되어 있다. 삼층석탑 앞에는 땅에서 솟은 것처럼 보이는 미륵불상이 세워져 있는데, 근래에 봉안된 것이다.

절 입구에는 근래에 후손들에 의해서 세워진 〈허옹당 부도〉와 〈은적사주지 김허옹포덕비〉 그리고 허옹선사를 뒤이어 주석했던 〈비구법운당회석대선사〉의 부도가 있다.

1985년 이전 절의 규모는 앞에서 말한 것처럼 불과 200여 평 남짓으로서 매우 협소하다. 예전에는 조선 중기에 지었던 것으로 추정된 앞면 3칸, 옆면 2칸의 대웅전과 앞면 3칸, 옆면 2칸의 극락전 및 조사전·지장전 등이 있었으며, 전라북도유형문화재 제17호로 지정되어 있던 산신각이 있었다. 그런데 1985년 이후 대대적 중창불사가 이루어지면서 전라북도 유형문화재였던 산신각을 제외한 여타의 건물들을 모두 헐어버리고 그 자리에 좀 더 터를 넓혀서 크고 웅장하게 각 전각들을 늘려 지었는데, 대웅전과 지장전의 공사는 모두 끝마치고 단청까지 마무리했으며 극락전과 종각은 현재 단청작업만을 남겨둔 상태이다. 그러나 산신각은 1991년 방화로 전소되어 지금은 그 흔적조차 찾아 볼 수 없게 되었다.

● 대웅전

앞면과 옆면 각 5칸의 다포계 팔작지붕 건물로서 근래에 지어져 웅장하고 화려하기는 하나 고풍스런 맛은 찾아보기 힘들다. 내부에는 항마촉지인을 한 석가여래상을 중심으로 문수·보현보살을 협시로 하는 삼존불을 봉안하고 있으며, 본존 뒤에는 후불탱화로 영산회상도가 걸려 있다. 영산회상도를 중심으로 왼쪽에는 관음탱화와 신중탱화를, 오른쪽에는 칠성탱화와 산신탱화를 걸어 놓고 있으며 본존의 좌측 벽면에는 지장탱화와 인등을, 우측 벽면에는 지공·무학·응운대선사의 진영과, 조금 떨어진 곳에 지장독존탱화를 걸어 놓고 있다.

이 가운데 고승들의 진영과 지창독존탱화를 제외한 나머지 탱화들은 모두 대우 스님 주석 이후에 이루어진 근래의 것들이다. 다만 삼존불만은 1937년 허옹선사 당시에도 있었던 것으로서, 전해오는 바에 의하면 금산사(金山寺)

대웅전 1985년 이후 대대적인 중창불사의 시작으로 절은 새로운 모습으로 바뀌어 가고 있다.

인근의 절에서 가져온 조선 후기의 불상이라고 한다. 개금할 때 이 불상에서
『다라니경(陀羅尼經)』과 오곡(五穀) 등의 복장물(腹藏物)이 발견되었다고
하나 현재는 전하지 않는다.

● 지장전

대웅전 동편에 자리잡은 앞면 5칸, 옆면 3칸의 2층 건물이다. 이 전각에서
특이한 점은 전각 구조가 외부에서 보기에 2층으로 보이도록 지었다는 점과,
전각의 앞면 중앙에는 영가(靈駕)의 위패들이 모셔져 있고 지장전의 본존인
지장보살상은 왼쪽 벽면에 봉안되어 있다는 점이다.

지장전 대웅전의 동편에 위치한 2층 건물로 안에는 영가의 위패와 지장보살상을 봉안하였다.

● 극락전

앞면 7칸, 옆면 3칸의 팔작지붕으로서 완공되기는 하였으나 아직 단청을 입히지 않았으며, 이 곳에 봉안할 아미타불상도 현재 조성 중에 있다. 그런데 옛 극락전의 마루에는 1910년 무렵에 제작된 오방(五方)신장탱화가 봉안되어 있다가 현재는 다른 곳에 보관되어 있다.

● 삼층석탑 · 오층석탑

삼층석탑은 흔히 '선종암오층석탑'이라고도 하는데 그 까닭은 이 탑이 본래 이 절 근처에 있었던 선종암의 탑이었다는 데서 붙여진 이름이다. 설림산의 동쪽 기슭에 있었던 선종암은, 백제 말기 당나라가 신라와 손을 잡고 백제를 침략할 때 소정방이 이 지역으로 들어왔는데 갑자기 풍랑이 일고 짙은 안개가 끼자 이 선종암을 찾아가 그 곳에서 수도하고 있던 자장(慈藏)율사의 도움을 받아 안개를 걷히게 했다는 연기설화를 가지고 있는 사찰이다. 그런데 1914년 이 지역에 군산시의 상수도용 수원지가 개설되면서 선종암도 수몰지구에 들어가게 되어 폐사되었다. 이에 절에 있던 불상 등은 은적사로 옮겨지고, 여기에 있던 삼층석탑은 수원지 사무소 옆으로 옮겨졌다가 다시 군산공원으로 옮겨졌으며, 1976년에 와서야 현재의 위치인 은적사 경내로 옮겨오게 되었다.

석탑의 구조를 살펴보면 기단부는 네모난 방형의 하대석 · 중대석 · 상대석을 폭을 좁혀 쌓았으며, 그 위에 기단석을 세우고 다시 방형 판석을 올려놓았다. 탑신부는 각층의 옥신이 모두 각각 하나의 돌로 이루어졌고 우주(隅柱)가 가늘고 얇게 새겨져 있으며, 옥개석 또한 한 돌로 되어 있는데 3단의 옥개받침이 선명하게 새겨져 있어서 선의 아름다움을 더해 주고 있다. 옥개의 낙수면은 30도 가량의 경사로 흘러 내렸고, 네 귀는 뚜렷하게 반전하고 있어서

삼층석탑

오층석탑

경쾌한 느낌을 준다. 상륜부는 본래 있던 원형은 멸실되었고 현재 놓여져 있는 연화봉을 조각한 4각(四角)의 보개석(寶蓋石)은 최근에 조성한 것이다.

이 탑은 갑석과 1, 3층 옥신의 일부를 석회로 보수한 흔적이 있기는 하지만 상륜부를 제외하면 대체로 원형을 유지하고 있으며, 전체적으로 볼 때 안정감을 주면서 매우 우아하고 경쾌한 느낌을 주는 고려시대의 석탑이다.

오층석탑은 옆에 있는 삼층석탑에 비하면 조형미가 다소 떨어지지만 이 절에서 만날 수 있는 오랜 맛을 풍기는 몇 안되는 유물 중의 하나이다.

탑의 기단부는 없어져 근래에 보완해 놓았다. 탑신부는 각 층의 옥신이 모두 각각 하나의 돌로 이루어져 있으며 우주가 널직하게 새겨져 있고, 옥개석 또한 한 돌로 이루어진 것으로서 3단의 층급받침이 새겨져 있다. 옥신과 옥개석이 안정감 있게 체감되지 못하였고 옥개석의 낙수면이 지나치게 경사가 급하게 이루어져서 선의 미감을 떨어뜨리고 있으나 옥개석의 처마끝이 꺾여 올려져 날아갈 듯한 경쾌함을 주고 있다.

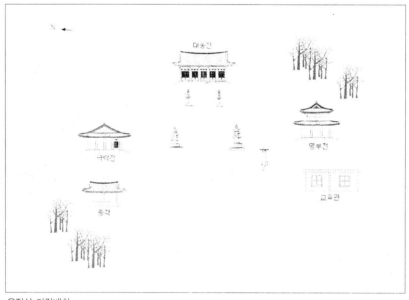

은적사 가람배치

지장암

■ 위치와 창건

　지장암(地藏庵)은 군산시 개정면 아산리 1022번지 고봉산(高峰山)의 8부 능선에 서남향으로 자리하는 한국불교태고종 사찰이다.

　절의 창건에 대한 오래된 기록이나 유물·유적 등은 전혀 전해지지 않고 있으며, 다만 근래에 세워진 2기의 공덕비를 통하여 절의 연혁을 살필 수 있을

지장암　옛 갈공사터에 창건된 절은 최근 새로운 대웅전과 요사를 짓는 중창불사가 이루어졌다.

뿐이다.

공덕비는 1969년에 세운 〈청신사전주최원식공덕비〉와 1982년에 세운 〈지장 암창건주비구니은경선공덕비〉로서 법당 앞 서쪽에 세워져 있다.

절의 창건에 대해 1969년의 비에서는, "신라시대에 절 이름을 갈공사(葛空 寺)라 하여 세워졌으나 그 창건주가 누구인지는 알 수 없다."고 되어 있다.

반면 1982년의 비에서는, "지금으로부터 1200여 년전 신라 무열왕 때 진표 율사의 제자 도신선사가 초암(草庵) 1동을 지어 갈공사라고 이름 붙이고 이 곳에서 일생동안 수도했다."고 되어 있다.

1962년의 비와 비교할 때 절 이름은 같으나 훨씬 더 자세하게 창건년대와 창건주가 밝혀져 있음을 알 수 있다.

그러나 창건주와 창건년대는 사실은 서로 맞지 않는 부분이다. 즉 창건주와 관련하여 보이는 진표율사는 신라 경덕왕 때 왕성하게 활동을 했던 전라도 지역의 스님으로서, 진표율사의 제자라면 당연히 경덕왕 때나 혹은 그 이후에 활동한 인물이어야 할 것이다.

하지만 이 비에서 보이는 창건 시기를 경덕왕 때보다도 약 100여 년이 앞서 는 '신라 무열왕대'라고 한 것은 전혀 타당하지 않은 것으로서 근래에 별다른 고증없이 기록된 것으로 보인다.

따라서 이 절이 자리잡고 있는 터의 모습이나 전해오는 바에 의하여 오래 전부터 절이 있었을 것이라고 상정할 수는 있으나, 현재로서는 정확한 창건년 대와 창건주는 알 수 없다.

절의 연혁 가운데 확실히 알 수 있는 시기는 1930년대이다.

위의 비에 의하면 1930년에 최원식이 장모 이씨를 모시고 사재를 들여 갈공 사터에 4칸 짜리 초가 1동을 창건하고 절 이름을 지장암(地藏庵)이라 하였다 고 한다.

이들이 입적한 후인 1935년에 최원식의 부인 은경선이 삭발 출가하고 사재 를 희사하여 임야 1만 여 평과 논 990평을 매입하여 절 재산으로 등록했으며, 1963년에는 부모와 남편의 극락왕생을 위하여 대웅전 4칸을 새로 짓고 요사를 보수하여 사찰의 면모를 갖추었다.

그 뒤 1984년에 자인 스님이 주지로 있었으며, 1985년 7월 지금의 주지 유정 스님이 부임하여 1996년에 소실된 대웅전 및 요사를 새로 짓는 등 중창 불사를 이루면서 오늘에 이른다.

한편 절에서는 고아원을 운영하고 있기도 하다.

■ 성보문화재

절은 '지장암' 현판이 걸린 법당과 그 바로 옆의 자그마한 요사 그리고 그 옆에 본래 법당이었다고 전해지는 또다른 요사가 있다.

법당 앞에는 미륵불상이 세워져 있고 그 앞에는 절의 창건주 최원식과 중창주 은경선의 공덕비가 세워져 있다.

절의 건물들은 모두 근래에 조성된 것들로서, 몇 년전의 화재로 인해 오래된 건물들은 전혀 찾아 볼 수 없다.

법당은 앞면 3칸, 옆면 2칸의 팔작지붕의 건물로서 내부에는 석가불좌상을 중심으로 좌우에 관음·대세지보살상이 봉안되어 있으며, 그 왼쪽 옆으로 지장보살상이 봉안되어 있다.

후불탱화로는 영산회상도가 걸려 있고 영산회상도 왼편에는 지장탱화가, 오른편에는 신중탱화가 봉안되어 있다.

본존 오른쪽 벽면에는 산신탱화와 독성탱화가 봉안되어 있고, 왼쪽 벽면에는 칠성탱화와 영가의 위패가 모셔져 있는데 탱화들은 모두 근래에 조성된 것이다.

법당 앞에는 은경선 주지에 의해서 조성된 2중 보관을 쓴 미륵불입상이 세워져 있는데 앞으로 두 손을 합장하고 있는 수인이라든가 부드러운 옷주름, 여성스러운 둥근 얼굴 모습 등은 보는 이에 따라 천주교의 성모마리아상을 연상케 한다.

한편 법당 뒷편에는 나무와 석물(石物) 하나가 있는데 단이 있어 기도할 수 있는 공간이 마련된 것으로 보아 이곳 역시 기도처인 것으로 보인다. 나무·돌의 모습으로 보아서는 기자(祈子), 곧 아들 얻기를 기도하는 신앙처인 듯하다.

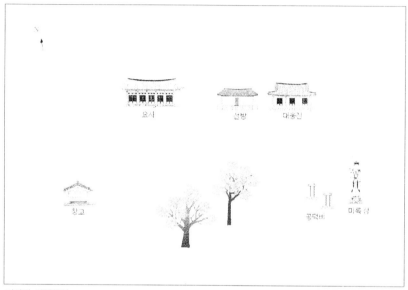

지장암 가람배치

Ⅱ. 남원시·임실군

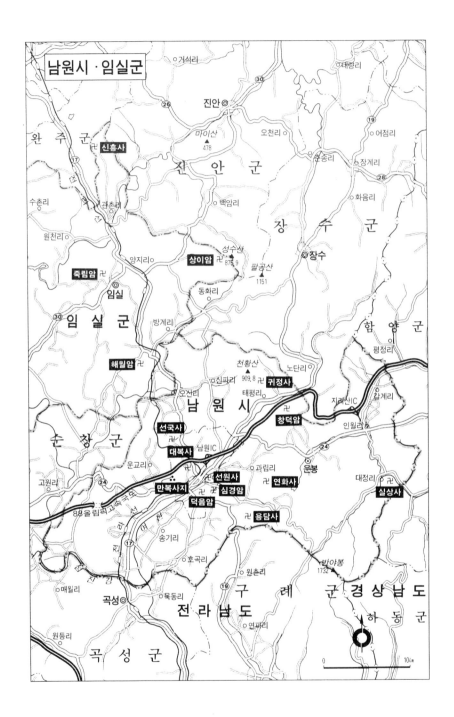

남원시·임실군

○거석리
○대량리
30
29
진안◎
마이산
478
○오천리
○어점리
19
완 주 군
신흥사
원송리
○장계리
28
수촌리
관촌례
○백암리
장 수 군
○화음리
원천리
양지리
성수산
상이암 875.9
팔공산
1151
◎장수
죽림암
◎임실
동화리
30
임 실 군
방계리
함 양 군
평정리
해월암
천황산
909.8
노단리
귀정사
○오산리 진파리
남 원 시
태평리
지리산IC
칼계리
선국사
창덕암
인월○
순 창 군
대복사
남원IC
24
고원리
운교리
○과립리
윤봉
대정리
실상사
만복사지
선원사
심경암
연화사
덕음암
용담사
송기리
○호곡리
17
24
반야봉
1732
○원촌리
경 상 남 도
○매월리
곡성◎
19 구 례 군
전 라 남 도
하 동 군
○연파리
○원동리
곡 성 군
0   10km

남원시·임실군의 역사와 문화

　남원시(南原市)는 전라북도의 남동부에 위치하는 시로서 동남쪽은 지리산을 경계로 경상남도 하동군, 동쪽은 경상남도 함양군, 서쪽은 순창군, 남쪽은 전라남도 구례군과 곡성군, 북쪽은 임실군과 장수군에 접한다. 인구는 1996년 말 현재 10만 8,368명, 행정구역은 25개 읍·면·동으로 이루어져 있다. 1995년 1월 1일 남원군과 남원시가 통합되었다.

　자연환경은 시의 동쪽·북동쪽·남동쪽이 소백산맥에 속하는 산지(山地)이고, 남서쪽 순창군에 접하는 지역도 역시 산지이다. 주요 산으로는 만복대(萬福臺, 1,437m)·천황산(天皇山, 917m)·노적봉(露積峰, 445m)·청룡산(靑龍山, 477m)·교룡산(蛟龍山, 518m) 등이 있다.

　역사는 삼한시대에는 마한의 영역으로서 지리산을 경계로 진한·변한의 경계지역에 위치한 군사상 요충지였다. 삼국시대 백제에는 16년(온조왕 34)에 고룡군(古龍郡)으로 되었다가 196년(초고왕 31)에 대방군(帶方郡)으로 바뀌었으나, 한사군(漢四郡)의 하나로 대방군이 설치되므로 220년(구수왕 7)에 남대방군(南帶方郡)으로 바뀌었다. 삼국통일로 백제가 멸망한 뒤에는 대방도독부가 설치되어 당나라 장수 유인궤(劉仁軌)가 도독이 되었다. 685년(신문왕 5) 전국에 설치된 5소경 가운데 하나로 남원소경(南原小京)이 설치되면서 전라도 일대를 관할했고, 757년(경덕왕 16)에 대방을 남원으로 고쳤다. 남원성

(南原城)은 통일직후인 691년에 쌓았다. 고려시대에는 940년(태조 23)에 남원부(南原府)가 되면서 순창·임실·운봉·장수·장계 등 5개현을 관할했다. 조선시대에는 1413년(태종 13)에 남원도호부가 되어 1군 18현을 관할했다. 1592년에 시작된 임진왜란 때는 양대박(梁大樸)·조경남(趙慶南) 등이 이끌던 의병이 왜군을 대파했으나, 정유재란 때 남원성이 함락되면서 용성관·향교·광한루 등 주요 건물과 만복사를 비롯한 여러 사찰들이 전부 불에 탔다. 임진왜란 후인 1654년(효종 5)에 남원에 수군의 전라좌영(全羅左營)이 설치되었다.

근대에는 1896년 행정개편으로 전라남도와 전라북도로 분리되었는데, 그 때 전라남도의 관찰부를 남원부에 두었다. 그러나 이듬해 전라북도에 편입되면서 관찰부는 광주로 옮겨갔다. 1914년에 남원도호부가 폐지되고 운봉군을 통합하여 남원군이 되었다. 1981년에 남원읍이 시로 승격되면서 16개면을 관할하게 되었다. 1995년 1월 1일 남원군과 남원시가 통합되었다.

남원은 「춘향전」의 무대로서도 유명한데, 「춘향전」의 무대가 되었던 장소들에 대한 많은 설화가 전한다. 남원역 서쪽 광한루 안에 있는 춘향사(春香祠)는 춘향의 영정을 모신 사당으로서, 이 곳에서 해마다 춘향제가 거행된다.

임실군(任實郡)은 전라북도 중남부에 위치하는 군으로서, 동쪽은 진안군·장수군·남원시, 서쪽은 정읍시, 남쪽은 순창군, 북쪽은 완주군에 접한다. 인구는 1996년 말 현재 4만 3,028명, 행정구역은 1읍 11면 131동리로 이루어져 있다.

군은 대부분 노령산맥의 동쪽 사면(斜面)을 이루는 산지로서, 주요 산으로는 성수산(聖壽山, 876m)·회문산(回文山, 775m)·장군봉(將軍峰, 780m) 등이 있다. 강으로는 섬진강이 군의 남부를 흐르며, 그 지류인 오원천(烏院川)과 적성강(赤城江) 등이 전부 섬진강에 합해진다.

역사는 청동기시대의 유적이 남아 있으며, 삼한시대에는 마한의 영토였다. 삼국시대 백제 때에는 임실군이라 부르면서 완산주(完山州)에 속했다. 고려시대에는 940년에 남원부에 속했다. 근대에 들어와 1895년에 남원부 임실군이 되었다. 최근에는 1979년에 임실면이 읍으로 승격되었다.

귀정사

■ 위치와 창건

귀정사(歸政寺)는 남원시 산동면 대상리 1042번지 천황산(天皇山)에 자리한 대한불교조계종 제17교구 본사 금산사의 말사이다.

절에서 전하기로는 515년(백제 무녕왕 15)에 현오(玄悟) 스님이 창건했으며 당시의 이름은 만행사(萬行寺)였다. 그 뒤 언제인가 이곳에 이름높은 고승

귀정사　백제시대에 현오 스님이 만행사로 창건한 절은 고려시대에는 대은 스님에 의해 중건되었다.

이 주석하고 있었는데, 하루는 왕이 이곳에 들러 스님의 법문을 열심히 듣다 보니 어느새 3일이 훌쩍 지났고 그제서야 왕은 나라일을 보기 위해 궁으로 돌아갔으므로 절이름을 지금처럼 귀정사로 했다고 한다.

그 밖의 역사는 자세하지 않은데, 고려시대에는 1002년(목종 5)에 대은(大隱) 스님이 중건했다.

조선시대에는 1468년(세조 14)에 낙은(樂隱) 스님이 중창해 큰 절이 되었다고 한다. 1752년 이후에 편찬된 것으로 보이는 남원의 읍지(邑誌)인 『용성지(龍城誌)』에 보면 당시 절의 규모가 잘 나와있는데, 거주하던 스님만 200명이 넘었고 법당·시왕전(十王殿)·향로전(香爐殿)·정루(正樓)·만월당(滿月堂)·연화당(蓮花堂)·삼광전(三光殿)·문수전·승방(僧房)·명월당(明月堂)·영당(影堂) 등이 있었다. 그리고 부속 암자로 남암(南庵)·상암(上庵)·대은암(大隱庵)·낙은암(樂隱庵) 등이 있는 등 대단히 큰 규모의 사찰이었다.

그러나 임진왜란과 정유재란으로 절은 전부 불타 없어진 채 폐허화되었다. 그 뒤 1664년(현종 5)에 월담 설제(月潭雪霽, 1632~1704) 스님이 중건해 다시 법등을 잇게 되었다. 1804년(순조 4)에는 현일(玄一) 스님이 대웅전·시왕전·칠성각·산신각·선당·회승각 등 많은 건물을 중건했다. 그러나 이 건물들은 1950년 한국전쟁시 9.28 수복 이후의 공비토벌 때 작선상의 이유로 UN연합군에 의해 또다시 불타 없어져 버렸다.

근래에 들어와서는 1968년에 정동(瀞東) 스님이 대웅전·칠성각·승방 등을 중건했다. 1990년대 초에는 보광전 오른쪽에 요사를 짓고, 칠성각을 요사 용도로 바꾸어 사용하고 있다.

■ 사찰 이름에 얽힌 전설

앞서 절의 창건을 말하면서 처음에는 만행사였던 절이름이 지금처럼 귀정사로 바뀐 까닭에 대해 이야기했다. 곧 창건후 어느 때인가 이 절에 있는 고

보광전 비로자나불을 중심으로 석가모니불과 아미타불이 협시한 삼신불이 봉안되어 있다.

승의 설법을 듣고 싶어 왕이 직접 행차했다가, 그 오묘한 설법에 취해 나라일을 잊고 3일간이나 절에 머무르다가 3일 뒤에야 왕궁으로 돌아갔다는 설화인데, 이것은 그 만큼 이 절에 고승대덕이 많이 주석했다는 뜻이기도 하다.

그리고 왕이 왔다간 이 일로 인해 절 부근의 지명도 많이 바뀌게 되었다고 한다. 전에는 만행산이던 절 뒤의 산이름도 천황봉(天皇峰)으로 바뀐 것을 비롯해서, 주위의 여러 봉우리들도 태자봉(太子峰)·승상봉(丞相峰)·남대문로(南大門路)·둔병치(屯兵峙) 등의 이름으로 불리게 되었다. 또한 절이 자리한 대상리 마을에서 산동면으로 가는 길목에 당동(唐洞)과 요동(堯洞)이라는 지명이 있는데, 이것 역시 왕이 3일간 법문을 듣고 간 뒤 나라일을 잘 보살펴 이후로 중국의 요순시대처럼 살기 좋게 되었다고 해서 붙여진 이름이라고 한다.

■ 성보문화재

현재 절에는 보광전을 비롯해서 종각과 요사 3채가 있다.

보광전 앞마당에는 건물의 주초석이 보이며, 절 근처 숲속에는 부도 2기가 무너진 채 부재가 여기저기 흩어져 있다.

  보광전(寶光殿)은 팔작지붕에 앞면과 옆면 각 3칸씩이며, 안에는 비로자나불을 중심으로 그 좌우에 석가불과 아미타불이 협시해 있는 3신불이 봉안되어 있다. 그리고 불화로는 영산후불탱화와 칠성탱화·신중탱화·산신도가 있는데, 건물과 더불어 전부 근래에 조성한 작품이다.

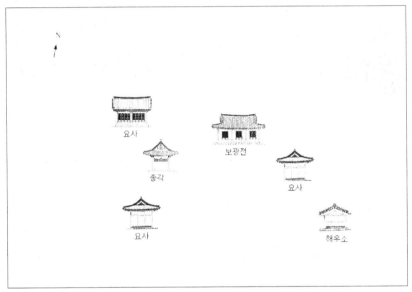

귀정사 가람배치

대복사

■ **위치와 창건**

대복사(大福寺)는 남원시 왕정동 283번지 교룡산(蛟龍山)에 자리한 대한불교조계종 제17교구 본사 금산사의 말사이다. 절은 남원시내에서 약 2km 가량 떨어진 교룡산성의 남쪽으로 뻗은 산줄기 아래에 있다.

절의 창건은 893년(진성왕 7)에 도선국사(道詵國師)에 의해 이루어졌으며,

대복사 도선국사가 남원의 강한 지세를 누르기 위해 지었다고 하며, 대복의 중건 설화가 전한다.

당시의 절이름은 대곡암(大谷庵)이었다. 도선국사는 남원의 터가 너무 세므로 이를 누르기 위해 대곡암을 지었다고 전한다.

그 뒤 임진왜란 때 불타 없어졌다가 철종(哲宗, 재위 1850~1863) 때 남원부에 근무하던 강대복(姜大福)이 이 절의 불사에 보시한 부인의 덕으로 자신이 뱀으로 화할 업보를 면했으므로 그로 인해 시주를 내어 법당을 중수했고, 남원부사의 명으로 지금과 같은 대복사로 절이름을 고쳤다고 한다(「대복 설화」 참고).

근대에서는 1938년에 이르러 신도 박경찬(朴敬贊)과 부인 황(黃) 씨가 중건했다.

한편 절의 역사는 앞서의 문헌 기록 외에도 현재 절에서 전하는 성보문화재를 통해 사찰의 연혁을 어느 정도 추정해 볼 수 있다. 극락전에 봉안된 철불좌상은 10세기 무렵에 조성된 불상이므로 이 때 절은 중건 내지 중수되었음을 알 수 있다. 또한 동종(銅鍾)은 조선시대인 1635년(인조 13)에 조성되었으므로 역시 이 무렵의 중수 사실을 엿볼 수 있으며, 극락전의 석불좌상 또한 조선시대 양식을 나타내고 있어 조선시대에 몇 차례 중건 내지 중수가 있었음을 알 수 있다.

최근에는 1997년 11월 현재 새로운 요사 건물을 짓는 중에 있다.

■ 대복 설화

조선시대 후기에 절을 중수한 대복에 관한 전설이 「가사일월광연기(袈裟日月光緣起)」라 해서 전하는데, 그 내용은 다음과 같다.

철종 임금 때 성씨는 알 수 없지만 이름은 대복(大福)이라는 사람이 남원부의 관리로 근무하고 있었다. 어느날 대복은 새로 부임하는 남원 부사(府使)를 맞기 위해 집을 나섰다. 그 사이 한 비구니 스님이 대복의 집에 와서는 그의 아내에게 절에서 하는 가사(袈裟) 만드는 불사에 시주할 것을 권했고, 대복의

극락전 조선시대 후기에 지어진 건물이며 안에는 아미타불좌상과 관음·지장보살이 봉안되어 있다.

아내는 남편을 위해서 기꺼이 그렇게 했다.

한편 대복은 신임 부사를 맞이하러 관아로 가는 길이었다. 그런데 읍내에서 가까운 한 다리에 이르자 그 밑에서 자신을 부르는 소리가 들렸다. 이상하게 여겨 내려가 보니 귀와 뿔이 달린 큰 뱀이 머리만 드러낸 채 말하기를 "너는 마땅히 한 달 안으로 죽어서 뱀으로 화할 업보를 받을 것이나, 지금 네 아내가 가사를 시주한 공덕이 있어 당장은 죽음을 면하게 되었다. 그러나 너는 재물을 탐하는 마음를 갖고 있어, 앞으로 절을 짓지 않으면 내 대신 네가 뱀으로 화하는 업보를 30년 동안 받을 것이다. 그러나 만약에 네가 절을 짓게 되면 내가 네 과보를 천년 동안 대신 받게 된다. 그렇지만 네가 만일 나를 위해 절을 짓는다면 나로 하여금 이같은 업보를 벗어날 수 있도록 할 수 있다."고 했다. 대복은 매우 놀라 부지불식 간에 그렇게 하겠다고 말했다.

대복은 신임 부사를 맞은 뒤 일을 끝내고 집으로 돌아와 집을 청소하고 기원을 했다. 그러나 문득 마음에 의심하는 바가 생겨, 아내에게 가사 조성 불사

대복사철불좌상

철불이며 고려시대에 조성된
것으로 추정된다. 전라북도유
형문화재 제23호.

에 시주한 것을 물었다. 그렇다는 아내의 대답을 듣자마자 대복은 "네가 가장
이 출타한 새 마음대로 돈을 헛되이 쓰다니 결코 용서 못하겠다." 하면서 계
단 앞에서 활을 내어 아내를 쏘았다. 그러나 화살은 아내를 맞추지 못했고, 대
복은 정신을 잃고 쓰러졌으며 아내 역시 놀라 그만 기절해 버렸다.

　한편 절에서는 가사를 만들기 위해 훌륭한 솜씨를 가진 공인(工人)을 불러
재단을 하고 있었다. 그런데 갑자기 두 개의 불덩이가 날라와서는 가사 한 가
운데를 뚫고 지나가면서 가사를 태워 구멍 두 개가 나버렸다. 스님은 일을 수
습하고는 대복의 집을 찾아 그 간의 괴이한 사정을 들었다. 그리고는 대복 부
부에게 설법을 내리며 대복에게 의심하는 마음을 갖지 말도록 타일렀다. 대복

은 그제서야 마음에 감동이 일어 아까 만났던 큰 뱀을 위해 대복사를 지었다.

지금 가사 뒤를 보면 일월(日月)을 수놓은 것이 보이는데, 그것이 바로 불덩이가 가사를 꿰뚫고 지나간 자리를 막기 위해 수놓은 것이다.

이상의 설화는 『한국불교 사학대사전』에 한문으로 채록되어 전한다.

■ 성보문화재

현재 절에는 극락전·칠성각·요사 2채 등의 건물이 있으며, 대웅전 앞마당에는 석불좌상과 석등의 기단, 탑재, 주초석 등이 놓여져 있다. 탑재는 탑의 지대석인데 한 변의 길이는 약 200cm 가량이다.

● 극락전

팔작지붕에 앞면 3칸, 옆면 2칸으로서 조선시대 후기에 지어진 건물이며 현재 전라북도문화재자료 제48호로 지정되어 있다.

안에는 「대복사 철불좌상」이라는 이름으로 전라북도유형문화재 제23호로 지정된 아미타불좌상 및 협시인 관음·지장보살좌상이 봉안되어 있다. 불화로는 아미타후불탱화·지장탱화·신중탱화가 있고, 그밖에 1914년에 작성된 「대복암연조기(大福庵捐助記)」를 비롯한 시주현판 3매와 동종이 있다.

● 대복사철불좌상

현재 도금되어 있지만 본래 재질은 철불(鐵佛)로서, 고려시대에 조성된 것으로 보인다.

머리는 나발이며 낮은 육계가 있고, 두 귀는 두껍고 길게 처졌다. 얼굴은 네모에 가깝고, 눈은 가는 편이며 이마에 백호가 있다. 목에는 삼도가 거의 눈에

띠지 않으며, 불의는 오른쪽 어깨를 드러내는 우견편단으로 입었다. 결가부좌한 다리의 무릎에 옷주름이 비스듬히 표현되었다.

수인은 오른손을 어깨 높이로 든 채 엄지와 중지로 둥근 원을 그리고 있고, 왼손은 앞면 왼쪽 무릎위에서 손바닥을 위로 한 채 역시 엄지와 중지로 원을 그리고 있다.

크기는 높이 103㎝, 무릎 너비 80㎝, 어깨 너비 55㎝이다.

대복사동종 전라북도유형문화재 제24호.

● 대복사 동종

대웅전 안에 놓여져 있는 조선시대 동종으로서 1635년(인종 13)에 조성되었고, 현재 전라북도유형문화재 제24호로 지정되어 있다.

종의 양식상 특징은 고려시대 범종에서 볼 수 있는 것처럼 어깨띠[肩帶] 윗부분에 전부 55개의 입화식(立花飾)이 있고, 각 화면(花面)마다 자그마한 화불(化佛)을 양각으로 주조한 점이다.

유곽(乳廓)은 유두(乳頭)가 9개씩 배치되는 한국종의 전형을 보이며, 유곽의 외곽에는 돌대(突帶)가 둘려져 있고 그 안쪽에 연화문·당초문을 장식한 띠가 있다. 유곽 윗부분 양쪽에는 둥근 원을 구획하고 그 안에 범자(梵字)

각 하나씩을 넣었다. 또한 유곽과 유곽 사이에 높이 22.5㎝의 보살입상 4체가 꽃가지를 들고서 구름위에 서 있다. 그 아래에는 명문이 있는데, '종도반암(宗 圖盤岩) 천도미륭(川道彌隆) 혜일장명(惠日長明) 법주사계(法周沙界)'라는 글씨가 두 줄로 새겨져 있다.

아랫띠[下帶]에는 보상화문·당초화문·연화문 등이 새겨져 있고, 구획을 나누어 그 안에 '숭정팔년을해삼월일(崇禎八年乙亥三月日)'·'전라도태인 현동면청(全羅道泰仁縣東面淸)'·'용산영원사대종주성(龍山靈源寺大鍾鑄 成)'·'대종대시주서대희양주(大鍾大施主徐大希兩主)'·'철물대시주정덕남 양주포시대시주서대희양주(鐵物大施主鄭德男兩主布施大施主徐大希兩主)'

석불좌상과 석재

석불좌상과 석등기단·탑신석 그리고 탑의 지대석 등을 모아 올려 놓았다.

등의 명문이 기록되어 있다. 또한 명문이 있는 구획 밖으로 나중에 새긴 듯한 '대선사쌍원(大禪師雙元)'이라는 스님의 이름을 쓴 글씨가 침각(針刻)되어 있다. 종 맨 윗부분의 용뉴는 두 마리 용이 구름 위에 있는 모습이다.

전체적으로 조성 기법이 우수하고 조성년대와 시주자 등의 이름이 나와 있는 등 조선시대 범종 연구에 중요한 자료가 된다.

크기는 전체 높이 99㎝, 입지름 58.5㎝, 용뉴 높이 19㎝이다.

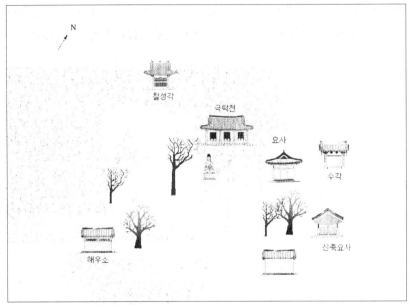

대복사 가람배치

덕음암

■ 위치와 창건

덕음암(德蔭庵)은 남원시 어현동 176번지 덕음산에 자리한 대한불교조계종 제17교구 본사 금산사의 말사이다.

지금의 절이 자리한 곳은 어현동 관광단지내 유스호스텔 부근의 덕음산 중턱으로서 남원시내가 한 눈에 내려다보이는 전망 좋은 곳에 있다. 이 곳은 본

덕음암 남원시내 관광단지내의 덕음산 중턱에 자리한 절은 원통전과 미륵전을 중심으로 배치되었다.

미륵전 미륵상

래 향교(鄕校) 자리였으며, 현재도 일부가 향교 부지로 사용되고 있다.

절은 1929년에 응수 스님과 노영준(魯英俊)의 협력으로 창건되었다. 일부 자료에는 노영준을 스님으로 적고 있기도 하는데, 현재 덕음암에서 전하기로는 노영준은 신도이고 당시에는 응수 스님이 주석하고 있었다고 한다.

창건 당시는 지금의 원주당 자리에 4칸 짜리 초가가 인법당 형태로 서향(西向)하고 있었으며, 곧 이어서 응수 스님과 노영준 신도의 협력으로 원통전과 칠성각이 지어졌고 인법당은 요사로 바뀌었다.

1949년에는 미륵전·산신각을 새로 지었고, 1960년대 후반에 지금의 혜봉 스님이 주석하면서 종각을 새로 짓고 1986년에 삼성각(칠성각)과 염불당을 늘려 지었다. 또한 창건 당시의 초가 요사를 뜯어내고 원주당을 지었다.

■ 성보문화재

절에는 현재 원통전·미륵전·칠성각·산신각·염불당·원주당·종각 등의 전각이 있다. 원주당 앞에는 용왕상과 용왕상시주비가 있다.

● 원통전

팔작지붕에 앞면 3칸, 옆면 2칸 크기로서 1929년 이후에 지은 뒤 약간 늘려

지었다. 안에는 목조관음보살좌상을 중심으로 아미타후불탱화와 지장탱화·
현왕탱화·독성탱화·신중탱화 및 지장상·독성상이 있다. 대부분 근래에 봉
안된 것인데 관음보살좌상은 지리산의 어느 절에서 모셔온 것이라고 한다.

● 미륵전

1949년에 지어졌으며 팔작지붕 건물이다.

안에는 여래좌상이 있는데 조선시대에 봉안되었으며 현재 전라북도문화재
자료 제64호로 지정되어 있다. 여래좌상은 오른손은 항마촉지인을 하고 있으
며 왼손으로는 약합(藥盒)을 들어 무릎 위에 놓고 있다. 뒤쪽에는 일부가 파
손된 광배가 있다. 크기는 높이 160cm, 어깨 높이 90cm, 광배 높이 160cm이다.

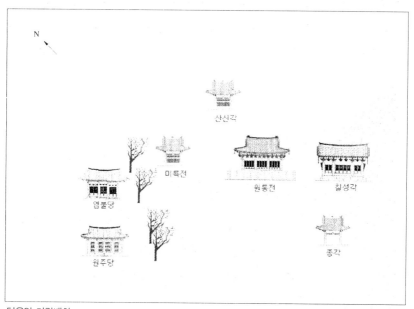

덕음암 가람배치

미륵암

■ 위치와 창건

미륵암(彌勒庵)은 남원시 노암동 765-1번지에 자리한 한국불교태고종 사찰이다. 남원시에서 송동 방향으로 약 1㎞ 떨어진 노암동 산허리에 있다.

현재의 절은 1947년에 법당을 지으면서 창건되었으나, 지금 용화전에 봉안된 석불입상이 통일신라 말~고려시대 초에 조성된 것으로 추정되므로 예전

미륵암 1947년에 창건되었으며 통일신라 말에서 고려 초 사이에 조성된 석불입상을 모시고 있다.

에는 적어도 그 무렵까지 올라가는 절이 이 자리에 있었던 것을 알 수 있다.

1988년까지는 미륵당과 법당, 요사가 있었는데 그 해에 혜산 스님이 부임하면서 절을 중수하고 있다. 최근에는 1992년에 대웅전을, 1994년에 용화전·산신각을 지었다. 창건 초기에는 대웅전과 미륵전이 한 건물이었는데, 지금은 미륵전을 용화전으로 고쳐서 건물을 따로 지었으며 그 안에 미륵석불입상을 봉안했다.

■ 성보문화재

현재 절에는 대웅전을 비롯해서 미륵전·산신각·요사 2동 등의 건물이 있다.

대웅전은 팔작지붕에 앞면 5칸, 옆면 3칸이며 1992년에 지었다.

안에는 아미타삼존불상을 비롯해서 500관음상, 지장상 그리고 작은 여래상 2체가 있다. 불화로는 영산회상도와 지장후불탱화, 칠성탱화·신중탱화가 있다. 대부분 근래에 봉안되었다.

용화전은 맞배지붕에 앞면 3칸, 옆면 1칸이며 옛부터 내려오는 석조미륵입상을 봉안하기 위해 지었다. 안에는 그 외에 법고와 중종이 하나씩 있다.

산신각은 맞배지붕에 앞면과 옆면 각 1칸씩이며, 독성탱화와 산신탱화가 있다.

그밖에 절에는 1997년에 세워진 창건주공덕비와 1975년에 건립된 미륵암사적비, 그리고 〈대웅전·미륵전·산신각 단청 건립 방명록〉이 있다.

● 미륵암석불입상

현재 용화전에 봉안되어 있는 통일신라 말~고려시대 초의 작품으로서, 현재 전라북도문화재자료 제65호로 지정되어 있다.

현재 방형대좌와 불상 및 광배로 구성되어 있는데, 대좌는 근래에 조성한

미륵암석불입상
통일신라시대의 영향을 지니
는 고려 초 불상으로 두 손을
가슴과 배 사이에서 맞잡고
있다.

것이다. 불상과 광배는 한 돌로 이루어졌으며, 광배는 주형(舟形)광배인데 두
어깨 위에 있어야할 두광(頭光) 부분은 상당부분 깨져 없어졌다. 머리에는 낮
고 퍼진 육계가 있고, 얼굴은 마모되어 세부표현을 확인할 수 없지만 대체로
살집이 있으면서 갸름한 모습이다. 불의는 통견인데 대의(大衣) 자락이 두 발
목 부근까지 내려왔고 그 하단부에서 U자형으로 처리된 옷주름은 통일신라시
대 불상의 영향을 나타내는 양식으로 볼 수 있다. 두 손은 가슴과 배 사이에
서 맞잡고 있는데 정확히 어떤 수인을 짓는지 뚜렷하지 않다.

전체적 양식으로 볼 때 통일신라시대의 영향을 지니는 고려 초의 불상으로
추정된다. 크기는 전체 높이 205cm, 불상 높이 192cm, 광배 높이 155cm이다.

한편 남원시 송동면 세전리 산17번지 절터에 전라북도유형문화재 제120호
로 지정된 「세전리석불입상」이 있는데, 전체적 양식이 미륵암석불입상과 매우
비슷해 주목된다. 거의 동일한 시기에 조성된 것으로 보이며, 수인 역시 비슷
해 같은 부처님을 봉안한 것으로 추정된다.

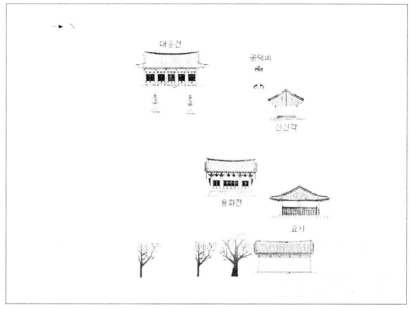

미륵암 가람배치

선국사

■ 위치와 창건

선국사(善國寺)는 남원시 산곡동 419번지 교룡산(蛟龍山)에 있는 교룡산성 안에 자리한 대한불교조계종 제17교구 본사 금산사의 말사이다. 남원시내에서 서북쪽으로 약 4km 되는 지점에 있으며, 교룡산성 안에 있으므로 흔히 '산성절'로 부른다.

선국사 교룡산성 안에 자리한 절은 조선시대에 국방상 요충지인 산성을 지키는 본부가 되었다.

절의 창건은 685년(신문왕 5) 삼국통일 직후 전국의 행정구역을 재편하면서 남원 소경(小京)이 설치되었을 때 절도 창건되었다고 전한다. 당시 이곳에 용천(龍泉)이라는 맑은 샘물이 있어 절이름을 용천사로 했는데, 언제인가 지금의 선국사로 이름이 바뀌었다. 혹은 769년(혜공왕 1)에 창건되었다고도 한다.

그밖의 연혁은 전하는 것이 별로 없는데, 다만 절은 창건이래 조선시대에 이르기까지 교룡산성과 밀접한 연관을 맺고 발전했던 것으로 여겨진다. 교룡산성이 언제 축성되었는지 현재까지는 명확하지 않지만 예로부터 이 지역 뿐만아니라 국방의 요충지로 큰 역할을 했던 것은 확실하다. 고려시대 말 빈번했던 왜구의 침략과 조선시대의 임진왜란 및 병자호란 등 나라의 국운이 위태로웠을 때마다 전라좌영(全羅左營)이 설치되었던 남원부(南原府)에는 곡

대웅전 앞 석탑

성·옥과·구례·창평·장수·운봉 등 6개 군현에서 거둔 군량미를 전부 이곳 교룡산성 안에 저장하고 병력을 배치한 사실은 문헌에서도 확인된다. 그리고 이렇게 국가적으로 중요시되던 교룡산성이기에 이곳을 지키고 운영하기 위해 용천사, 곧 지금의 선국사가 나름대로의 역할을 했을 것으로 추정된다. 아마도 국운의 안보를 빌고 전쟁에서 승리함으로써 나라가 편해질 것을 염원하는 뜻에서 절이름도 용천사에서 선국사로 바뀐 것으로 추정하기도 한다. 실제로 현재 전하는 「교룡산성선국사법당상량문」을 보면 창건부터 산성과 절이 밀접하게 연관되어 있는 사실이 보인다. 조선시대에 만들어져 현재 대웅전에 보관된 큰북도 승병 등 교룡산성 수비대와 관련 있는 유물일 것이다.

그래서 조선시대에 절은 교룡산성을 지키는 본부로도 사용되어 수성장(守城將)과 별장(別將)이 배치되어 있었으며, 한창 때는 절에 300여 명의 스님이 머물렀다고 한다.

조선시대 후기에는 1803년(순조 3)에 대웅전 등을 중건했으며, 1891년(고종 28)에는 칠성각을 새로 지었다. 그리고 1893년(고종 30) 동학농민운동 당시에는 이곳 동학의 접주(接主)였던 김개남(金開男) 장군이 남원의 동학군들을 전부 모아서 교룡산성으로 들어가 선국사를 점령하여 관군과 일대접전을 벌였다. 그 때문에 건물의 일부와 10섬을 담을 수 있을 정도로 컸던 장독이 부숴졌다고 한다.

20세기에 와서는 1917년에 현암(玄巖) 스님이 중수했다. 근래에 들어와서는 1984년에 칠성각을 늘려 지었고, 1991년에 미륵입상을 세웠다.

■ 성보문화재

절에는 현재 대웅전·관음전·칠성각·보제루 등의 전각이 있다. 절의 동문으로 들어서 계곡을 따라 오솔길을 올라가면 머리 위에 보제루 처마가 보인다. 보제루를 지나 마당에 올라가면 서쪽에 대웅전과 칠성각이 있고, 남쪽에는 ㄴ자형의 관음전이 있다.

● 대웅전

팔작지붕에 앞면 3칸, 옆면 2칸 규모로서 조선시대 후기에 지었으며 현재 전라북도유형문화재 제114호로 지정되어 있다.

대웅전은 처음 685년에 창건되었다고 전하지만, 지금의 건물은 1803년에 중건된 것이다. 기단은 자연석을 메쌓기 했고, 일반적 수법대로 초석은 자연석 덤벙주초를 사용했다. 기둥에는 민흘림이 있으며, 귀솟음 수법을 사용하여 추녀 끝의 곡선이 더욱 가볍게 느껴지도록 했다. 추녀마루는 활주(活柱)로 받치고 있다. 앞면의 어칸(御間), 곧 가운데 칸에는 삼분합(三分閤)의 빗살문을 달았고 옆면에도 동선(動線)을 고려해서 외짝문을 달았다.

내부 구조를 보면 창방 위에는 기둥머리에만 공포를 얹은 주심포 양식으로서 내외2출목 형식이다. 또한 각 공포의 끝에는 쇠서가 장식되었고, 공포 사이의 공간에는 탱화를 그려넣었다.

안에는 아미타삼존불상·지장보살상과 지장후불탱화, 삼세불화와 신중탱화 그리고 큰북과 중종 및 현판 2매가 있다.

대웅전   조선 후기에 지은 건물로 안에는 아미타삼존불과 삼세불화 등을 모셨다.

대웅전 외부 용두

섬세한 조각으로 표현된 용의 머리는 금방이라도 눈을 부릅뜨고 날아오를 것만 같다.

아미타삼존불상에서는 몇 해 전에 복장이 나온 바 있다. 구슬과 시주기 등이 나왔는데, 시주기를 통해 조선시대 후기에 봉안된 것으로 추정되었다. 아마도 1803년의 중건 당시 조성되지 않았을까 생각된다. 그러나 현재 그 복장물은 절에 전하지 않고 다른 곳으로 옮겨져 있다고 한다.

삼세후불탱화는 가로 177cm, 세로 196cm로서 1775년(영조 51)~1784년(정조 8) 사이에 봉안된 것이다. 그림을 그린 금어는 쾌윤(快玧) 스님 등 3인인데, 쾌윤 스님은 1780년에 순천 송광사 16조사진영, 1796년에 선암사 지장보살도·신중도 등을 그리기도 했다. 그리고 신중탱화는 1929년에 봉인(奉仁)·완성(完惺)·법상(法尚) 금어스님 등에 의해 조성되었다.

현판은 1803년의 「법당신건기」와 1891년의 「칠성각창건기」이다.

보제루   중층의 누각 건물로 안에는 보제루와 선국사의 중수에 관한 현판들이 많이 걸려 있다.

　큰북은 「선국사대북」이라는 이름으로 전라북도민속자료 제5호로 지정되어 있다. 재질은 소나무 통목에 소가죽으로 겉을 둘렀다. 조선시대에 제작된 것으로 보이는데, 교룡산성을 관리하던 승병의 훈련과 관련 있는 것으로 추정된다. 크기는 길이 102cm, 둘레 260cm이다.

● 관음전

　팔작지붕에 ㄴ자 모양의 건물로서 규모가 매우 크며, 현재 요사로도 사용된다.
　안에는 관음상과 42수관음탱화 및 신중탱화, 그리고 부엌에 조왕탱화 1점이 있다. 42수관음탱화는 1942년에, 신중탱화는 일제강점기에 조성된 듯하다.

● 보제루

보제루(普濟樓)는 팔작지붕에 앞면 4칸, 옆면 2칸이다. 사찰 앞면의 오른쪽 끝부분에 옆으로 길게 자리하고 있다. 뒷면은 평지에서 바로 올라가게 되어 있으며, 앞면은 밑부분의 돌기둥과 윗부분의 나무기둥으로 세워졌다.

보제루는 사찰 누각의 일반적 용도외에 군사적 목적으로도 사용되었을 것으로 추정한다. 1960년에 보제루 마루 밑에서 '교룡산성승장인(蛟龍山城僧將印)'이라고 새겨진 동인(銅印)이 발견되었는데, 이 도장은 산성을 수비하는 책임을 맡은 별장(別將)이 동학운동 때 동학군에 성을 빼앗기고 도망하면서 빠뜨리고 간 것이라고 한다. 이 동인은 「교룡산성승장동인(蛟龍山城僧將銅印)」이라는 이름으로 전라북도민속자료 제27호로 지정되어 있다.

안에는 최근의 「관음전보수불사방명록」 외에 보제루와 선국사 중수에 관련된 현판 10매가 전하는데, 이 현판들은 선국사의 연혁을 살피는 데 중요한 자료가 된다.

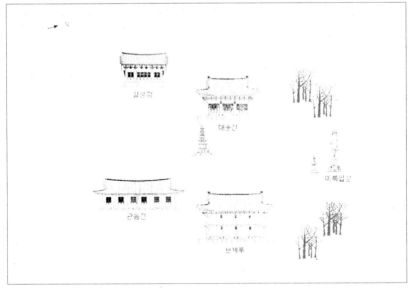

선국사 가람배치

선원사

■ 위치와 창건

선원사(禪院寺)는 남원시 도통동 392-1번지 만행산(萬行山)에 자리한 대한
불교조계종 제17교구 본사 금산사의 말사이다. 만행산은 백공산(百工山)이라
고도 한다.

절에 관한 기록은 『신증동국여지승람』을 비롯해서 『범우고』·『가람고』·『용

선원사 남원시내 중심에 자리한 절은 과거 그 규모가 만복사에 버금가는 대찰이었다고 한다.

대웅전 내부에는 완주 위봉사에서 옮겨왔다는 석가불상을 중심으로 한 삼존불이 봉안되어 있다.

성지』등의 문헌기록과 지금 절에 전하는 여러 현판을 참고할 수 있다. 그 가운데 옛 남원부의 읍지인 『용성지』에 보면 절에 관한 다음과 같은 내용이 보인다.

(선원사는) 남원부 동쪽으로 3리 되는 평야에 있다. 지금으로부터 1048년 전인 당나라 희종(僖宗) 건부 2년, 신라 헌강왕 1년에 도선국사가 창건했다. 전쟁으로 없어진 뒤 여러 차례 흥폐(興廢)를 거듭했다. 절에는 금불(金佛)이 하나 있다. 영조 31년에 남원부사인 김세평(金世平)이 중창했으며, 이 지방의 승려로 하여금 거주케 했다.

위의 기록을 통해 절은 875년(헌강왕 1)에 도선국사가 창건했고, 1755년(영조 31)에 김세평에 의해 중창되었음을 알 수 있다. 도선국사의 창건에 대해서는, 도선국사가 남원의 지형을 살피니 주산(主山)인 백공산, 곧 지금의 만행산

제석천룡탱화
1917년에 조성되었으며,
당시 많은 작품 활동을 하
였던 봉인 금어스님 등이
그렸다.

의 지세가 객산(客山)인 교룡산에 비해 너무 허약하므로 교룡산과 같이 맞추어줄 필요가 있어 지세를 북돋고자 선원사를 비롯해서 대복사(大福寺)·만복사(萬福寺)를 창건했다는 말도 전한다. 선원사가 자리한 만행산은 실은 백공산으로서 만행산의 줄기에 불과한 데도 굳이 만행산이라 한 것은 만행산의 큰 힘을 빌어 지세를 북돋기 위해서라고 한다.

또한 창건 당시의 사찰 영역도 지금의 중앙초등학교 일대까지 이르는 큰 규모로서 7~80여 명의 스님이 거주하던 만복사에 버금가는 대찰이었다고 한다. 그러나 이처럼 웅장했던 선원사도 1597년의 정유재란으로 전부 불타서 없어졌고, 다만 앞서의 『용성지』에 기록된 대로 '금불', 곧 현재 약사전에 봉안된 철불상만이 남았다. 그 뒤 절은 1755년에 남원부사 김세평에 의해 중건되었던 것이다. 김세평은 약사전과 명월당을 중건하고 철불을 약사전에 봉안했다.

근래에 들어와서는 1996년에 약사전 철불을 보수했으며, 1985년에 처음 설립되었다가 그 동안 운영이 중단되었던 연꽃유치원의 문을 다시 열었다.

약사전 1775년에 중건된 건물로 영산회상도와 현왕탱화 등의 불화가 봉안되어 있다.

■ 성보문화재

현재 절에는 대웅전을 비롯해서 약사전·명부전·용화전·칠성각·일주문·범종각·요사·유치원 등의 건물이 있다.

절 앞마당에는 삼층석탑과 무너진 석등의 부재가 놓여 있고, 근래에 조성한 미륵입상이 있다. 또한 절 뒷편에는 〈불공계사적비(佛供禊事蹟碑)〉(1971년) 등 비석 3기가 있고, 대웅전 뒷편에도 〈선원사사적비〉(1965년)·〈선원사다보여래탑건립비〉(1969년)가 있다.

한편 절에 보관된 괘불(掛佛)은 1755년의 중건 시 조성된 것으로서 현재 보물 신청중에 있다고 한다.

● 대웅전

맞배지붕에 앞면 3칸, 옆면 2칸 규모로서 1961년 당시 주지 일학(一鶴) 스님에 의해 중건되었다. 현재 전라북도문화재자료 제45호로 지정되어 있다.

안에는 석가불상을 중심으로 그 좌우에 문수·보현보살이 협시한 삼존불이 봉안된 것을 비롯해서 영산후불탱화·신중탱화·범종 등이 있다. 또한 대웅전 벽에는 인로왕보살내영도가 벽화로 그려져 있고, 그밖에 시주현판 3매가 걸려 있다.

석가불상은 1961년에 대웅전을 지으면서 완주 위봉사 보광명전에 봉안된 불상을 옮겨온 것이라고 한다.

불화 중 신중탱화는 1917년에 만총(萬聰)·봉인(奉仁) 금어스님 등이 조성했고, 나머지 불화들은 전부 근래에 봉안되었다.

● 약사전

맞배지붕에 앞면 3칸, 옆면 2칸이며 1755년에 중건되었다. 조선 후기의 사찰 건축 양식을 잘 나타내고 있어 현재 전라북도유형문화재 제119호로 지정되어 있다.

건축 양식을 살펴보면, 기단은 평지에서 그다지 높지 않게 자연석으로 쌓고 갑석(甲石)으로 마무리했으며 초석은 자연석 덤벙주초를 사용했다. 기둥은 배흘림이 있는데 그 가운데 양쪽 끝에 있는 기둥의 안쏠림은 특히 뚜렷하며, 귀솟음 수법도 보인다. 그러나 용마루와 처마의 선은 비교적 직선에 가까워서 다소 무겁다는 느낌을 준다. 지붕은 겹처마에 포작(包作)은 익공계를 취하고 있다. 내부의 공포는 간단히 운공형(雲工形)으로 대들보를 받치게 했으며, 내부 벽면은 당초무늬로 장식했다. 천장의 구조는 우물천장이며, 바닥은 우물마루로 되어 있다.

안에는 철불을 비롯하여 영산회상도·현왕탱화가 있고, 그밖에 「선원사중창기」 등 현판 4매가 걸려 있다. 또한 뒤쪽에는 괘불함이 놓여져 있다. 영산회상도는 1917년에 조성되었고, 현왕탱화는 1899년(광무 3)에 화원 김용순(金龍順)이 그렸다.

● 명부전 · 칠성각

명부전은 팔작지붕에 앞면 3칸, 옆면 1칸 규모다. 본래 이 자리에는 1755년에 중건된 명월당(明月堂)이라는 요사가 있었는데, 1963년에 몹시 퇴락해 무너지려고 하는 것을 헐어버리고 그 자리에 명부전을 지은 것이다.

안에는 지장보살상을 비롯해서 그 좌우로 도명존자·무독귀왕이 협시해 있고, 그밖에 시왕상 10체, 판관·녹사·사자·인왕상 각 2체씩, 그리고 지장후불탱화를 봉안했다. 시왕상 10체는 명부전을 지으면서 위봉사에 있던 것을 옮겨온 것이라고 한다. 지장후불탱화는 1917년에 조성했다.

● 선원사철조여래좌상

약사전 철조여래좌상

현재 보물 제422호로 지정된 고려시대 철불로서, 약사전에 봉안되어 있다.

몸 전체는 도금되어 있는데, 전체적으로 당당하면서 신체 균형이 잘 잡혀있으나 양식화가 많이 진전되어 조금은 딱딱하다는 느낌을 준다. 머리는 나발인데 육계의 표현이 뚜렷하지 않으며, 가운데에 장엄구(莊嚴具)가 있다. 얼굴은 갸름한 편이며 긴 눈과 눈썹, 오똑한 코, 작고 엷게 표현된 입술 등을 볼 수 있다. 이같은 표현은 경기도 광주 하사창리에서 출토된 철불과도 비슷한 것으로 비교된다. 목에는 삼도(三道)가 있다.

불의는 통견인데 넓은 옷깃을 오른쪽으로 여민 채 밑으로 흘려내렸다. 이 옷주름은 결가부좌한 두 다리 사이에서 부채꼴 형태로 주름잡혔다. 옷주름을 주로 팔과 다리에 집중적으로 나타낸 것이 특징이며, 허리가 매우 가는 것도 주목되는 특징이다.

선운사동종 전라북도유형문화재 제25호.

두 손은 결실된 것을 근래에 새로 만든 것인데, 팔의 형태로 보아 본래에도 지금처럼 항마촉지인의 수인이었을 것으로 추정된다. 전체적 양식으로 보아서 10~11세기 사이에 조성된 듯하다. 크기는 높이 115cm, 무릎 너비 90cm이다.

● 선운사동종

대웅전에 봉안된 조선시대 후기의 범종으로서 현재 전라북도유형문화재 제25호로 지정되어 있다.

용뉴는 한 마리 용이 웅크린 모습을 하고 있으며 종개(鍾蓋), 곧 천판(天

板) 부분은 3단의 받침으로 되어서 견대(肩帶)에 붙어 있다. 종신(鍾身)에는 아래 위로 전부 4줄의 띠가 둘러져 있어 몸체를 5부분으로 구획하고 있다.

맨 윗쪽 부분에는 작은 원 11개가 나열되었고 그 안에 범자(梵字) 하나씩을 넣었다. 그 밑에는 보살입상 4체가 배치되었으며, 보살상 사이 윗쪽에 보상화·연화·보개(寶蓋)·보관(寶冠) 등이 2개씩 있다. 보살상 사이 아랫쪽에는 유곽(乳廓) 4개가 배치되었는데, 유두(乳頭)는 9개씩이다.

보살상 아래로는 연화당초문·보상화 등이 불규칙하게 배열되었고, 다시 그 아래로 명문을 적은 판(板)이 마련되어 있으나 마멸이 심해서 읽기가 거의 어렵다. 다만 보살입상과 그 밑의 연화당초문·보상화가 있는 사이로 '보현사 중종(普賢寺中鍾)'이라고 쓴 글씨가 두 줄 세로로 돋을새김되어 있다.

크기는 전체 높이 66㎝, 견대까지의 종신 높이 51㎝, 입지름 47㎝, 구연부 두께 3.7㎝, 용뉴 높이 10.5㎝, 천판 지름 37㎝이다.

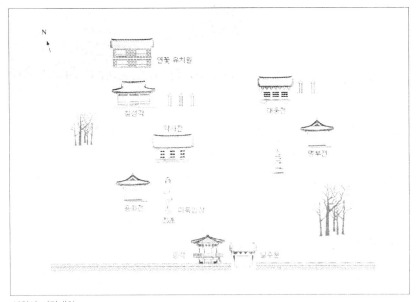

선원사 가람배치

실상사

■ 위치와 창건

　남원시 산내면 입석리 20번지에 자리하고 있는 실상사(實相寺)는 유구한 역사와 함께 상당수의 성보문화재를 보유하고 있는 명찰(名刹)이다. 평지가람 형태를 띠고 있는 실상사는 그 범위가 매우 방대했을 것으로 보이지만 지금은 본래 사역보다 상당히 축소되어 있는 상태이다. 일제강점기에는 해인사

실상사　평지에 자리한 절은 홍척국사가 지금의 백장암 자리에 처음으로 도량을 열었다.

보광전 내부벽화

말사로 속해 있었으나, 지금은 대한불교조계종 제17교구 본사 금산사의 말
사이다.

실상사는 유형의 문화유산도 상당수 간직하고 있는 곳이지만, 오히려 한국
불교사 전체에서 차지하고 있는 무형의 비중이 더욱 크게 느껴지는 곳이다.
한국불교의 주요 사상인 선(禪)의 역사에 있어 대단히 중요한 비중을 차지하
고 있기 때문이다. 한국의 선사상은 신라 말 '구산선문(九山禪門)'으로 대표
되는 여러 산문이 개창되면서 본격적인 개화의 시대를 맞이하게 되는데, 이
곳 실상사는 구산선문 가운데 가장 이른 시기에 형성된 실상산파(實相山派)
의 근본 도량인 것이다.

사실 구산선문 가운데 가장 이른 시기에 선법을 전래한 곳은 가지산문(迦智
山門)이다. 이 산문의 개창자인 도의(道義) 스님은 821년에 귀국하여 선법(禪
法)을 유포시키므로써 시기상 가장 앞선 인물로 평가되는 것이다. 하지만 도
의 스님의 선법 유포는 당시 불교계와 사회에서 크게 환영받지 못했고, 이에

실망한 스님은 설악산 진전사(陳田寺)로 들어가 40여 년간 수행에만 몰두하였다.

도의 스님보다 5년 늦게 당나라 유학을 마치고 귀국한 인물이 바로 실상산문을 개창한 홍척국사(洪陟國師)이다. 스님은 중국의 고승 서당 지장(西堂智藏)의 문하에서 선법을 이어받은 후 826년에 귀국하였으며, 이후 858년에 이곳 실상사를 창건하고 선 수행의 도량으로 정착시켜 나갔던 것이다. 그래서 최치원(崔致遠)은 〈지증대사적조탑비(智證大師寂照塔碑)〉를 지으면서, "선사가 당에 가서 법을 구해 온 것은 원적 도의(元寂道義)보다 뒤지지만, 절을 짓고 문파를 이룬 것은 구산선문 가운데 가장 먼저이다." 라는 글귀를 남기기도 하였다. 결국 실상사는 신라 말의 여러 산문 가운데 가장 먼저 도량을 형성하고 있는 곳이라고 할 수 있다.

실상산문의 개창자인 홍척국사에 대한 자세한 전기(傳記)는 전해지지 않고 있다. 따라서 실상사의 정확한 창건 연기를 전하는 자료는 찾아 볼 수 없으나, 귀국 이후 2년 만인 828년에 이 곳을 창건하였다는 내용이 정설로 되어 있다. 아울러 처음 도량을 형성한 곳은 지금의 백장암(百丈庵) 터이고, 대중들이 늘어나자 홍척의 제자인 수철화상(秀澈和尙, 817~893)이 지금의 실상사 자리로 옮겼다는 설이 있는데, 이에 대해서는 보다 많은 연구가 이루어질 필요가 있다.

실상산문의 근본 도량이었던 실상사는 고려 초기까지 꾸준하게 사세(寺勢)를 유지하였던 것 같다. 홍척의 직계 제자였던 수철·편운화상(片雲和尙)이 활동하던 번성기를 비롯하여 적어도 고려 초기까지는 실상산문의 흐름이 지속되었다고 보이는 것이다. 하지만 고려 초기를 지나면서 실상산문은 급속하게 위축되어 갔고 그 때문에 고려 초 이후 조선 중기까지의 실상사의 역사는 공백기로 남아 있다. 그리고 조선 중기 이후부터 침허조사(枕虛祖師)·설파조사(雪坡祖師)·의암대사(義庵大師)·월송대사(月松大師) 등이 연이어 주석하면서 옛 전통을 되살리기 위해 노력하였다.

한국불교사에 대단히 중요한 비중을 차지하고 있는 실상사는 최근 들어 다

화엄학림 1996년에 강당과 학사를 건립함으로써 조계종단 최고 교육도량의 면모를 갖추었다.

시 활발한 움직임을 펼쳐 가고 있는 중이다. 타인 소유로 넘어간 절 주위의 경지를 매입하기 위해 '땅 한 평 사기 운동'을 전개하므로써 지금까지 17,664 평의 옛 터를 되찾았으며, 옛 사역의 모습을 확인하기 위한 발굴사업도 한창 진행 중이다. 특히 지난 1996년에는 '화엄학림' 강당과 학사(學舍)를 건립하므로써 조계종단 최고 교육도량의 면모를 갖추게 되었다.

■ **연혁**

실상사의 연혁을 표로 정리하면 다음과 같다.

년 대	주 요 사 항
828년(신라 흥덕왕 3)	홍척국사(洪陟國師)가 창건. 구산선문 중 실상산파를 개창. 수철화상과 편운대사가 중창함.

893년(진성여왕 7)	77세로 수철화상 입적.
신라 효공왕대	수철화상능가보월탑비 건립.
1468년(세조 16)	화재로 전소
1516년(중종 11)	실상사 세진암에 석조나한상 제작.
1584년(선조 17)	실상사 백장암 청동은입사향로 제작.
1590년(선조 23)	정유재란으로 소실.
1679년(숙종 5)	벽암대사 중창. 백장사 2차 소실후 실상사의 옛터에 백장암 건립.
1684년(숙종 10)	계오대사가 부도전(현 극락전) 건립.
1690년(숙종 16)	침허조사 및 승려 300명이 조정에 실상사 중건을 상소.
1694년(숙종 20)	범종 제작.
1700년(숙종 26)	36동의 건물을 중수(대적광전·약사전·무생전·십불전·오백전·장육전·원통전·미타전·적묵전·미륵전·명부전·만화당·현묘당·청심당·보응당·자운당·탑진당·정성당·금당·향로각·대동고·환재각·종각·향적소·만세루·능허각·불이문·천왕문·해탈문·조계문).
1714년(숙종 40)	수철화상능가보월탑비 중건.
1724년(경종 4)	천은(天誾) 스님이 약수암 건립.
1749년(영조 25)	금어 의겸 스님 등 5인이 아미타극락회상도를 제작 봉안.
1751년(영조 27)	포문비구 한심이 옛 연화당과 금당의 기와를 사용하여 요사를 수리하고 부도전으로 이름붙임.

1782년(정조 6)	실상사 약수암 보광명전에 목조탱화를 제작 봉안.
1788년(정조 21)	금파 관오대사와 대시주 이휘·홍찬·재민 등이 부도전(극락전) 중수.
1821년(순조 21)	의암대사(義嚴大師)가 중건함(명부전 신축 이전).
1822년(순조 22)	실상사 서진암 소실.
1827년(순조 27)	성윤두타와 대영비구가 실상사 서진암 중건.
1831년(순조 31)	극락전 건립.
1832년(순조 32)	의암대사가 기봉 처윤 화주와 함께 부도전을 중수하고 극락전으로 이름을 바꿈.
1868년(고종 5)	실상사 백장암 3차 화재 소실.
1869년(고종 6)	운월대사가 실상사 백장암을 다시 현재의 위치로 이건.
1881년(고종 18)	월송대사(月松大師)가 중창, 대가람을 형성.
1882년(고종 19)	양재묵과 민동혁의 난동 방화로 사찰 건물 소실.
1884년(고종 21)	월송대사가 보광전 건립.
1900년(광무 4)	실상사 백장암 화재 소실.
1901년(광무 5)	지월대사가 실상사 약사암 일당(日堂)을 중수. 남호대사가 실상사 백장암 중수.
1903년(광무 7)	익준대사가 승당 건립.
1910년	실상사 백장암 광명전 건립.
1917년	실상사 서진암(세진암) 중건.
1918년	약수암 보광전 건립.
1927년	실상사 세진암을 서진암으로 이름을 바꿈.

1932년	성법 스님이 영원사에서 옮겨온 자재(資材)로 극락전의 요사를 건립. 성법 스님이 칠성각 건립.
1933년	실상사 서진암 화재로 소실.
1935년	실상사 서진암 재건.
1937년	실상사 약수암 중수.
1967년	통일신라시대의 범종이 파종(破鍾)된 채 출토.
1972년	지응선사가 실상사 백장암 선실을 증축.
1974년	실상사 약수암을 중수.
1984년	실상사, 사적 제309호로 지정.
1981년	칠성각 칠성탱화 조성.
1986년	선리수도원 건립(현재 요사로 사용).
1987년	지장시왕도를 조성하여 명부전에 봉안. 철조 약사여래불 보수.
1989년	천왕문 건립.
1991년	통일신라기의 파종을 모델로 한 범종 제작과 파종 출토지에 범종각 건립.
1996년	화엄학림 강당과 학사 건립.

■ 성보문화재

절에 현존하는 당우로는 보광전을 비롯하여 약사전·극락전·명부전·칠성각·범종각·천왕문 및 요사와 화엄학림 건물 2동 등 여러 전각이 있지만, 신라 구산선문 중 가장 일찍 성립되었던 절의 연혁이라든지 혹은 창건 당시 사

실상사 내경 가람의 배치는 보광전을 중심으로 석등과 쌍탑이 마주하며 그 주위로 약사전과 명부전 그리고 칠성각이 자리하고 있다.

역의 위용을 생각한다면 현재의 건물 규모가 그다지 큰편이라고 느껴지지는 않는다.

사역(寺域)은 크게 동·서로 구분되는데 동쪽은 예불공간, 서쪽은 요사 및 학사(學舍)로 사용되는 공간이다. 예불공간의 당우는 보광전을 중심으로 동쪽에 약사전과 명부전이 위치하고, 서쪽으로는 칠성각이 자리한다. 또한 보광전 앞에는 석등과 쌍탑이 위치하고, 천왕문 가까이에 종각이 있다. 종각 동쪽에는 목탑지 또는 장육전으로 추정되는 건물지가 있다.

예불 공간의 서쪽에는 현대건물을 포함한 9동의 요사가 위치하고, 요사 공간의 서쪽에는 극락전과 증각대사탑 및 비, 그리고 수철화상 탑과 비가 위치하고 있다.

● 보광전

실상사 주법당인 보광전은 1884년(고종 21)에 월송대사가 건립한 것으로, 팔작지붕에 앞면과 옆면 각 3칸씩이다. 현재는 단청되지 않아 단아한 모습이다.

주변에는 지금의 보광전 이전에 있었던 앞면 5칸에 넓이 83평 규모의 대웅전 자리가 있어 그 큰 규모를 짐작하게 한다.

보광전 안에는 비로자나불좌상을 중심으로 좌우에 보살입상이 있다. 본존은 조선시대에 제작되었으며, 두 협시보살은 본래 극락전에 아미타불과 함께 봉안되어 있었다. 두 보살상은 특이하게 종이로 제작되었으며, 월남에서 모셔왔다고 전한다. 불상 뒤에는 후불탱화가 있고 불단의 오른쪽에는 신중탱화와 산신탱화가 있는데, 둘 다 1981년에 조성된 것이다. 그밖에 범종이 하나 있다.

● 약사전

팔작지붕에 앞면 3칸, 옆면 2칸 규모이다. 1883년의 방화에도 소실되지 않고 남은 건물로서, 중앙의 문창살 단청이 매우 아름답다.

보광전 절의 주법당 건물로 1884년 월송대사가 건립하였다. 안에는 비로자나부처님이 모셔져 있다.

안에는 통일신라시대의 작품인 철조약사여래좌상과 1988년에 조성한 신중 탱화가 있다.

● 실상사철조약사여래좌상

약사전 안에 봉안된 철조약사여래좌상은 높이 269cm의 대작으로서 무게는 4천근에 달한다. 현재 보물 제41호로 지정되어 있다.

여래좌상의 양식을 보면 머리에는 나발과 육계가 표현되어 있으며, 귀는 길다. 상호는 원만하고 탄력이 있으며, 눈과 눈썹은 길게 표현되었다. 어깨와 가슴은 부드럽고 풍만하여 통일신라 시기의 작품을 그대로 반영하고 있으나, 상체의 중심이 앞으로 기운 듯한 부자연스러움도 있다. 팔부분은 1987년 복원시 출토된 철제손을 나무로 복원한 것이다. 수인에서 볼 때 약사여래의 특징인 약합(藥盒)을 들고 있지 않아 정확한 명칭을 설명하기 어렵지만, 수철국사가 실상사의 탑과 함께 약사여래상을 세웠다는 기록에서 약사여래로 추정된다. 통일신라시대 9세기에 유행한 철불 중 초기작으로 꼽힌다.

● 명부전

지금의 명부전은 길선당의 옛터에 건립된 것으로서, 장육전의 동쪽에 있던 것을 1821년(순조 21)에 의암 대사가 옮겨 지은 것이다. 건물의 규모는 앞면과 옆면 각 3칸씩이다. 안에는 지장보살삼존상과 시왕상 10구, 판관상, 인왕상 등 조선 초기의 목조상이 봉안되어 있다. 지장보살상 후면에는 1987년에 조성한 지장시왕도가 봉안되어 있다.

● 칠성각

보광전 서쪽에 위치하며, 1932년에 성법 스님이 세운 전각이다. 앞면과 옆면 각 1칸씩의 팔작지붕이다. 안에는 1981년에 제작된 칠성탱화가 봉안되어 있다.

명부전 길상당의 옛터에 건립된 것으로 과거 장육전의 동쪽에 있던 것을 의암대사가 옮겨 지었다.

● 범종각

1967년에 상부가 결실된 통일신라시대 범종이 발견된 그 자리에 건립된 종각이다. 파손된 통일신라시대의 범종을 모델로 하여 새로 주조된 범종을 봉안했는데, 전각과 범종 모두 1991년에 조성되었다.

● 천왕문

맞배지붕에 앞면 3칸, 옆면 2칸 건물로서 해탈교를 건너 실상사 경내로 들어서는 입구에 위치한다. 안에는 불법을 수호하는 사천왕상이 봉안되어 있다. 1989년에 새로 지었다.

● 극락전

실상사 사역의 가장 서쪽에 위치하며, 현재 전라북도유형문화재 제45호로 지정되어 있다. 1684년(숙종 10)에 부도전으로 세워진 건물로서, 1832년(순조 32)에 의암 대사가 중건하여 극락전으로 바꾸었다고 전한다.

건물 규모는 앞면 3칸, 옆면 2칸의 팔작지붕이고, 다듬은 정방형 주초를 사용하였다.

내부에는 아미타여래좌상과 1985년에 조성한 후불탱화·신중탱화가 봉안되어 있으며, 「실상사부도전불량계서문」 현판이 걸려 있다.

● 실상사동종

보광전에 안치되었으며, 현재 전라북도유형문화재 제137호로 지정되어 있다.

종의 양식을 보면 견부(肩部)와 하대(下帶) 문양이 시문되어 있지 않았으며 견부 아래에 12줄의 둥근 원을 배치하고 그 내에 범자를 돋을새김 했다. 4줄의 유곽은 종신(鍾身)의 중앙부에 위치하며, 당초문으로 장식된 유곽내에는 9개의 유두가 배치되어 있다. 유곽 사이에는 도식화된 비천상(飛天像)을

극락전 원래 부도전으로 지어진 건물인데 의암대사가 중건하면서 극락전으로 바뀌었다고 한다.

실상사석등

절의 창건 당시에 조성된 것으로 추정된다. 높이가 500cm에 달하는 거작으로 화엄사 각황전의 것과 유사하다. 보물 제35호.

각각 1구씩 배치하였다. 전체적으로 볼 때 한국 동종의 모양과 장식을 잃고 있으나, 용두(龍頭)와 음통(音筒)의 존재는 한국종의 전통을 가지고 있다.

종의 명문에 조성년대가 기록되어 있어 1694년(숙종 20)에 제작된 것임을 알 수 있다. 크기는 전체 높이 123cm, 입지름 83cm이다.

● 실상사석등

팔각기둥의 전형적 간주석(竿柱石)과는 달리 고복형(鼓腹形) 간주석을 갖

실상사삼층석탑 보광전 정면에 동·서로 마주보고 서 있다. 통일신라시대에 조성되었다.

춘 석등으로, 높이 500cm의 거작이다. 팔각의 지대석 위에 놓인 하대석은 이중으로 구획되어 각 면에 안상이 새겨져 있으며, 그 위에 8엽의 복판연화문이 새겨져 있다. 각 연화판단(蓮花瓣端)은 높게 반전되어 귀꽃을 이루고 있다. 간주석은 3단의 고복형으로 상·하단에는 연판이, 중단에는 클로버 무늬가 장식되어 있다. 상대석은 단엽의 중판으로 조각되어 있으며, 각 연판에는 화문을 장식하였다. 화사석(火舍石)은 팔각의 각 면마다 화창(火窓)이 있으며, 옥개석은 낙수면을 단엽의 연판으로 장식한 것이 특징이다. 상륜부는 복발(覆鉢)·보개(寶蓋)·보주(寶珠)가 완전하다.

이 석등은 실상사 창건 당시에 조성된 것으로 추정되며, 전라남도 구례군 화엄사 각황전의 석등과 임실에 있는 용암리 석등도 이와 유사한 형태로 제작된 점에서 통일신라기에 이 지역에 유행된 석등형식으로 볼 수 있다. 현재 보물 제35호로 지정되어 있다.

● 실상사삼층석탑

보광전 정면에 동·서로 배치되어 있는 삼층석탑으로, 높이 각 840㎝의 대작이다.

기단은 2중이며, 하대석과 하대 중석(中石)이 하나의 석재로 되어 있다. 탑신부는 옥개와 탑신석이 각 1매로 조성되어 있다. 옥개의 처마는 반전이 심하여 날렵하며, 4단의 옥개받침을 갖추고 있다. 상륜부는 완전하여 삼층석탑의 전형을 볼 수 있어 자료적 가치가 높다. 통일신라시대 9~10세기의 전형적인 세장된 모습을 갖추고 있다. 현재 보물 제37호로 지정되어 있다.

● 실상사부도

보광사 뒷편에 위치하고 있는 높이 320㎝의 팔각원당형 부도이나, 누구의 부도탑인지는 알 수 없다. 아무 무늬가 없는 팔각지대석 위에 운문(雲紋)으로 조각된 높은 하대석을 올렸다. 팔각의 중대석은 3단의 하대받침위에 마련되어 있는데 높이가 낮다. 상대석은 거의 반원에 가까운 옆면에 굵은 8엽의 연화를 장식하였다. 팔각의 탑신은 비교적 세장된 형태이고 1면에만 문비가 얕게 새겨져 있다. 옥개석은 낙수의 경사가 급하며 모서리에는 귀꽃이 있다.

이 석등은 통일신라시대의 양식을 계승하고 있으나, 하대석의 형태와 특히 탑신석이 다른 비례에 비해 세장화되는 것은 고려시대 부도의 특징을 보여주는 것이라 하겠다. 현재 보물 제36호로 지정되어 있다.

● 실상사증각대사응료탑

증각대사응료탑(證覺大師凝寥塔)은 실상사의 창건주인 홍척국사의 묘탑으로서, 극락전 남쪽의 탑비 있는 곳 반대편에 세워져 있다.

양식을 보면, 방형 지대석 위에 팔각 2단의 하대석이 마련되어 있는데 하부는 구름무늬로 조각되어 있다. 하대석 위에는 높은 팔각중대석 받침이 따로 제작되어 있는데 상단에 우주(隅柱)와 우각(隅角)을 연결한 장식이 있어 마치 난간의 형태를 하고 있다. 낮은 중대석에는 각 면마다 안상(眼象)을 새겼고, 안상 내부에는 공양상과 보살좌상을 배치하였다. 원형의 상대석에는 복판(複瓣) 3중의 앙련(仰蓮)을 배치하였다. 상대석 위에 다시 난간형의 높은 팔각 별석(別石)을 두었고 그 위에 탑신석이 놓여 있다. 탑신석에는 문비(門扉)와 사천왕상이 새겨져 있다. 옥개석 하부는 목조 건축구조를 모각(模刻)해 놓았으며, 처마에는 서까래와 우동 기왓골이 새겨져 있다. 상륜부는 8엽연화의 앙화와 보륜, 보주가 안치되어 있다.

크기는 높이 242㎝로서 통일신라시대 부도의 전형적 양식을 보여 주는 수작이다. 현재 보물 제38호로 지정되어 있다.

실상사증각대사응료탑
절의 창건주인 홍척국사의 묘탑으로 극락전 옆에 세워져 있다. 보물 제38호.

실상사증각대사응료탑비

비의 몸체는 없고 귀부와 이수만 남아 있다. 이수의 정면에는 응료탑비라는 명문이 새겨져 있다. 보물 제39호.

● 실상사증각대사응료탑비

비는 일찍이 파손되고 귀부와 이수만 남아 있다. 이수부는 높이 103㎝, 귀부 너비는 161㎝이다. 귀부는 용두형(龍頭形)이 아니라 통일신라 귀부의 형태를 충실히 따른 거북머리 형태이며, 이수부 정면에는 5각형의 구획내에 '응료탑비'라는 명문이 새겨져 있다. 현재 보물 제39호로 지정되어 있다.

● 실상사수철화상능가보월탑 및 실상사수철화상능가보월탑비

수철화상능가보월탑(秀澈和尙楞迦寶月塔)은 실상사의 제2대 조사인 수철화상의 탑으로서 신라 석조부도의 전형 양식인 팔각원당형 부도이다.

지대석 위에는 받침없이 기단부를 두었으며, 팔각하대석의 각 면에는 구름·용·사자 등을 새겼다. 낮은 중대석의 각 면에는 안상을 조각하고 사리함(舍利函)과 주악상(奏樂像) 등을 새겼다. 상대석은 3줄의 복련 연화앙련을, 탑신석에는 문비와 사천왕상을 새겼다. 옥개석은 목조 구조를 모각한 것으로 처마는 완만하며 상륜부는 노반석(露盤石)만 남아 있다. 크기는 전체 높이

수철화상능가보월탑

실상사 제2대 조사인 수철화상의 탑
으로 사리함과 주악상 그리고 문비
와 사천왕상 등이 새겨져 있다. 보물
제33호.

290cm로서 증각대사 부도보다 약간 높다. 탑비의 명문기록을 통해 893년(진성
왕 7)작으로 추정되고 있다.

수철화상능가보월탑비는 전체높이 290cm로, 귀부 대신 안상을 새긴 사각연
화 대석이 비신을 받치고 있다. 이수에는 구름속에 반룡(蟠龍) 두 마리가 대
칭적으로 배치되었고, 중앙에 '능가보월탑비'라는 전액(篆額)이 음각되어 있
다. 비의 내용으로 보아 효공왕대에 건립되었다가 1714년에 다시 세워진 것으
로 추정된다. 현재 수철화상능가보월탑 및 비는 각각 보물 제33호·제34호로
지정되어 있다.

● 실상사위전개량성책

실상사위전개량성책(實相寺位田改量成册)은 사찰의 토지대장으로서, 250

년 전의 실상사 토지재산을 알 수 있는 귀중한 자료이다. 현재 전라북도유형
문화재 제88호로 지정되어 있다.

이 문서에는 본사 및 소속 암자의 기지 및 불량답을 구분하고 소재지·명
칭·위치·형태·등급·지번·경작인·조세 등으로 세분되어 기록되어 있다.
가로 46cm, 세로 66cm의 한지로 되어 있으며, 표지를 포함해서 전부 19매이다.

● 백장암 성보문화재

실상사 산내암자인 백장암(百丈庵)은 실상사에서 남원 인월 방향 국도로
약 3km쯤 가다가, 백장휴게소가 있는 매동 마을에서 오른쪽으로 난 산길로 약
1km쯤 올라간 곳에 자리한다.

백장암 성보문화재로는 현재 법당·선원(禪院)·요사 등의 건물과, 절 경내
에 국보와 보물로 각각 지정된 삼층석탑과 석등이 있다. 그 밖에 부도로는 석
탑 아래에 3기, 그리고 절 입구에 1기가 있다.

◆ 실상사 백장암삼층석탑

백장암 남쪽 아래 경작지에 있는 통일신라시대의 작품으로서 현재 국보 제
10호로 지정되어 있다. 지금의 자리는 탑 바로 뒤에 있는 석등과 함께 본래의
자리로 추정된다. 삼층석탑과 석등이 있는 곳 북쪽에 법당터로 생각되는 건물
터가 뚜렷하게 남아 있는 것으로 보아서 본래는 백장암이 그 곳에 있었을 것
으로 보기도 한다.

탑의 양식을 보면 초층 탑신 각 면에 사천왕상·신장상 각 2체씩을, 3층 탑
신의 각 면에는 천인좌상(天人坐像) 각 1체씩을 새겼다. 탑의 기단부는 방형
(方形)의 대석(臺石)이며, 그 위에 다른 방형의 탑신 받침을 얹고 다시 방형
탑신을 놓았다. 그런데 이같은 기단부의 구조라든가, 기단부 전체에 표현된 화
려한 조각 등은 통일신라시대의 다른 석탑에 비해서는 매우 특이한 양식이라

실상사백장암삼층석탑

백장암 남쪽에 자리한 통일신라시대의 탑. 사천왕상과 신장상 그리고 천인좌상 등이 수려하게 조각되어 있다. 국보 제10호.

서 이 탑의 가치를 더해주고 있다.

옥신(屋身)은 각 층 높이의 체감율(遞減率)이 적고, 옥개석은 층별로 받침 없이 앙화문(仰花文) 받침으로 경사 처리를 했다. 상륜부는 일부 없어진 부분도 있지만 찰주 위로 노반·복발·보개·수연(水煙) 등 각 부재가 대체로 갖추어져 있는 편이다.

이 백장암삼층석탑은 전체적으로 볼 때, 어떤 일정한 양식과 형식에 얽매이지 않고 자유로운 창작의욕으로 만들어졌다는 점에서 한국 탑파연구사상 중요한 작품의 하나로 꼽힌다. 크기는 전체 높이 500cm이다.

실상사백장암석등

역호형의 안상과 상대석에 장식된 난간 등 보기드문 조각의 예를 보여준다. 통일신라시대에 조성되었다. 보물 제40호.

◆ 실상사백장암석등

백장암 삼층석탑 뒤에 있는 통일신라시대 석등으로서, 현재 보물 제40호로 지정되어 있다.

석등의 양식은 통일신라 석등의 전형을 보이는데, 팔각의 지대석 위에 16각의 낮은 기대·연화 하대·앙련의 간주(竿柱) 굄대 등이 하나의 돌에 조각되어 있다. 기대(基臺)의 각 면에는 흔히 표현되는 안상 대신에 역호형(逆弧形) 안상이 조각된 것이 특이하다. 복판의 8엽 단판연화의 판 안에는 4엽(葉)의 이른바 오주문(五珠紋)을 장식했으며, 그 윗면의 원형대(圓形臺) 안에는 옆

약수암 보광전　산내암자인 약수암의 보광전에는 보물로 지정된 아미타목각탱이 봉안되어 있다.

에 단판의 앙련을 새겼다.

　팔각의 옆면에는 동자주(童子柱)와 난간을 새겼고, 팔각의 화사석에는 네 면에 화창을 놓고 창호를 고정시키기 위한 철정공(鐵釘孔)이 있다. 옥개석은 팔각이며 밑면을 화사석을 놓기 위해 파놓았다. 정상에는 사다리꼴의 원주(圓柱) 위에 보주가 얹혀져 있다.

　전체적으로 볼 때 기대의 안상 무늬, 상대석에 장식된 난간 등은 국내에서는 드문 표현으로서 주목된다. 크기는 높이 250cm이다.

　● 약수암 성보문화재

　실상사 산내암자인 약수암(藥水庵)은 지리산 줄기의 작은 산 중턱 약 1km 쯤 되는 곳에 자리한다.

　현재 약수암에는 보광전과 요사가 있는데, 요사는 6년 전에 기존의 것과 같

실상사 약수암 보광전 아미타목각탱

은 규모로 중건한 것이다. 특히 보물로 지정된 목각후불탱은 전에는 인법당에 봉안되었으나 지금은 보광전에 모셔져 있다.

◆ 실상사 약수암아미타목각탱

아미타불을 중심으로 주위에 8대보살과 2대제자가 아래위로 배치된 구도를 한 나무로 만든 탱화이다.

1782년(정조 6)의 조성년대가 뚜렷하고 그 조각 수법이 우수한 데다가 18세기 목각탱의 드문 예라는 점에서 자료 가치가 높아, 현재 보물 제421호로 지정되어 있다.

하단 가운데 있는 아미타불은 높은 연화대좌 위에 앉아 있는데, 다른 존상들에 비해 좀 더 앞으로 튀어나오게 조각되었고 밑에 받침이 마련되었다.

그런데 무릎 아래의 옷주름을 밑으로 늘어뜨려 표현한 것은 이 시기 불화에서는 잘 볼 수 없는 색다른 양식이다. 그러나 불신(佛身)·불의(佛衣) 등 그 밖의 표현에서는 18세기 불상의 일반적 양식을 충실히 따르고 있다.

거신광(擧身光)으로 새겨진 광배 위에는 수직선상으로 좌상·입상·좌상 등 3체의 화불(化佛)을 새겼다.

아미타불 좌우로는 문수·보현·관음·대세지보살이, 그 상단에는 아난·가섭의 2대제자와 월광·지장·일광·미륵보살이 협시해 있다. 협시상들은 전부 입상이다. 이 가운데 관음보살은 머리에 쓴 보관(寶冠)에 화불이 있고 손에는 정병(淨甁)을 들었으며, 지장보살은 보관없이 스님 머리에 석장(錫杖)을 들고 있다. 나머지 보살 및 제자들은 합장을 하거나 손에 연꽃가지를 잡고 있다.

이 목각탱은 단순한 배치구조를 하면서도 정교한 세부조각 등에서 이 시대의 다른 목조 불감(佛龕) 및 목각탱에 비해 우수한 솜씨가 보여지는 작품이다.

목각탱 아래에는 '건륭 47년', 곧 1782년에 해당되는 연호가 조각되어 있다.

● 서진암 성보문화재

실상사 산내암자인 서진암(瑞眞庵)은 본래 세암(世庵) 또는 세진암(世眞庵, 洗塵庵) 등으로 불렸다가 1927년부터 지금의 이름으로 바뀌었다.

서진암 성보문화재 가운데는 석조 나한상 5체가 있어 주목된다. 조선시대 초중기의 작품인데, 그 가운데 하나에는 밑면 바닥에 '정덕 11년', 곧 1516년(중종 11)에 해당되는 연호가 새겨져 있다.

5체의 나한상 전부 머리에 형태가 조금씩 다른 두건을 썼으며, 얼굴은 다소 살쪘지만 나한의 선매(禪昧)는 잘 나타나 있다. 전체적으로 볼 때 움추린 어깨, 치레가 표현된 간략한 옷주름, 두 무릎 위에 가지런히 얹은 두 손의 모습 등에서 당시의 조각 양식을 엿볼 수 있다.

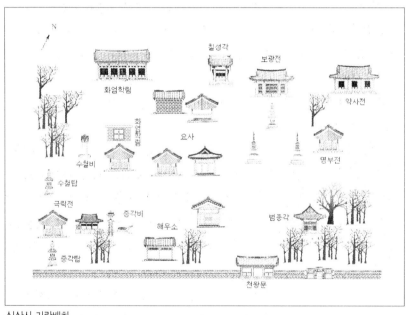

실상사 가람배치

심경암(적조암)

■ 위치와 창건

심경암(心鏡庵)은 남원시 신촌동 124-2번지 서방산(西方山)에 자리한다. 남원시에서 용담사 가는 도중의 신촌동 국도에서 오른쪽으로 100여 m 가량 떨어진 곳의 나즈막한 서방산 중턱에 절이 위치한다.

절은 해인사(海印寺)의 말사이자 포교원으로서 최근 대한불교조계종으로의

심경암(적조암) 최근 절이름이 적조암으로 바뀌었으며, 해인사 포교원으로의 변경을 추진 중에 있다.

심경암 석불좌상

편입을 추진 중이고, 절이름도 심경암에서 적조암(寂照庵)으로 바꾸었다.

절의 창건은 언제인지 정확히 전하지 않는데, 다만 절에서 발견된 유물을 통해 적어도 고려시대까지 거슬러 올려 볼 수 있다. 창건이후 근대까지의 연혁도 전혀 알려지지 않고, 해방후 1945년에 김완수·이순봉 등이 중창했다고만 전한다. 중창 당시에는 인법당을 지었다가 1989년에 가건물로 법당을 지었으며, 1996년에 대웅전을 새로 지었다.

■ 성보문화재

현재 절에는 근래에 세운 대웅전과 요사만 있는 단출한 규모다.

그러나 대웅전에 봉안된 석불좌상은 고려시대 불상으로서 절의 창건년대가 오래되었음을 알려주고 있으며, 절 부근에도 석불좌상과 비슷한 시기의 석탑·석등 부재가 흩어져 있다.

● 심경암석불좌상

고려시대 불상으로서 대웅전에 봉안되어 있으며, 현재 전라북도유형문화재 제46호로 지정되어 있다.

머리에는 육계가 높이 솟았고 얼굴은 세부가 많이 마모되었으나 원만한 상호임을 느낄 수 있다. 허리가 가늘고 어깨의 곡선이 부드럽게 흘러내려간 것은 통일신라 양식의 흔적을 엿보게 한다. 손은 왼손 끝이 아래를 향해서 무릎 위에 놓았고, 오른손은 오른쪽 무릎 밑으로 내려서 항마촉지인을 하고 있다.

광배는 불상과 한 돌로 되었으며, 주형(舟形) 광배에 두광과 신광을 새겨 넣었다.

크기는 불상 높이 117cm, 어깨 너비 66cm, 무릎 너비 93cm, 광배 높이 185cm, 광배의 아래 너비 130cm이다.

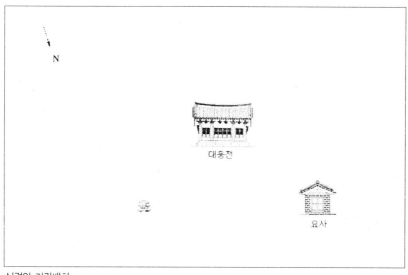

심경암 가람배치

연화사

■ 위치와 창건

연화사(蓮花寺)는 남원시 이백면 효기리 126-2번지 외련산(外蓮山)에 자리한 한국불교태고종 사찰이다.

절은 통일신라 말에 도선국사가 창건했다고 전하는데, 확실한 문헌 기록은 전하지 않는다. 다만 현재 절에 있는 석불좌상이 고려시대의 불상이므로 적어

연화사 고려시대 이후 폐사되어 절터만 남았다가 근래에 효기사로 다시 시작되었다.

도 그 무렵에 절이 있었음은 분명한 사실이다. 이후의 연혁은 알려지지 않고, 언제인가 폐사가 되어 절터만 남아 있었다. 그러다가 1927년에 절터에서 마을 주민이 석불과 삼층석탑을 발견한 뒤 1942년에 이화실·조해운이 움막을 치고 보호해 오다가 1946년에 미륵전을 지었다. 1967년에 남순임 스님이 동네 이름을 따서 효기사(孝基寺)라고 했으며, 1972년에는 이도륜 스님이 절을 중창했다. 1977년 지금의 연화사로 이름을 고쳐 오늘에 이른다. 1992년 이래 관음전을 짓고 있는데, 현재 아직 단청이 되지 않았을 뿐 거의 완공되었다.

한편 예전 이곳에는 미륵암이 있었고, 지금 절이 자리한 곳이 바로 미륵암 터라는 말도 전한다.

■ 성보문화재

절에 있는 전각으로는 현재 미륵전·관음전·종각이 있다.

절마당에는 삼층석탑이 있는데, 1927년에 절터에서 발견된 것이라고 한다. 발견 당시에는 기단부와 탑신부 가운데 2개의 옥개석만이 있었으나 현재 나머지 부분을 보완해서 삼층석탑으로 조성해 놓았다.

● 미륵전·관음전

미륵전은 우진각지붕에 앞면 3칸, 옆면 1칸이며 1946년에 지었다. 안에는 석불상 2체와 아미타삼존불상을 비롯해서 아미타후불탱화·신중탱화 2점, 칠성탱화 2점 등이 있다. 석불상 2체는 함께 「미륵암석불입상」이라는 이름으로 전라북도문화재자료 제46호에 지정되어 있다.

관음전은 새로 지은 건물로서 팔작지붕에 앞면 3칸, 옆면 2칸이다. 안에는 천수관음상·지장상과 관음후불탱화·지장탱화·칠성탱화·신중탱화·독성탱화·산신탱화 등이 봉안되어 있는데, 전부 근래에 조성되었다.

삼층석탑
1927년에 폐사된 절터에서
발견되었다. 탑신은 초층만
남아 있었다.

● 미륵암석불입상·석불좌상

석불입상과 석불좌상 각 1체가 미륵전에 봉안되어 있다.

석불입상은 머리에 육계가 있으며 얼굴은 다소 둥그스럼한 편이다. 코는 납
작하고 두 귀는 길게 어깨 부분까지 늘어져 있다. 목에는 삼도(三道) 처리가
분명하며, 불의는 통견을 입었다. 옷주름은 가슴 부분에서부터 늘어진 U자형
을 그리고 배에 이르기까지 표현되었으며, 두 무릎 아래에도 U자형에 가까운
곡선을 보인다. 두 손은 결실되었고 그 곳에 구멍이 있는 것으로 보아서는 손

미륵전 석불상 고려 초기에 조성된 것으로 추정된 석불입상과 석불좌상 각 1체씩이 봉안되어 있다.

을 따로 만들어서 끼웠던 것으로 보인다. 광배는 주형(舟形)으로서 불상과 한 돌로 되었는데, 아무런 조각이 없다. 대좌는 불상과는 다른 돌로 조성되어 있는데 본래의 대좌인지는 분명하지가 않다. 얼굴이나 옷주름 등 전체적 양식으로 보아서 통일신라의 영향을 받은 고려 초기의 작품으로 추정된다. 크기는 대좌 포함한 전체 높이 200㎝, 불상 높이 140㎝, 광배 높이 180㎝, 어깨 너비 40㎝이다.

석불좌상은 머리에 육계가 거의 표현되어 있지 않으며, 얼굴은 사각형에 가깝다. 두 어깨는 다소 경직되어 있고 통견을 입었는데 가슴께에 왼쪽에서 오른쪽으로 비스듬히 내려간 속옷인 승가리(僧伽梨)의 모습이 희미하게 보인다. 두 손의 모습은 마모되어서 확실하지는 않은데 왼손은 무릎 위에 올려놓고 오른손은 오른쪽 무릎 아래로 내린 항마촉지인일 가능성이 높지만, 약사불일 가능성도 있다. 현재 대좌와 광배는 결실되어 없다. 전체적 양식으로 보아서 고려시대 말 또는 조선시대 초에 조성된 것으로 추정된다. 크기는 높이 70

㎝, 어깨 너비 50㎝이다.

　위의 두 불상의 존명(尊名)은 확실하지 않은데, 절과 마을에서는 미륵불상으로 여기고 있다. 특히 출산을 염원하는 부녀자들의 소원을 잘 들어주는 영험있는 미륵부처님으로 알려져 있다.

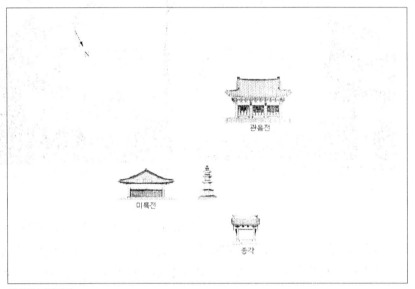

연화사 가람배치

용담사

■ 위치와 창건

용담사(龍潭寺)는 남원시 주천면 용담리 298번지 장벌산(長伐山)에 자리한 한국불교태고종 사찰이다. 절을 찾아가는 길은, 남원시에서 지리산 육모정 방향으로 2km쯤 가다 국도 왼쪽으로 가면 용담 마을이 나오는데, 그곳에서 200m쯤 큰길을 더 가다가 왼쪽으로 200m 되는 곳에 은행나무밭이 있고 그

용담사 절은 대웅전과 칠성각 등의 건물을 중심으로, 보물로 지정된 석불입상과 칠층석탑이 있다.

대웅전 수해로 무너졌다가 1989년 복원하였다. 당시 무너진 건물에서 상량문이 발견되었다고 한다.

가운데 절이 있다. 절은 용담천을 뒤로한 채 평지에 자리잡고 있다.

현재 정확한 창건년대는 알 수 없고, 다만 백제 성왕(聖王, 재위 523~554) 때 창건됐다는 설과 통일신라 말에 도선국사에 의해 창건되었다는 두 가지 설이 전한다.

도선국사의 창건설에 대해서는, 예전에 이곳의 용담천에 못된 이무기가 살고 있으면서 부근의 사람들을 해치곤 했는데, 그러나 도선국사가 와서 이곳에 절을 지어 용담사라 한 다음부터는 이무기의 행패가 완전히 없어졌다고 하는 설화가 전한다. 절의 대웅전이 북향해 있는 이유도 바로 절 뒤에 있는 용담천의 이무기 전설과 관련있기 때문이다.

이처럼 정확한 창건년대는 전하지 않지만, 절에 통일신라시대에 조성한 석불입상이 전하는 것으로 보아서는 적어도 이 무렵에는 절이 창건되었던 것으로 볼 수 있다.

창건이래 근래에 이르기까지의 연혁은 전하지 않는다. 최근에는 1989년에 수해로 무너진 대웅전을 중건했으며, 1996년에 칠성각을 헐고 북쪽으로 조금 더 올라간 곳에 새로 지었다.

■ 성보문화재

절에는 현재 대웅전·칠성각·요사 2채 등의 건물이 있다. 절 앞마당에는 보물로 지정된 석불입상과 칠층석탑이 있는데, 1997년 10월 이후에 석불입상을 위한 보호각을 지을 예정이라고 한다.

● 대웅전·칠성각

대웅전은 팔작지붕에 앞면 3칸, 옆면 2칸이다. 수해로 인해 무너진 대웅전을 1989년에 그대로 복원했는데, 무너졌던 대웅전은 당시 발견된 상량문을 보니 지금으로부터 약 100년 전에 지은 건물이었다고 한다. 현재 그 상량문은 없다.

안에는 석가불좌상과 아미타상·산신상, 영산후불탱화·지장탱화·신중탱화·독성탱화·산신탱화 등이 봉안되어 있다. 이 가운데 석가불좌상은 다른 곳에서 옮겨온 것이다.

칠성각은 맞배지붕에 앞면 3칸, 옆면 1칸으로서, 석불입상을 위한 보호각을 짓기 위해 본래의 자리보다 조금 북쪽으로 물려서 1996년에 새로 지었다. 안에는 근래에 조성된 칠성탱화가 있다.

● 용담사지석불입상

전체적으로 마멸이 심해서 옆면을 제외하고는 세부 표현을 거의 알 수 없으나, 거구(巨軀)에 소략한 옷주름을 갖춘 시원스런 고려시대 양식을 보인다. 현재 보물 제42호로 지정되어 있다.

육계는 높고 상호는 긴 편으로서, 두 귀는 길고 목에는 형식적으로 표현한

용담사지석불입상

마멸이 심하여 세부표현은 거의 알
수 없으나 장대한 신체에 당당한 기
풍을 지니고 있는 고려시대의 양식
을 갖고 있다. 보물 제42호.

삼도가 있다. 신체는 장대하여 당당한 기풍을 보이는데, 몸체의 세부 표현은
역시 마모되어 잘 알 수 없다. 옷주름은 옆면에만 거의 남아 있는데, 굵은 선
으로 표현되었다.

광배는 거신광(擧身光)인데, 불상과 한 돌이며 결실된 부분이 많다. 광배의
세부 장식무늬는 잘 알기 어렵다. 대좌는 타원형 자연석이며, 여기에 불상 발
밑에 있는 촉을 끼웠다. 크기는 전체 높이 600cm이다.

● **용담사칠층석탑 · 석등**

길고 가는 형태의 고려시대 칠층석탑으로서, 현재 전라북도유형문화재 제11
호로 지정되어 있다. 석탑에서 7m 가량 떨어진 석등과 함께 용담사지 석불입
상 앞에 일렬로 배치되어 있다.

석등

방형 기대석 위에 괴임을 두어 초층 탑신을 받치고 있는데, 기단은 단층으로서 한 돌로만 이루어져 있다. 제1층 옥신은 우주(隅柱)를 모각(模刻)한 판석을 좌우에 세우고 그 두께를 우주로 삼아 앞뒤에 면석을 끼우는 수법으로 되었다. 옥개석은 층급이 6단이며, 추녀 아랫면은 거의 수평이고 낙수면 경사도 완만하며 추녀끝의 반곡(反曲)도 거의 없다.

제2탑신부터 너비와 높이가 급격히 줄어들었으며, 한 돌에다 우주를 새겼다. 제2옥개석과 제3옥개석은 아랫면에 6단의 층급을 새겼으나 받침의 높이는 높고 옥신은 소형이어서 불안정한 느낌을 준다. 제4옥개석은 5단 받침이며, 제5옥개석은 4단, 제6·7옥개석은 3단 받침으로 점점 줄어든다. 이 같은 경우는 매우 드문 예에 속한다. 옥신 역시 위로 올라가면서 점점 줄어드는데, 제5옥신

부터는 2매의 면석을 좌우로 놓아 옥신을 받치고 있다. 크기는 현재 높이 995
cm인데, 상륜부가 결실되었으므로 본래의 높이는 더욱 높았을 것으로 추정
된다.

　용담사 칠층석탑과 일렬로 배치된 석등 역시 고려시대 작품이다. 팔각형 지
대석이 있고 그 위에 역시 팔각형의 하대석과 간석(竿石)이 있으며, 앙련(仰
蓮)의 상대석 위에 화사석(火舍石)을 얹고 옥개석을 씌었다. 대체적으로 별다
른 장식이 없는 편이며, 소박하면서도 장중한 느낌을 준다.

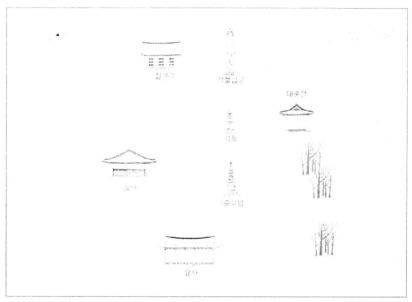

용담사 가람배치

창덕암

■ 위치와 창건

창덕암(昌德庵)은 남원시 산동면 부절리 107번지 고남산(古南山)에 자리한 한국불교태고종 사찰이다. 절은 산동면의 88고속도로 위에 있는 고남산 중턱에 위치한다.

절의 창건은 1933년에 김보덕화 여사에 의해 이루어졌으며, 당시부터 부녀

창덕암 고남산의 수려한 계곡사이에 자리한 절은 최근의 중창으로 일신된 면모를 보이고 있다.

삼층석탑

자들 사이에 영험있는 기도 처로 유명했다고 한다. 그런데 절에서 전하기로는 창건 이전에도 움막 형태로나마 절이 있었다고 하므로 보기에 따라서는 1933년의 불사를 중창으로 볼 수도 있을 듯하다. 그것은 지금 절에 전하는 삼층석탑이 조선시대에 세워진 것이므로 절의 역사를 적어도 석탑이 세워진 조선시대까지 올려서 생각할 수 있기 때문이다. 곧 절은 조선시대 이래 나름대로 면면이 법등을 이어왔던 것이다.

1997년에는 대웅전을 헐었는데 예전 삼성각 자리에다 새로 지을 계획이며, 그 전까지 있었던 삼성각을 헐어버리고 대웅전 자리에 새로 지었다. 대웅전과 삼성각을 서로 자리를 바꾸어 새로 짓는 셈이다. 최근에는 요사도 새로 지었다.

■ 성보문화재

절에 있는 전각으로는 최근에 새로 지은 대웅전·삼성각·요사의 단출한 규모다. 절 앞마당에 있는 삼층석탑은 조선시대 석탑으로서 절의 연혁을 말해 주는 유물이다. 그리고 삼성각 옆에는 석조미륵입상이 있고, 또한 약사불좌상·지장보살상이 있다.

그밖에 경내에는 〈창덕암창건비〉·〈보덕화보살사적비〉·〈창덕암창건주김정수기념비〉 등의 비석과 보덕화보살의 부도가 있다.

● 창덕암삼층석탑

전체가 비교적 잘 남아 있는 조선시대 석탑으로서, 현재 전라북도문화재자료 제60호로 지정되어 있다. 이곳에서 기도드리면 영험이 많다고 전해져 예로부터 많은 사람들이 찾는다.

탑의 양식을 보면, 지대석 위에 올려진 기단부는 탑신부에 비해 아주 작아서 전체적으로 불안정한 느낌을 준다. 초층탑신부 양쪽 끝에는 우주(隅柱)가 새겨졌는데 우주 사이에 자연스럽게 생긴 공간, 곧 면석(面石)은 얼핏보면 문비(門扉)로도 보인다. 각층 옥개석의 층급받침은 3단씩이며, 층급이나 낙수면의 두께가 너무 두꺼워 투박하게 느껴진다. 삼층옥개석 위에는 상륜부가 있다.

크기는 전체 높이 약 900cm, 기단 너비 300cm이다.

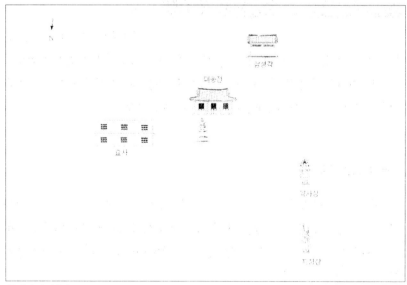

창덕암 가람배치

상이암

■ 위치와 창건

상이암(上耳庵)은 임실군 성수면 성수리 1-1번지 성수산(聖壽山)에 자리한 대한불교조계종 제24교구 본사 선운사의 말사이다.

절은 신라시대 말인 875년(헌강왕 1)에 도선국사가 창건했다고 전한다. 그 뒤의 연혁은 전하는 것이 없고, 조선시대에 들어와 태조가 된 이성계(李成

상이암 태조 이성계가 등극하기전에 와서 치성을 드렸다고 전한다. 절에는 그가 썼다는 비가 있다.

桂)가 등극하기 전 이곳에 와서 치성을 드리니 하늘에서부터 "앞으로 왕이 되리라."는 소리가 들렸다고 하여 절이름을 상이암으로 고쳤다고 한다.

그런데 이에 앞서 신라 말 고려 초에 도선국사가 고려를 세운 태조 왕건과 함께 이곳을 지나던 중 성수산에 이르러 "이곳이야말로 하늘이 응하고 땅이 도와주는 처소입니다."라고 하고는, 앞으로 이곳에서 8명의 성인이 나올 것이라고 예언하면서 산이름을 팔공산(八公山)이라 했다고 한다. 도선국사의 말을 들은 왕건은 이곳에서 백일기도를 끝내고는 못에서 목욕을 하고 있었는데 그 때 하늘로부터 용이 내려와 왕건의 몸을 씻어주고 승천하면서 '성수만세(聖壽萬歲)'라 했다고 한다.

그 뒤 1394년(태조 3)에 각여(覺如)선사가 중수했으며, 조선시대 말인 1894년(고종 31)에 동학운동으로 불에 탄 것을 1909년(융희 3)에 김대건(金大建)이 중건했다.

일제강점기에는 의병대장 이석용(李錫庸)이 상이암을 근거지로 해서 항일운동을 전개했으나 그 여파로 절은 일본군대에 의해 불에 탔다. 1912년에 대원(大圓) 스님이 중건했으나 1950년 한국전쟁 때 공비의 방화로 불에 타 다시 없어졌다.

근대에 들어와서는 1958년에 임실군수 양창현(梁昌鉉)이 중심이 된 상이암 재건위원들이 빈 터에 법당과 요사를 지었다. 당시의 정황을 기록한 『전북일보』 1958년 11월 28일자 신문기사를 보면, 법당 상량식 도중 오색 서광(瑞光)이 둥근 원형을 그리며 하늘 위로 높이 뻗쳐 사람들이 모두 감격했다고 한다.

■ 성보문화재

절에는 현재 법당을 비롯해서 칠성각 · 산신각 · 비각 · 요사 등의 건물이 있는데, 전부 1958년 이후에 지어졌다.

법당은 앞면 4칸, 옆면 3칸의 팔작 양철지붕을 한 인법당 형태로서 1958년에 지어졌다. 안에는 석가삼존불상과 후불탱화가 있으며, 그 밖에 근래에 조성

삼청동비
태조 이성계가 이곳에서
치성을 드리다가 관음보
살의 계시를 얻게 되었고
그것을 기념하기 위해 삼
청동이라 새겼다고 한다.

된 아미타불상·비로자나불상과 지장탱화·신중탱화가 있다.

절입구 비각은 어필각(御筆閣)으로 부르는 것으로서, 안에는 조선을 건국한 태조 이성계가 쓴 '삼청동(三淸洞)'을 새긴 비석이 있다. 앞서 창건 부분에서 말한 것처럼 이성계가 나라를 세우기전에 이곳에서 백일기도를 드렸으나 별다른 감응이 없자 이곳에서 다시 3일을 더 기도드리면서 맑은 계곡물에 매일같이 목욕재계를 했다. 그러자 드디어 관음보살의 계시를 얻게 되었고 그 것을 기념하기 위해 자연석에다 '삼청동'이라고 새겼다고 전한다.

비각 옆에는 1922년에 세운 〈조선태조고황제어필삼청동비각중수비〉가 있다.

부도는 절입구에 2기, 요사 뒷편에 1가 있다. 절입구에 있는 부도의 주인공은 혜월(慧月)·두곡(杜谷) 스님이며, 고려 말 조선 초에 세워진 것으로 추정된다. 혜월 스님의 부도는 전라북도문화재자료 제124호, 두곡 스님의 부도는 전라북도유형문화재 제150호로 지정되어 있다.

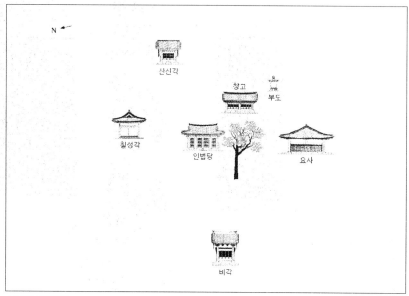

상이암 가람배치

신흥사

■ 위치와 창건

　신흥사(新興寺)는 임실군 관촌면 상월리 360번지 사자산(獅子山)에 자리한 대한불교조계종 제24교구 본사 선운사의 말사이다. 관촌에서 동쪽 방수리로 4㎞ 가량 가다가 신정초등학교에 이르러 상월리 쪽으로 2㎞ 정도 더가면 그곳에 신흥사가 있다.

신흥사 사자산 기슭에 자리한 절은 최근 대웅전 중수를 시작으로 대대적 중창불사가 진행되고 있다.

대웅전 절의 창건당시에는 대웅전을 비롯한 400여 평의 건물과 300여 명의 스님이 머물렀다고 한다.

창건에 대해서는 529년(백제 성왕 7)에 진감(眞鑑)국사 혜소(慧昭, 774~850) 스님이 창건했다는 기록이 『운수지(雲水誌)』에 보인다. 그러나 현재 우리가 알고 있는 혜소국사는 8~9세기에 활동했던 스님이므로 529년에 혜소 스님이 창건했다는 말은 서로 맞지가 않는다. 연대가 잘못되었는지 혹은 또다른 혜소국사가 있었는지는 지금 확실히 말할 수 없는데, 이 가운데 혜소 스님의 창건설에는 스님이 임실읍 성가리에 있는 죽림암과 더불어 수행과 포교를 위해 두 절을 각각 지었다는 내용이 포함되어 있다(「죽림암」편 참고).

창건 뒤 여러 차례의 중건과 중수가 있었다고 하는데, 창건 당시 사세가 한창일 때는 대웅전을 비롯해서 나한전·산신각·명부전·응진각·칠성각·선방·금강문·요사 등 400여 평의 건물에 300여 명의 스님이 머물렀던 대찰이라고 한다. 그 뒤 정확한 연대는 알 수 없지만 영허(靈虛, 1816~1874) 스님과 월영(月影) 스님이 중창했다고 전한다. 일제강점기 때는 운흥사로도 불렀는데, 이후 절은 한국전쟁을 거치면서 매우 퇴락했다.

근래에 와서는 1992년에 현재의 종승 스님이 주지로 부임하면서 새롭게 단

대웅전 석가삼존불상

후불탱화는 1916년에 조성되었으
며 부근 지역에서 많은 작품 활
동을 하였던 상오 스님이 그렸다.

장하고 있다. 부임 당시에는 건물에 비가 새는 등 허물어지고 있었고, 대웅전
앞은 논이었으며 절 부근에는 수풀이 무성했다고 한다.

스님은 이후 절 앞의 논과 수풀지역을 없애고 절입구에 다리를 놓았으며 석
축을 새로 쌓았다. 1995년에는 대웅전 기와를 보수하고 1997년에 벽체를 보수
했으며 새로 지은 요사를 고쳐지어 확장했다. 그리고 다른 요사가 지어지면
지금 새로 지은 요사 자리에 지장전·나한전을 세울 예정이라고 한다. 현재
산신각을 보수 중이며, 본래 있던 대웅전 앞의 샘은 최근의 석축 공사로 묻혔
으나 앞으로 석축을 다시 보수하면서 샘을 복원할 예정이라고 한다.

■ **성보문화재**

현재 절에는 대웅전·산신각 및 요사 2채 등의 건물이 있다. 대웅전 외에 다

른 건물은 전부 근래에 지었다. 절입구에는 부도 2기와 옛날 300여 명의 식수를 해결했다는 약수가 있다.

● 신흥사대웅전

맞배지붕에 앞면과 옆면 각 3칸씩인 조선시대 후기의 건물이다. 여러 시대에 걸쳐 중건·중수되었지만 전체적으로 고식의 건축 양식을 지니고 있어 건축사상 자료가치가 높아 현재 전라북도유형문화재 제112호로 지정되었다.

안에는 석가삼존불상을 중심으로 지장상·판관·녹사 각 1체, 석가상·아난상·가섭상 및 6나한상, 독성상·인왕상 2체 등이 있다. 나한상은 본래 16나한으로 모셨던 것인데 10나한은 도난 당하고 현재 6체만 남아 있다. 불화로는 후불탱화를 비롯해서 지장탱화·칠성탱화·신중탱화가 있다. 후불탱화와 신중탱화는 1916년에 금어 진음 상오(震音尙旿) 스님이 그렸으며, 당시 주지는 운하 지윤(雲河智潤) 스님이었다.

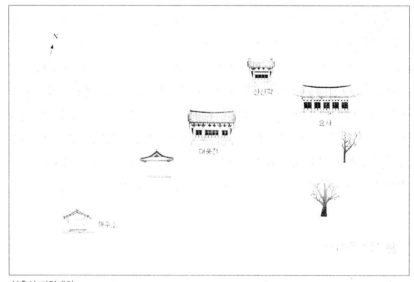

신흥사 가람배치

죽림암

■ 위치와 창건

　죽림암(竹林庵)은 임실군 임실읍 성가리 525번지 운수산(雲水山)에 자리한 대한불교조계종 제24교구 본사 선운사의 말사이다.

　절의 창건은 통일신라시대에 진감(眞鑑)국사 혜소(慧昭, 774~850) 스님이 임실군 관촌면에 있는 신흥사와 더불어 창건했다고 전한다. 신흥사는 포교를

죽림암 신흥사와 함께 진감국사가 창건하였으며, 조선시대에 들어와 벽송 스님에 의해 중창되었다.

제석천룡탱화

위한 도량으로, 죽림암은 수행을 위한 도량으로 창건한 것이라고 한다.

창건 후 고려시대의 연혁은 전하는 것이 없고, 조선시대에 들어와 1504년(연산군 10)에 벽송 지엄(碧松智嚴, 1464~1534) 스님이 중창했다. 그런데 법당에 걸려 있는 「죽림암 연혁」 현판에 보면 절은 이 때 벽송 지엄 스님에 의해 창건된 것으로 기록되어 있다. 창건년대가 다른 것은 1504년 지엄 스님의 중창을 실질적 창건으로 보아서 그렇게 기록했는지 모르겠다.

그 뒤 절은 임진왜란으로 불타버렸으나 1604년(선조 37)에 진묵 일옥(震默一玉, 1562~1633) 스님이 중창했고, 1868년(고종 5)에 허주 덕진(虛舟德眞) 스님이 다시 중창했다고 한다.

20세기에 들어와서는 1908년 이후로 권법상(權法相)·정법민(鄭法敏)·오일탁(吳一鐸)·박금규(朴金奎)·신동호(申東浩)·최흥춘(崔興春)·성암 길남(惺庵吉男) 스님 등이 주지로 있었음이 「죽림암 현판」에 나와 있다.

근래에 들어와서는 1981년에 성암 길남 스님이 법당·칠성각·산신각·수각 등을 중수했고, 그 뒤 1984년부터 재정(在淨) 스님에 의해 칠성각·산신각·요사 등이 중건되었다.

절이름이 죽림암인 것은 옛날 절 주위에 왕대가 많아서였는데, 왕대가 칡덩쿨로 인해 자라지 못하자 스님이 대를 보호하고 칡덩쿨을 없애기 위해 불을 냈다고 한다. 그래서 지금은 작은 대나무만 남았을 뿐이라고 전한다.

■ 성보문화재

절에는 법당을 비롯해서 칠성각·산신각·종각·수각 등의 건물이 있다. 법당을 제외한 전각 및 다른 성보문화재들은 전부 근래에 봉안 조성되었다.

법당은 팔작지붕에 앞면 5칸, 옆면 2칸인데 가운데 3칸은 법당이지만 양쪽 1칸씩은 요사로 사용된다. 법당 건물은 허주 덕진 스님이 전라남도에 있던 민가 건물을 옮겨와 지은 것이라고 전하는데, 현재 전라북도문화재자료 제25호로 지정되어 있으며 1991년에 보수한 바 있다. 안에는 아미타삼존불좌상을 비롯해서 1936년에 봉안된 후불탱화·지장탱화·신중탱화·독성탱화가 있다.

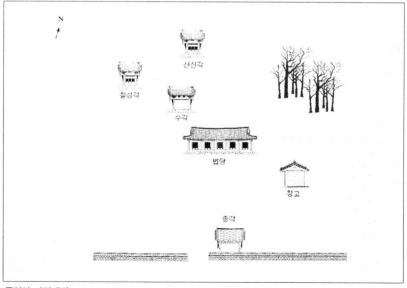

죽림암 가람배치

해월암

■ 위치와 창건

해월암(海月庵)은 임실군 둔남면 대명리 725번지에 자리한 대한불교조계종 제24교구 본사 선운사의 말사이다.

창건은 고려시대인 1352년(공민왕 1)에 해경(海境)·월산(月山) 두 스님이 창건하여 두 사람의 이름 첫 글자를 따서 해월암으로 불렸다고 전한다. 그러

해월암 절의 이름은 고려시대 창건주인 해경 스님과 월산 스님의 이름 첫 글자를 따서 지었다.

나 그와는 달리 조선시대 초 1396년(태조 5)에 무학 자초(無學自超) 스님이 창건했다고도 한다.

조선시대인 1556년(명종 11)에 남원부사(南原府使)가 중건했고, 1747년(영조 23)에 양정봉(梁正峰)이 중수했다. 이어서 1858년(철종 9)에도 한 차례 중건이 있었고, 1915년에는 봉인(奉仁) 스님이 불상을 봉안하며 절을 중건했다.

근래에는 1990년에 주지 정현(正賢) 스님이 대웅전을 새로 지어 오늘에 이른다. 현재 절 일원이 전라북도문화재자료 제24호로 지정되어 있다.

■ 성보문화재

현재 절에는 대웅전과 칠성각, 요사만 있는 단출한 규모다.

● 대웅전

'ㄱ'자형 우진각지붕 건물로서 19세기 후반에 중수되었다.

대웅전 내부 절은 조선시대에서 근대에 이르기까지 지속적인 중건과 중수가 거듭되었다.

안에는 석가불상을 중심으로 좌우에 관음·지장보살상이 협시한다. 주존불인 석가불상은 근래에 봉안되었지만 관음·지장보살상은 목조로서 1352년 창건 당시의 작품이라고 한다. 불화로는 후불탱화·신중탱화 및 중종 하나가 있다. 그밖에 1915년에 쓰여진 「해월암중수기」와 「제해월암(題海月庵)」현판이 있다. 「제해월암」의 정확한 작성년대는 알 수 없는데, 해월암에 대한 시문이다.

● 칠성각

맞배지붕에 앞면과 옆면 각 1칸씩으로서, 안에는 근래에 조성한 칠성탱화가 있고, 영산탱화가 밑에 내려져 있다.

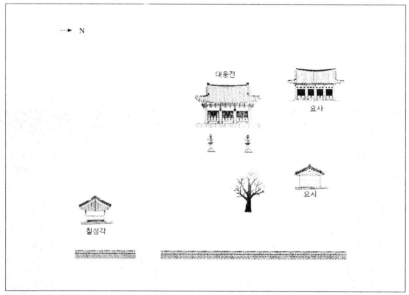

해월암 가람배치

Ⅲ. 정읍시 · 순창군

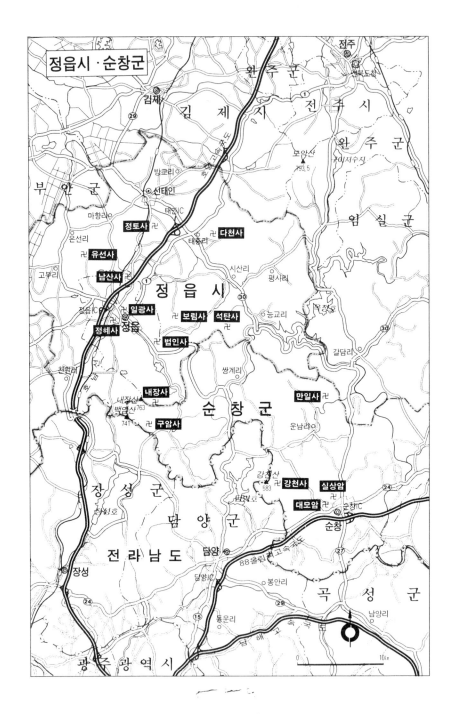

정읍시·순창군

전주
완주군
김제
김제시 전주시
완주군
보암산
793.5
거이저수지
방교리
부안군
신태인
염실군
마항리
태인IC
은선리
정토사
태흥리
다천사
유선사
시산리
고부리
남산사
평사리
정읍시
정읍IC
일광사
30
보림사
석탄사
능교리
정혜사
정읍
법인사
갈담리
30
천원리
쌍계리
내장사
내장산
백양사 763
순창군
만일사
741
구암사
운남리
강천산
583
강천사
실상암
24
장성군
대모암
순창IC
담양군
순창
전라남도
담양
88올림픽고속국도
장성
담양IC
봉안리
곡성군
24
29
남양리
15
봉운리
남해고속국도
0   10㎞
광주광역시

정읍시·순창군의 역사와 문화

　정읍시(井邑市)는 전라북도의 남서부에 위치하는 시로서 동쪽은 임실군·완주군, 서쪽은 부안군·고창군, 남쪽은 순창군과 전라남도 장성군, 북쪽은 김제시와 접한다. 인구는 1996년 말 현재 15만 777명, 행정구역은 1읍 14면 12동리로 이루어져 있다. 1995년 1월 1일 정읍군과 정주시(井州市)가 통합되었다.

　자연환경은 노령산맥이 뻗어내려 동남부는 산악지대를 이루며, 나머지 대부분의 지역은 구릉지대와 평야지대다. 주요 산으로는 동쪽의 상두산(象頭山, 575m)·묵방산(墨方山, 538m), 동남쪽의 고당산(高堂山, 640m)·칠보산(七寶山, 486m), 중서부의 두승산(斗升山, 444m), 남쪽의 입암산(笠巖山, 626m)·내장산(內藏山, 763m) 등이 있다. 내장산은 1971년에 국립공원으로 지정되었는데, 내장산의 가을 단풍은 전국적으로 유명하다. 또한 이 지역은 내장사를 비롯한 사찰과 사찰 소장 문화재가 많아서 정읍시의 주요 관광지 및 관광자원이 되고 있다. 강은 동진강·정읍천·고부천·내장천 등이 서해로 흘러가며, 일대에 호남평야의 일부인 넓은 곡창지대를 이루고 있다.

　정읍시의 역사는 청동기시대의 초기 농경문화가 이 지방에 형성된 뒤에 삼한시대에 마한의 고리국·초산도비리국이 있었다. 백제 때에는 뒤에 정읍현이 된 정촌현(井村縣)과 대시산국, 뒤에 고부군(古阜郡)이 된 고사부리군 등이 정치·군사의 중심지였고, 삼국통일 뒤에는 757년에 현재의 지명인 정읍으로 되었다. 고려시대에는 936년(태조 19)에 고부군을 영주(瀛州)라 부르며 관찰사가 파견되었는데, 정읍현은 고려 초기에는 고부군의 속현이었다. 조선시대에는 1589년(선조 22)에 정읍현으로 독립되었고, 초대 현감으로 이순신(李舜臣) 장군이 부임했다. 1897년에는 정읍군으로 승격되었으며, 1914년의 군면폐합에 따라 고부군과 태인현 일대가 병합되었다. 1930년에 정읍면이 정주면으로 바뀌었다가 이듬해 정주면이 정주읍으로 승격되었고, 1940년에는 신태인면이 신태인읍으로 승격되었다. 근대에는 1981년에 정주읍이 정주시로 승격됨에 따라 정읍군에서 분리되었다가 1995년 1월 1일에 정주시와 정읍군이 통합되었다.

이 지방에 전해오는 전설과 설화로는 「정읍사와 망부석 전설」이 유명하다.

순창군(淳昌郡)은 전라북도 남부 중앙에 위치한 군으로서 동쪽은 섬진강을 사이에 두고 남원시, 서북쪽은 노령산맥의 주능선을 따라서 정읍시, 남쪽은 전라남도 장성군·담양군·곡성군, 북쪽은 임실군과 접한다. 인구는 1996년 말 현재 3만 8,679명, 행정구역은 1읍 10면 131리로 이루어져 있다.

자연환경은 노령산맥 동쪽 사면(斜面)인 북서부의 험한 산지와, 동남부의 섬진강 지류 주변에 발달한 분지가 대조되는 지형을 이룬다. 주요 산으로는 금산(錦山, 430m)·회문산(回文山)·고당산(高堂山, 640m)·내장산·신선봉(神仙峰, 763m) 등이 있고, 강으로는 갈재에서 발원하는 양지천(陽芝川)과 광덕산 등에서 발원하는 경천(鏡川) 그리고 사천(沙川)이 있는데, 이 세 하천이 순창읍에서 합류하여 섬진강의 상류인 적성강으로 흘러간다.

순창군의 역사는 청동기시대부터 사람들이 생활했으며, 삼한시대에는 마한의 영토였다가 삼국시대에 백제의 도실군(道實郡)이 되었다. 삼국통일 뒤인 757년에는 순화군(淳化郡)이 되어 적성현(赤城縣)과 구고군(九皐郡)을 관할했다. 고려시대에는 940년에 현재의 지명인 순창군 또는 순주군(淳州郡)으로 바뀌었다.

조선시대에 들어와서는 18방(坊)을 관할했는데 이는 지금의 행정구역과 대체로 일치한다. 현대에는 1979년 순창면이 읍으로 승격되어 현재에 이른다.

남산사

■ 위치와 창건

　남산사(南山寺)는 정읍시 북면 남산리 610-1번지 남산(南山)에 자리한 한
국불교태고종 사찰이다. 남산은 칠보산 줄기가 남쪽으로 뻗어 내려가다 이곳
에 머물렀다 하며, 남산으로 들어가는 길은 정읍에서 태인 방향으로 약 2㎞되
는 지점에 있는 고속도로의 육교를 지나 오른쪽으로 약 500m쯤에 있다.

남산사　예전에는 한적사라는 이름의 참선도량으로 알려졌다. 현재 절에는 인법당과 요사가 있다.

절이 언제 창건되었는지는 잘 알려지지 않는다. 절에서 전하기로는 예로부터 참선도량으로 알려졌고 병자호란 이전에는 100여 명의 스님이 머물던 큰 사찰이었다고 한다. 그리고 당시의 절이름은 '한적사'였다고 한다. 조선시대 후기 1745년 무렵에는 금토선사가 중건했는데, 그 뒤 언제인가 폐허가 되었다.

근래에 들어와서는 1910년 무렵에 오랫동안 폐허가 된 절터에다 이장녀 보살이 작은 암자를 짓고 남산사라는 이름으로 중창했다. 1991년에는 현주지인 도선(道禪) 스님이 부임해 오늘에 이른다.

■ 성보문화재

절에는 현재 인법당과 요사가 있는 단출한 규모이다. 그리고 절 앞마당에는 미륵입상이 있다. 인법당은 우진각지붕에 앞면 4칸, 옆면 3칸 건물로서 오른쪽 3칸을 법당으로 사용한다. 안에는 아미타불좌상과 관음상 2체, 독성상·산신상과 후불탱화·신중탱화·독성탱화·산신탱화·칠성탱화가 있고, 법당 마루에 중종이 하나 있다.

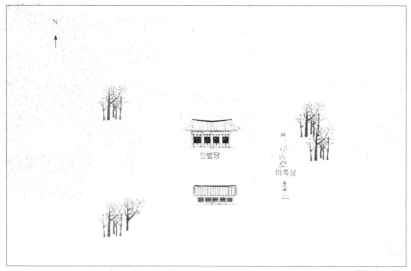

남산사 가람배치

내장사

■ 위치와 창건

　정읍시 내장동 590번지 내장산에 자리하고 있는 내장사(內藏寺)는 가을 단풍의 수려한 아름다움으로 인해 너무나 유명한 고찰이다. 비록 병화(兵火)와 불교탄압으로 인해 자주 불에 타는 시련을 겪은 곳이지만, 근대 이후부터 잘 정비된 도량의 면모를 갖추어 가고 있는 이 지역의 대표적 사찰이다. 일제강

내장사　내장산 가을 단풍의 수려함으로 유명한 절은 사람들의 발길이 끊이지 않는 고찰이다.

점기에는 백양사 말사로 속해 있었지만, 지금은 대한불교조계종 제24교구 본사 선운사의 말사이다.

내장사의 창건 연기를 살펴보기 위해서는 먼저 '영은사(靈隱寺)'라는 또다른 사찰명에 주목할 필요가 있다. 지금의 내장사는 636년(백제 무왕 37)에 영은조사(靈隱祖師)가 세운 영은사에서 역사가 시작되었다는 것이 일반적 견해이기 때문이다. 약 50여 동의 전각이 들어서 있던 거찰 영은사는 조선 중기까지 존재하고 있었는데, 1539년에 조선 왕실에서 강제로 소각시킨 뒤 완전히 사라져 버렸고, 1557년에 희묵대사(希默大師)가 이 터 위에 내장사를 세웠다는 연혁이 전해지고 있는 것이다.

하지만 아쉽게도 내장사 또는 영은사의 역사와 관련한 문헌 자료는 대부분 없어져 버렸으며, 이로 인해 보다 정확한 역사 서술은 어려운 상태이다. 특히 『조선왕조실록』과 『신증동국여지승람』의 내용을 보면 내장사와 영은사에 대한 이해에 혼동이 따를 수 밖에 없다. 『신증동국여지승람』에는 내장산의 거찰로 영은사가 소개되어 있으며 내장사는 아예 그 이름조차 보이지 않고 있는 반면, 1539년의 역사를 수록하고 있는 『중종실록(中宗實錄)』에는 당시 조정에서 강제로 불태운 사찰이 영은사·내장사 두 사찰이었다는 내용을 분명하게 기록하고 있는 것이다. 비슷한 시기에 편찬된 두 자료이지만, 실록의 자료적 가치를 존중한다면 1539년 무렵의 내장사는 분명 영은사와 별도로 존재하고 있던 사찰이라고 보아야 한다.

따라서 내장사의 창건을 영은사의 창건 역사와 동일하게 인식하려는 태도는 수정될 필요가 있다. 비록 내장사의 정확한 창건 연기를 알 수 없다고 하더라도 두 사찰의 창건을 동일시하는 태도는 옳지 못하기 때문이다. 지금 각종 자료에 등장하는 636년 창건설은 분명 영은사의 창건과 관련한 내용이며, 내장사의 정확한 창건 시기를 밝혀내기 위해서는 앞으로 보다 세밀한 연구가 이루어져야 할 것이다.

한편 영은사의 창건에 대해서도 이와는 다른 내용이 전해지고 있어 주목된다. 성임(成任, 1421~1484)이 지은 「정혜루기(定慧樓記)」라는 글이 『신증동

극락전 관음보살상
절의 연혁은 영은사의 연혁과 섞여 있고 남은 자료도 빈약하여 그 실체를 파악하기가 쉽지 않다.

국여지승람』「영은사」 조에 전하는데, 여기에 '그 가운데 큰 사찰을 영은사라 부르는데, 고려 말년에 지엄(智儼) 스님이 처음 머물렀고, 조선에 와서 신암(信庵) 스님이 능히 그 자취를 이어서 그 업적을 드날렸다'는 내용이 실려 있는 것이다. 이로 본다면 영은사는 고려 말에 창건되었다는 설명이 가능하지만, 역시 지금 상태에서는 단정적 서술이 어려운 부분이라고 하겠다.

　여하튼 영은사와 내장사는 별개의 사찰로 존재하다가 1539년의 소실 이후 한 사찰로 합쳐지게 되었던 것 같다. 1557년에 희묵대사가 옛 영은사 터에 전각을 새로 짓고 그 사찰명을 내장사로 하므로써 두 사찰의 역사는 새로운 형태로 변화된 것이다. 하지만 영은사, 또는 영은암이라는 사찰명은 이후에도 간혹 자료에 나타나고 있으며, 1827년에 신재효(申在孝)가 쓴 「영은사법당상량기」라는 자료를 보면 당시에 영은사로 중건하기 위한 노력이 계속되고 있었음을 살필 수 있다. 자료의 한계상 여러 가지 어려움이 따르겠지만, 두 사찰과 관련한 역사는 각종 자료들에 대한 세밀한 검토를 전제로 서술되어야 할 것이다.

■ 연혁

앞서 언급하였듯이 내장사의 연혁은 영은사의 연혁과 섞여 있으며, 그 남아 있는 자료마저 대단히 빈약한 상태라 서술에 많은 어려움이 따른다. 여기서는 영은사와 내장사에 관련한 내용을 함께 처리하여 다음과 같은 표로 만들어 보았다.

년 대	주 요 사 항
636년(백제 무왕 37)	영은조사가 영은사를 창건하였다고 하나 확실치 않음.
1098년(고려 숙종 3)	행안(幸安) 스님이 전각과 당우를 새로 건립하고 중창함.
고려 말	지엄(智儼) 스님이 창건하였다는 기록이 있으나 확실하지 않음.
1468년(조선 세조 14)	정혜루를 건립함. 이를 기념하기 위해 성임(成任)이 「정혜루기」를 지음.
1539년(중종 34)	내장사·영은사 두 사찰의 승려들이 물의를 일으키고 있다는 이유를 들어 두 사찰을 불태움.
1557년(명종 12)	희묵(希默) 스님이 영은사 자리에 법당과 요사를 건립하고 사찰 이름을 내장사로 함.

1597년(선조 30)	정유재란으로 사찰 전체가 불에 탐.
1639년(인조 17)	영관(靈觀) 스님이 법당 등을 중수하고 개금(改金) 불사도 진행함.
1779년(정조 3)	영운(映雲) 스님이 대웅전과 시왕전을 중수하고 요사를 개축함.
1872년(고종 9)	평산후인(平山後人) 신재효(申在孝)가 「영은사법당상량기」를 지음.
1890년(고종 27)	보림사(寶林寺)가 폐찰되어 갈 때 시왕상·태화·범종 등을 이 곳으로 옮겨 옴. 이 때 범종은 원적암에 봉안했으나 이후 내장사로 다시 옮겨온 것임.
1923년	학명선사(鶴鳴禪師)가 주지로 부임하여 중창함. 이때 부도전도 정비함.
1934년	매곡선사가 학명 스님의 부도를 조성함.
1935년	학명선사의 탑비를 세움.
1939년	가산거사(迦山居士) 김수곤(金水坤)의 탑비를 세움. 비구니 세만(世萬) 스님의 기념비를 세움.
1943년	매곡선사(梅谷禪師)가 시왕전을 중건함.
1951년	6.25 전쟁의 와중에 모두 불에 탐.
1954년	금파(錦波) 스님이 옛 영은암터에 향적원을 건립함.
1955년	매곡선사 사리탑비를 세움.
1957년	야은(野隱) 스님이 요사 해운당을 건립함.
1958년	대웅전을 건립함.
1964년	무량수전을 건립함.

1965년	대웅전에 석가모니불상과 탱화를 조성하여 봉안함.
1966년	사천왕문을 세우고 탱화를 봉안함.
1974년	정부의 「국립공원 내장사 복원계획」에 따라 해운당을 헐어내고 극락전과 관음전을 건립함. 아울러 사천왕문을 밖으로 옮기고 그 자리에 정혜루를 세움.
1977년	정혜루를 중건함.

■ 성보문화재

내장사 법당상량문 내용 가운데 보이는 '사화오건(四火五建)'이라는 말에서도 알 수 있듯이 내장사의 당우는 그 동안 여러 차례 소실된 바 있고, 지금의 건물은 1950년 이후에 새로 지은 건물들이다. 또한 절 경내에는 삼층석탑과 석등이 있다.

현재 절에는 대웅전 · 극락전 · 관음전 · 명부전 · 정혜루(定慧樓) · 사천왕문 · 일주문 · 요사 등의 전각이 있다. 요사는 종무소로도 사용되는 해운당(海雲堂)과 향적원(香積院)을 비롯해서 전부 6동이 있다. 현재 내장사에 세워진 여러 전각들의 건립 연혁을 보면 다음과 같다.

1954년부터 수 년에 걸쳐 향적전이 세워졌고, 1957년에는 해운당과 대웅전이 건립되었다. 1964년에는 무량수전이 건립되고 1965년에는 대웅전 불상과 탱화가 봉안되었으며, 1966년 사천왕문이 건립되어 가람을 갖추게 되었다. 이후 정부의 「국립공원 내장사 복원계획」에 따라 요사인 해운당이 헐리고 그 자리에 극락전이 건립되었고, 이 때 관음전도 새로 지었다. 1966년에 세운 사천왕문은 예전보다 밖으로 옮겨졌고 그 자리에 정혜루 건물을 새로 지었다. 1992년에는 요사인 향적원과 종각을 지었으며, 1997년에 해운당을 지었다.

극락전

● 대웅전

앞면 3칸, 옆면 2칸의 팔작지붕으로서, 본래 보천교(普天敎)의 정문인 2층 형태의 보화문(普化門) 건물을 옮긴 것이다. 옮겨 지으면서 2층은 생략되고 단층의 형태로 복원되었다.

안에는 석가불좌상을 비롯해서 영산후불탱화·나한탱화·신중탱화, 그리고 금고(金鼓) 및 동종이 있다. 1768년(영조 44)에 조성된 동종을 제외하고는 대부분 1963년 이후에 봉안한 것이다.

● 극락전

팔작지붕에 앞면 3칸, 옆면 2칸 건물이다. 안에는 11면(面) 42수(手) 관음입상을 중심으로 관음후불탱화·칠성탱화·산신탱화가 있는데, 전부 근래에 조성된 것이다.

내장사 대웅전 동종

원래 장흥 보림사에 있다가 내장사로 옮겨져 시왕전에 봉안되었다. 그 뒤 일제강점기와 한국전쟁을 피해 몇 차례 이동되어 현재의 자리로 옮겨졌다.

● 내장사동종

1768년(영조 44)에 제작된 것으로서 현재 전라북도유형문화재 제49호로 지정되어 있다. 크기는 전체 높이 80cm, 입지름 50cm이다.

종의 어깨는 2줄의 견대(肩帶)로 구성되어 있는데 위에는 당초문이, 아래에는 여의두문(如意頭紋)이 배치되어 있다. 견대 아래에는 24줄의 원권(圓圈)을 배치하고 그 내부에 범자(梵字)를 돋을새김했다.

종신(鍾身) 중앙에는 4개의 유곽이 있고, 그 사이 공간에는 보살입상 1체씩을 배치하였다. 유곽내에는 9개의 유두가 있다. 그 아래에는 명문이 돋을새김되어 있다. 구연부(口緣部)에는 연화당초문대를 배치하였다.

부도전 학명 스님에 의해 흩어져 있던 부도가 모아진 것이다. 24기의 부도와 탑비 7개가 있다.

이 동종은 본래 전라남도 장흥 보림사에 있던 것으로, 1890년(고종 27)에 내장사로 옮겨져 시왕전에 봉안되었었다. 일제강점기에 놋쇠공출로 강제 징발되는 것을 피하기 위해 한 때 산내암자인 원적암(圓寂庵)에 봉안하였으며, 한국전쟁 때는 잠시 정읍시내의 포교당에 옮겨놓기도 했다.

● 부도전

현 부도전은 1923년에 학명(鶴鳴) 스님에 의해 경내에 흩어져 있는 부도가 모아진 것이다. 전체 24기의 부도와 탑비 7개가 현존한다.

부도 가운데 주인공이 확인되는 것은 신암(信庵) 또는 해인(海印)선사로 추정되기도 하는 무보당(無保堂)의 부도를 비롯해서, 한곡당(寒谷堂)·하월당(河月堂)·남월당(南月堂)·대익(大益) 등의 부도가 있다.

탑비는 1935년에 세워진 〈학명선사(1867~1929)사리탑비〉를 비롯해서 〈가산거사(迦山居士, 1873~?)사리탑비〉(1939년 건립), 〈세만(世萬, 1847~1933)기념비〉(1939년 건립), 〈매곡(梅谷, 1902~?)선사사리탑비〉(1955년 건립) 등 모두 근대에 건립된 것이다.

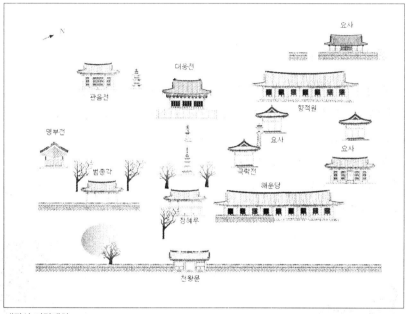

내장사 가람배치

다천사

■ 위치와 창건

다천사(茶泉寺)는 정읍시 태인면 태홍리 163번지 항가산(恒迦山)에 자리한 한국불교태고종 사찰이다. 정읍 태홍리 마을 변방도로에서 오른쪽에 있는 농로를 약 300m쯤 올라간 항가산 중턱에 절이 위치한다.

항가산이라는 이름은 대단히 불교적이다. '항하사(恒河沙) 모래와 같다.'고 할 때의 '항' 자에다, 석가모니의 '가' 자이다. 수많은 모래와 같이 부처님이 많다는 의미의 산이름이다.

다천사 수많은 모래와 같이 부처님이 많다는 의미의 항가산에 자리한 절은 최근 중건되었다.

절은 현 주지인 벽산 성근(碧山性根) 스님이 1946년에 창건했다. 내소사 해안(海眼, 1901~1974) 스님의 상좌였다. 일제강점기에 변산 월명암의 주지로 있다가 월명암이 공비에 의하여 전소된 뒤에 어디 마땅한 절터가 없는가 하고 물색하던 중 다천사 터를 발견하게 되었다고 한다. 처음 이 곳에 절을 지으려 할 때 500년 된 괴목나무 두 그루가 서 있었고 그 옆으로는 우물이 있었다. 그 우물을 깨끗하게 청소하던 중 바위에 '다천(茶泉)'이라 새겨진 글씨를 발견하게 되었고, 이를 계기로 절 이름을 다천사라 하게 되었다.

그런가 하면 벽산 스님이 대웅전을 지으려 마당을 파니 삼국시대 때 사용된 것으로 추정되는 수저와 사기그릇 등이 발견되었다고 한다. 그래서 다천사 터는 오래 전부터 비중있는 건물이 자리잡았던 터라는 것이 스님의 설명이다.

최근에는 1990년에 양옥의 요사를 세웠으며, 이듬해에 대웅전을 지었다. 1992년에는 천왕문을 세웠다.

다천사의 우물은 '차를 끓이던 물'이라는 명칭이 시사하는 바와 같이 질이 좋은 약수이다. 1950년대에 이 물에서 나병환자가 백일기도를 드리고 나은 적도 있다.

한편 다천사의 자랑 가운데 하나가 이곳에서 공부해 고등고시에 합격한 사람이 많다는 점이라고 한다. 그 동안 50명의 합격자를 배출했다고 벽산 스님은 자랑한다.

■ 성보문화재

현재 절에는 대웅보전을 비롯해서 원통전·금강문·종각·요사·수각·고시원 등의 건물이 있다. 이들 전각은 전부 근래에 지었다.

원통전은 현재 법당으로 사용되지 않고, 이 건물 일부와 뒤쪽 건물을 고시원으로 사용하고 있다. 금강문은 1991년에 지었으며 안에는 사천왕탱화 4점이 있다.

절 경내에는 아미타입상과 미륵입상이 봉안된 것을 비롯하여, 〈다천사사적

원통전과 미륵불입상 원통전과 그 뒤편의 고시방에는 많은 고시생들이 정진하고 있다.

기〉(1982년)·〈항가산다천사사적비〉(1994년)·〈오층탑조성시주명단〉(1997년) 및 벽산(碧山) 스님의 부도가 있다.

● 대웅전

팔작지붕에 앞면과 옆면 각 3칸씩이며, 1991년에 지었다.

안에는 석가삼존불과 미륵여래좌상, 치성광여래상, 관음보살좌상 약 600 분, 지장상·나한상 외에 칠성탱화·독성탱화·산신탱화 및 중종이 하나 있다. 탱화는 전부 1946년에 조성되었는데, 특히 칠성탱화는 오봉산 옥천사(玉泉寺) 대웅보전에 봉안되었다가 이곳으로 옮겨온 것이다.

● 대웅전 석가불좌상

목조로서 대략 120cm 정도 높이의 불상이다. 목조라는 데에 이 불상의 장점이 있다. 얼굴 표정이나 의습선의 형태로 보아서 조선시대 초기에 조성된 불상으로 추정된다. 가사 표현이 아주 사실적인 입체감을 느끼도록 조각되어 있다. 이와 같은 것은 현재의 장인들 기술로는 조각이 불가능하다고 한다. 수인은 선정인을 취하고 있는데, 부처님의 설산수도상(雪山修道相)이라고 한다. 목불이 대개 그렇듯이 손을 넣었다 뺐다 할 수 있도록 착탈식으로 되어 있다. 그러나 현재는 도금을 지나치게 투박하게 해서 목불이 가지고 있는 특유의 부드러운 질감은 느낄 수가 없었다.

이처럼 보기 드문 불상이 이곳에 봉안된 내력은 다음과 같다.

이 불상은 본래 내장사 명부전에 모셔져 있던 불상이었는데, 매곡 스님을 통해 벽산 스님에게 건너오게 되었다. 매곡 스님은 달마도로 유명한 백계명(白鷄鳴, 1867~1929) 선사의 상좌이다. 매곡 스님과 해안 스님은 서로 절친한 친구였고, 해안 스님의 상좌였던 벽산 스님을 매곡 스님은 아주 귀여워 하

대웅전 내부 내장사 명부전에 모셔져 있었다고 하는 조선시대 초기의 불상이 있다.

였다고 한다. 즉 조카 상좌에 해당하는 벽산 스님이 새로 절을 짓겠다고 하니까 그 기념으로 내장사 명부전의 목불을 선물하여 모시도록 한 것이다.

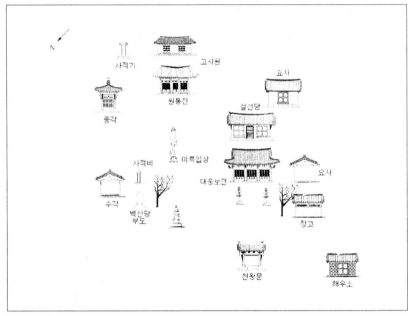

다천사 가람배치

법인사

■ 위치와·창건

법인사(法印寺)는 정읍시 상동 937번지 칠보산(七寶山)에 자리한 한국불교 태고종 사찰이다.

정주시 상동 로터리에서 칠보산 쪽으로 약 1㎞쯤 농로를 따라 올라가면 칠보산이 나오고, 칠보산 남쪽 아래에 절이 위치한다.

법인사 불이성 법인사로 불리는 절은 최근 유치원과 법인장학회 운영 등 사회 활동에 적극적이다.

이곳은 예전부터 마을사람들에 의해 '절골'이라고 불려져 왔다.

절은 고구려 말 보장왕(寶藏王, 재위 642~668) 때의 고승인 보덕(普德) 스님이 백제에 건너와 전라북도 완주 고달산에 경복사(景福寺)를 짓고 포교할 때, 그의 제자 수정(水淨) 스님이 유마사(維摩寺)라는 이름으로 창건했다고 전한다.

그러나 그 뒤의 연혁은 전혀 알려지지 않는다.

조선시대에 들어와서는, 1530년(중종 25)에 완성된 『신증동국여지승람(新增東國輿地勝覽)』에 보면 1481년에 편찬된 『동국여지승람』의 기록으로서 절이름이 보이지만, 1799년(정조 23)에 편찬된 『범우고(梵宇攷)』에는 폐사된 것으로 나와 있어 아마도 그 무렵부터 절은 줄곧 폐사된 채로 내려왔던 것으로 추정된다.

근래에 들어와서 1983년에 남강(南江)·성종(成琮)·무종(無琮)·우종(又琮) 스님 등이 복원하면서 불이성(不二聲) 법인사라고 했다. '불이성'이라는 것은 부처님 말씀이 둘이 아니라는 뜻이라고 한다.

최근에는 1992년에 유치원을 운영하기 시작했고, 법인장학회를 세워 부근의 형편이 어려운 학생을 돕고 있다.

■ 성보문화재

현재 절에는 대웅전·요사·선방 및 유치원 건물이 있다. 유치원은 벽돌과 시멘트로 지은 2층 양옥이다.

그리고 절 앞마당에는 관음입상이 있다. 전각과 그 안에 봉안된 불상·불화 등은 전부 근래에 조성되었다.

대웅전은 팔작지붕에 앞면 5칸, 옆면은 벽면인 인법당 형태의 건물로서 1983년에 지었다.

안에는 석가삼존불상 및 또다른 여래상을 비롯해서 지장상과 산신상, 그리고 100불 가량의 작은 불상이 있다.

불화로는 후불탱화·지장탱화·신중탱화·칠성탱화·산신탱화·독성탱화
가 있다. 그밖에 중종 하나가 있다.

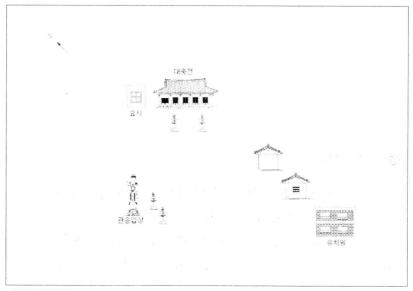

법인사 가람배치

보림사

■ 위치와 창건

보림사(寶林寺)는 정읍시 북면 보림리 939번지 칠보산(七寶山) 중턱에 자리한 대한불교조계종 제24교구 본사 선운사의 말사이다.

절이 위치하는 곳을 풍수적으로 설명한다면 칠보산으로부터 내려오는 여러 갈래의 지맥이 한 곳으로 모아지는 지점이라고 할 수 있다. 지기(地氣)가 아

보림사 칠보영산 중턱에 자리한 절은 보조 체징 스님의 제자인 청환법사에 의해 창건되었다.

주 강한 지점인 것이다. 그래서 예로부터 보림사는 '칠보영산(七寶靈山)'으로 불려왔다. 그만큼 신령스런 산에 자리잡은 절인 것이다.

절의 창건은 864년(경문왕 4)에 청환법사(淸奐法師)에 의하여 이루어졌다고 전한다. 청환법사는 보조 체징(普照體澄, 804~880) 스님의 으뜸 제자이다. 청환법사는 체징 스님의 800여 제자 중 가장 뛰어난 수제자로서 장흥 보림사에 주석하다가 이곳에 와서 수도하면서 절을 창건한 것이다. 장흥의 보림사와 밀접한 관계에 있었기 때문에 절 이름도 보림사로 지었던 것으로 추측된다.

■ 연혁

이후 고려시대의 연혁은 전혀 알 수 없다. 보림사에 관련된 일체의 자료가 현재 남아 있지 않기 때문이다. 다만 간접적 기록에 의할 것 같으면 전라도관찰사 송인수(宋麟壽, 1487~1547)와 태인목사(泰仁牧使) 신잠(申潛, 1491~1554)이 이곳을 내왕하며 서당을 중건했다고 전한다. 또한 조선 선조 때 호남

대웅전 내부 조선시대에 서원 주변의 사찰은 대부분 강제 폐사되었지만 보림사는 남겨져 있었다.

종각

최근 절은 대웅전을 비롯한 대부분의 전각을 보수하거나 신축하는 중 건불사가 진행중이다.

의 성리학자인 이항(李恒, 1499~1576)이 보림사에서 공부를 했다는 기록이 그의 목판 문집에서 발견된다. 한편으로는 이항의 서당이었다고 하기도 한다. 지금의 요사가 그 당시의 서당이 아닐까 추정하기도 한다.

이것으로 보아서 보림사는 조선시대에 호남지방의 다른 사찰과 같이 폐사 되는 지경까지 간 것은 아니고, 유생들의 글읽는 도량으로서 명맥은 유지했던 것으로 여겨진다. 그리고 어느 때인가 사찰로서 중건되었을 것이다.

현재 절 아래의 동네에는 이항을 제향한 남고서원(南皐書院)이 자리한다. 조선시대에 서원이 들어서는 근방은 대체적으로 강제로 주변의 사찰을 폐사 시키거나 아니면 절터를 서원내로 합병시키는 경우가 많은데, 보림사는 그렇 게 하지 않고 남겨놓은 것으로 보아서 당시 보림사가 그리 만만하지 않은 사찰이었음을 간접적으로 짐작할 수 있다.

최근에는 현주지 지성(志成) 스님이 1989년에 보림사에 부임한 후 1991년에 요사를 새로 보수했으며, 이듬해에 기존의 주건물이던 극락전을 헐고 대웅전을 지었다. 1992년에는 1939년에 지었던 삼성각을 헐고 창고를 새로 지었으며, 1996년에 종각을 지었다.

■ 사혈(蛇穴)과 영험담

보림사 터는 사혈(蛇穴)이라고 한다. 터의 형국이 뱀모양과 비슷하다고 해서 붙여진 이름이다. 뱀모양이라고 하는 것은 두 마리 뱀이 보림사터를 형성하고 있어서 그렇다. 한 마리는 좌청룡의 자리에 뱀이 모가지를 길게 빼고 내려온 모습과 흡사하다. 현 요사의 뒤를 보면 이 뱀모양의 언덕이 길게 내려와 있어서 보통사람이 보기에도 곧바로 뱀모양으로 인식할 만큼 분명한 형태를 갖추고 있다. 또 다른 한 마리의 뱀은 종각 자리에 와서 서렸다. 보림사에는 그래서인지 뱀과 관련된 이야기가 많다. 실제로 보림사에는 옛날부터 뱀이 아주 많았다고 한다. 봄과 여름이면 여기저기에서 뱀이 나타났다는 것이다.

지성 스님의 이야기에 의할 것 같으면 지난 1990년에는 이런 사건이 있었다.

하루는 사시(巳時) 예불을 마치고 요사에 들어 와서 앉으려 하는데 방안에 시커먼 뱀이 또아리를 틀고 있더라는 것이다. 길이가 1m에 가까운 먹구렁이였다. 기겁을 한 스님은 조심스럽게 이 구렁이를 밖으로 쫓아냈는데, 아무리 쫓아도 잘 나가지를 않다가 빗자루로 한참 위협을 한 후에야 마당에서 서서히 움직여 사라지더라는 것이다.

이 일 이후로 스님은 절의 형국이 사혈이라는 점을 감안하고 요사 뒤에 있는 뱀의 모가지에 해당하는 부분을 보수할 생각을 내었다. 그 동안까지는 리어카길을 내느라 모가지 부분이 잘린 상태였는데, 아무래도 이 잘린 부분 때문에 절 주위에 사는 뱀들이 방에까지 들어왔다고 판단한 스님은 보수하기로 결심한 것이다.

요사 조선시대 성리학자인 이항이 이곳에서 공부했다. 지금의 요사가 당시의 서당으로 추정된다.

　잘라진 부분에 흙을 돋우고 축대를 쌓아서 완벽하게 뱀혈을 보수한 뒤부터는 그런 사건이 발생하지 않았다. 그리고 절의 불사도 순조롭게 진행되었음은 물론이다. 이를 경험한 스님 이야기가 역시 풍수적 원리를 무시할 수 없다고 한다. 요사 뒤에 가보면 과연 길게 늘어진 뱀모양의 언덕줄기가 대가리를 내밀고 내려와 있다. 지금은 돌축대로 옆을 보강해 보기에도 깔끔하다.

　절의 또다른 특징은 물이 좋다는 점이다. 물맛이 다른 곳에 비해서 아주 좋은 편이다. 처음 절터를 잡을 때 물맛부터 보는 것인데, 물맛은 수행자의 건강상태 나아가서는 수행의 고급단계로 진입하는 데 있어서 깊은 영향을 미친다. 물맛이 좋다는 것은 미네랄의 구성비율이 인체의 건강에 가장 적당한 상태로 구성되었음을 의미한다. 이런 점에서 볼 때 보림사의 물은 특별하다고 할만큼 좋은 물이라고 한다. 그런데 보림사의 물은 부정한 일이 있으면 물의 색깔이 뿌옇게 변한다고 한다.

■ 성보문화재

현재 절에는 대웅전·종각·요사 등의 건물이 있다. 요사는 1845년에 처음 지은 것으로 알려져 있는데, 한편으로는 송인수·신잠·이항 등 유학자들의 서당으로 사용하던 건물로 추정되기도 한다.

● 대웅전

맞배지붕에 앞면 3칸, 옆면 2칸 규모로서 1986년에 지은 극락전을 헐고 1992년에 새로 지은 것이다. 대웅전의 좌향은 정북향에 해당하는 오좌(午坐)이다.

안에는 석가불좌상·관음상·독성상과 영산후불탱화·칠성탱화·신중탱화·산신탱화·독성탱화 및 소종이 하나 있다. 탱화는 전부 1993년에 조성했다.

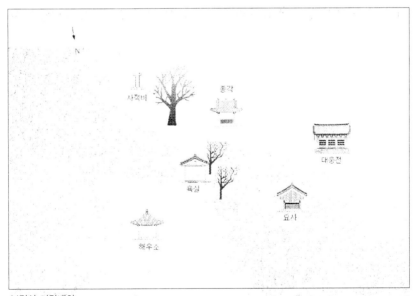

보림사 가람배치

석탄사

■ **위치와 창건**

석탄사(石灘寺)는 정읍시 칠보면 반곡리 389번지 사자산(獅子山)에 자리한 한국불교태고종 사찰이다.

절은 칠보발전소에서 좀 더 올라가 산내면 안의 논길을 지나고 가파른 사자산의 산길을 9부 능선 정도 올라가면 있다. 석탄사에 도착해서 절마당에 서

석탄사 가파른 산길 정상 가까이에 자리하고 있어 주변 마을이 한눈에 내려다보이는 절경을 이룬다.

보면 저 앞쪽으로 석탄리 마을 풍경이 한눈에 들어오면서 그 경치에 탄성이 절로 일어난다. 땅에서 보면 별것 아니지만 산위에서 아래를 굽어보면 색다른 풍경으로 바뀐다.

석탄사는 7세기 중엽에 의상(義湘)대사가 창건했다는 오래된 절이건만 창건을 설명해줄 만한 문헌 자료는 아무것도 남아 있지 않다. 자료가 없으면 구전과 추리에 의존하는 수 밖에 없는데, 의상대사에 의해서 창건되었다는 구전이 내려온다. 어떤 제자가 의상대사에게, "왜 이렇게 궁색하고 배고픈 곳에 절을 잡아서 이 고생입니까." 하고 투덜대니 대사는, "학승이나 선승은 배가 고파야 공부가 잘 되는 법이다."라고 답변을 하였다고 한다. 그러나 백제의 영토에 신라에서 활동하던 의상스님이 창건했다는 것은 쉽게 납득하기 어렵다.

창건 이후의 연혁은 잘 알 수 없고, 조선시대에 들어와 정유재란 때 불탔으나 1750년(영조 26) 무렵에 당시 덕망높은 재력가로 인근에 알려졌던 칠보면 백암리의 박잉걸(朴仍傑)이 중건했다. 1894년(고종 31)에 동학운동의 여파로 소실되어 태인에 살던 김수곤(金水坤) 거사가 중건했으나 한국전쟁으로 다시 전소되었다. 전북의 몇몇 사찰은 다른 지역과는 달리 동학 때 소실된 경우가 있는데 석탄사도 여기에 해당되는 사찰이다.

동학의 주역이었던 전봉준과 김개남의 집이 여기에서 멀지 않은 '산외면'과 '지금실'에 있었던 사실로 미루어 보아서 석탄사는 쫓기던 동학군들이 은신했던 장소였을 가능성이 충분하다. 현재 석탄사로 들어가는 고개인 구절재는 공주전투에서 패한 후 다시 금구전투에서 마지막으로 패한 전봉준이 쌍치로 넘어갔던 고개이고, 역시 쫓기던 김개남도 산내면의 '너뒤[四升]'라는 곳으로 숨었다는 사실을 감안하면 석탄사는 동학혁명의 한가운데에 있었던 절인 것 같다.

그렇게해서 절은 1970년대 말까지 폐허로 있다가, 1986년 무렵에 조병준(趙丙晙)이 어머니 송씨 부인의 유지를 받들어 중건했다. 그 해에 대웅전을, 이듬해에 종각을, 그리고 1988년에 요사를 지었다. 뒤이어 염불전·삼성각·승방, 오층석탑, 약사여래불, 11면관음보살상, 수자지장보살상, 석등 등을 조성했다.

대웅전 동학 때 소실되었던 절은 1970년대말 까지 폐허로 있다가 1986년 무렵에 중건되었다.

■ 설화

　석탄사에는 「탄사복설(灘寺伏雪)」이라는 다음과 같은 고사가 전해진다.

　조선후기 헌종 때 석탄사 아래 원촌마을에 이안복(李安福)이라는 사람이 살고 있었다. 남의 집 머슴을 살고 있던 사람이었는데, 하루는 주인집 소를 끌고 가다가 사서삼경을 팔러 다니는 책장사를 만났다. 책장사는 사서삼경을 흔들어대면서 '이 속에 정승판서가 다있다.'고 외쳐대는 것이 아닌가. 그 말을 들은 머슴 이안복은 서슴없이 주인집 소와 그 책을 바꾸어 버렸다. 정승판서가 다 있다는데 소 한마리가 대수인가 하고. 주인집에 와서는 소값에 해당하는 만큼 몇 년 더 머슴을 살겠다고 자청했음은 물론이다. 이안복은 그렇게 해서 구한 책들을 아들 3형제에게 주면서 공부를 시켰다. 바로 석탄사에서 공부를 하도록 시킨 것이다. 그러나 이 아들들은 철딱서니가 없었다. 한번은 이안복이 아들들이 공부를 열심히 하고 있는가를 볼겸 해서 석탄사에 올라가보니 3형제는 퉁소와 장구를 두들기며 놀고 있는 것이 아닌가. 이를 목격한 이안복은 아무 소리 하지않고 아들들이 놀고 있는 방문 앞에 밤새도록 엎드려 있었다. 아들 중의 하나가 화장실에 가려고 새벽에 방문을 열고 나와보니 아버지가 무릎을 꿇고 절마당에 엎드려 있었다. 등에는 눈이 수북하게 쌓인 채로. 이를 보고 아들들은 눈물을 흘리고 반성하였다. 이후로 3형제가 모두 과거에 급제하게 되었다.

이 이야기는 무성서원 집강을 지낸 바 있는 현 75세의 이교면(李敎冕) 선생이 전하는 이야기다. 이교면 선생은 석탄사 법당의 상량 글씨를 쓰기도 했다.

■ 유적

● 기우제터(舞際嶝)

석탄사에서 또 하나 볼만한 것이 기우제를 지내던 '무제등(舞際嶝)'이다. 무제등은 대웅전을 등지고 바라보았을 때 왼쪽으로 지맥이 뻗어 뭉친 지점을 가리키는 용어이다. 바위로 뻗은 맥이 뭉쳐 있고 아래는 급전직하의 절벽으로

되어 있어 기우제를 지낼만한 위치이다. 인근지역에 가뭄이 심하게 들 때면 고을원이었던 태인현감이 20리나 떨어진 이곳에 와서 직접 기우제를 주관하였다고 한다.

기우제를 지낼 때는 동네사람들이 집집마다 돌아다니면서 걸립(乞粒)을 쳐서(풍장을 친다고도 한다). 쌀이나 비용을 추렴한 다음 이것을 가지고 기우제에 필요한 제물을 준비하였다. 제물로는 술과 과일(밤·대추·곶감) 그리고 포(脯)가 사용되었다. 무제등에다 이처럼 제

석조관음보살상과 지장보살상

물을 차려놓고 태인현감이 일단 기도문을 낭독하고 그 다음에는 보릿단에다 불을 지피는 순서였다고 전해진다. 고을원이 직접 주관할 정도였으니 무제등의 기우제는 태인 지역의 공식적 대규모 행사였을 것이다. 이렇게 놓고 본다면 석탄사 바로 옆에 붙어 있는 무제등은 전라도의 민속을 연구하는 데 있어서도 빼놓을 수 없는 장소인 셈이다.

이같은 무제등에 관한 이야기는 79세의 김환재(金煥在) 선생에 의한 것인데, 김환재 선생은 무성서원 원장을 지낸 바 있다.

■ 성보문화재

현재 절에는 대웅전·삼성각·종각·요사 2채 등의 건물이 있다. 전각과 그 안에 봉안된 불상·불화는 전부 근래에 조성되었다.

절 앞마당에는 오층석탑, 석조 십일면관음입상, 석조 관음좌상, 석조 수자(受子)지장보살상이 있고, 절입구에는 부도 1기가 있다.

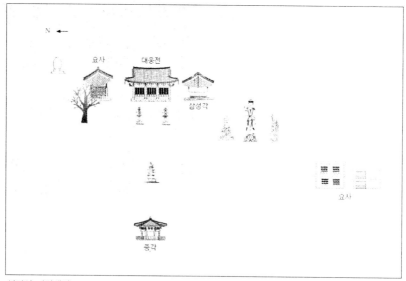

석탄사 가람배치

유선사

■ 위치와 창건

유선사(遊仙寺)는 정읍시 고부면 남복리 산52번지 두승산(斗升山)에 자리한 대한불교조계종 제24교구 본사 선운사의 말사이다. 두승산은 영주산(瀛州山)이라고도 한다.

전하기로는 의상(義湘) 스님이 창건했다고 전한다. 전설에는 의상 스님이

유선사   두승산 일곱 봉우리 중 북쪽 끝에 자리한 절은 최근의 불사로 새로운 모습을 갖추었다.

산 정상에서 신선이 놀다가 하늘로 올라가는 것을 보고는 그 자리에 나무를 꽂아 표시를 한 뒤 절을 지으라 했다고 한다. 절이름도 신선이 놀다간 곳이라는 위와 같은 전설에서 연유한다. 그 때 꽂은 나뭇가지가 바로 절 뒤쪽 동산에 있는 8그루의 귀목나무라고 한다.

그 뒤의 자세한 연혁은 전하지 않는데, 아마도 여러 차례의 중건·중수를 거친 듯하며, 조선시대 말에는 산이름을 따서 두승사라고 하기도 했다.

일제강점기를 거치면서 몹시 퇴락했으나 1982년에 이곳으로 온 성수 주지스님이 1990년에 대웅전과 요사를 새로 짓고, 또한 1997년에 범종각의 범종을 새로 조성하면서 절을 중건했다.

■ 두승산의 산세

유선사를 품고 있는 두승산을 살펴보면, 덕유산의 맥이 진안·장수를 거쳐 마이산으로 왔고, 마이산에서 다시 순창 갈재를 거쳐 내장산으로 왔고, 내장산의 소맥(小脈)이 와서 고부의 들판 속으로 잠적했다가 갑자기 우뚝 솟은 산이 바로 두승산이다. 이른바 '돌작일대산(突作一大山)'이다. 두승산은 평지 돌출한 산이라서 높지 않아도 위용이 있다. 광주쪽으로 내려가는 호남고속도로상에서 보면 두승산은 오행(五行)이 갖춰진 모습으로 다가온다. 수·화·목·금·토의 형상을 한 봉우리들이 완비되어 있다. 세계를 구성하는 다섯가지 요소인 오행이 모두 갖추어져 있는 형상이니 거기에서 나오는 묘용(妙用)도 대단할 것으로 여겨진다.

그런가하면 신태인쪽에서 보는 두승산은 7개의 봉우리로 형성되어 있다. 마치 7개의 노적을 쌓아놓은 것처럼 보인다. 호남평야에서 추수를 한 나락을 쌓아놓은 7개의 노적가리 두승산, 그 7개의 봉우리 중에서 북쪽 끝머리에 있는 봉우리에 두승산의 기운이 뭉쳐 있고 여기에 유선사가 자리잡고 있다.

유선사에는 2개의 혈(穴) 자리가 전해져 온다. 하나는 비룡망해혈(飛龍望海穴)이고 다른 하나는 연소혈(燕巢穴)이다. 날으는 용이 바다를 쳐다본다는 비

범종각 중창불사중에 지어진 건물로 최근 범종의 타종식이 있었다.

룡망해혈에는 현재 대웅보전이 자리잡고 있고, 제비집 자리인 연소혈에는 요사가 자리잡았다. 두승산 7개의 봉우리를 용의 형상에 비유해서 말한다면 이 용의 머리가 변산반도 쪽의 서해바다를 노려보고 있는 형국인 셈이다.

■ 유적

● 칠성대

유선사의 대웅전 뒤로 올라가면 봉긋 올라온 동산이 하나 나온다. 동네 사람들이 칠성대(七星臺) 또는 제왕대(帝王臺)로 부르는 곳이다.

여기에는 오래된 괴목나무 한 그루가 커다란 바위 사이로 뿌리를 내린 채 서 있다. 이 곳은 두승산의 9개 봉우리 가운데 가장 서쪽의 끝에 뭉친 봉우리다. 용의 머리부분이므로 두승산의 기운이 몰려 있는 지점이라고 할 수 있다. 그 꼭대기에 칠성바위로 부르는 바위가 솟아 있고, 그 사이로 수백년 수령의 괴목나무가 하늘을 향해 서 있다.

구전에 의하면 이 나무는 의상대사가 심었다고 한다. 신라의 의상대사가 호남의 삼신산(三神山)을 순례하던 중 두승산 망화대(望華臺)에서 좌선을 하다가 눈을 뜨고 이 쪽을 보니 일곱 신선이 놀다 승천하는 것이 바라다 보였다. 스님은 바로 그 자리에서 주장자를 잘라 그 토막으로 곳곳에 말뚝을 박아 이곳이 절터임을 알렸다고 한다.

이같은 구전은 동네에 전하는 말인데, 예로부터 하늘에 천제를 지냈고, 비가 오지 않을 때는 기우제도 지내던 장소이다.

■ 성보문화재

현재 절에는 대웅보전·범종각·요사 등의 건물이 있는데, 전부 근래에 지었다. 그밖에 절 경내에는 석조약사여래입상과 호랑이상, 그리고 〈유선사중수기적비〉(1986년)가 있다.

● 대웅보전

팔작지붕에 앞면 3칸, 옆면 2칸 규모이며 1990년에 지어졌다. 본래 이 자리에는 약사전이 있었는데 대웅보전을 새로 지은 것이다.

안에는 가운데의 비로자나불상을 비롯해서 그 좌우로 약사불상·석가불상의 청동으로 봉안한 삼불이 협시해 있다. 불화로는 삼불후불탱화를 비롯해서 목각으로 조성한 칠성탱·신중탱·산신탱·독성탱이 있고, 그밖에 중종이 하나 있다.

대웅보전 내부에는 도갑사에 봉안되었던 불상이 옮겨져 모셔졌으며 건물 옆에는 호랑이 상이 있다.

대웅보전에 봉안된 삼불은 본래 월출산 도갑사에 있던 부처님인데, 성수 스님이 유선사로 옮겨온 것이라고 한다. 그런데 옮기게 된 까닭이 흥미롭다. 부처님이 울고 있었기 때문이다. 울고 있다는 말은 불상의 눈 부위에서 눈물자국같은 흔적이 생기는 것을 말한다. 절에서 하는 말에 부처님이 울고 있으면 절이 안된다고 하며, 그래서 도갑사의 삼존불이 유선사로 옮겨오게 된 것이다. 유선사에서는 이 눈물자국을 없애기 위해서 겉에다 개금불사를 하였음은 물론이다.

그런데 이 삼불에는 그밖에 또다른 사연이 있다. 해방 전에 조계사에서 도갑사 부처님의 상호가 원만하다고 해서 모셔간 적이 있는데, 그 이후 도갑사에는 화재가 발생하여 불상도 같이 소실되어 버렸다. 부처님이 없어진 도갑사는 할 수 없이 조계사에다 부처님을 다시 반환하여 달라고 요청했다. 그래서 조계사에서는 불상을 반환하는 대신에 이 불상을 조성해 도갑사에다 준 것이다. 그리고 다시 지금은 유선사로 옮겨져 봉안되고 있다.

약사여래입상
절이 약사도량임을 나타내듯
조성된 불상으로 머리 뒷부분
에는 미륵불을 새겨놓았다.

● 대웅전 옆의 호랑이 상

대웅보전 쪽에서 보면 오른쪽 방향에 크기가 4m가 넘는 큰 호랑이 상이 하
나 있다. 전체에 여러 가지 색깔을 칠했는데, 꼬리는 치켜 올린 채 입을 쩍 벌
리고 포효하는 당당한 형상이다.

호랑이 상이 놓여진 까닭은 대웅보전의 오른쪽 백호맥(白虎脈)이 약해서
이를 비보(裨補)하기 위하여 성수 스님이 세워놓은 것이라고 한다. 그러니까
'좌청룡 우백호' 할 때의 우백호 줄기에 해당하는 부분이 약하므로 그 부분을
인위적으로 보강하기 위한 방편으로 호랑이 상을 만들어서 세워놓은 것이다.

우리나라의 사찰 경내에 이처럼 채색된 호랑이 상을 만들어 놓은 경우는 거
의 찾아 볼 수 없는 사례일 듯하다.

● 약사여래입상

대웅전 옆에 있는 석조 약사여래입상은 유선사가 약사 도량임을 상징한다. 이 약사여래입상은 성수 스님이 조성한 불상인데, 재미있는 특징이 하나 있다. 그것은 약사여래 얼굴의 뒷부분에 미륵불의 얼굴을 조각해 놓은 점이다. 마치 동전의 앞뒷면과 같이 앞면의 얼굴은 약사여래인데, 뒷면의 얼굴은 미륵불이다.

이처럼 특이한 불상을 조성하게 된 계기는 주지 스님의 현몽 때문이라고 한다. 어느 날 주지 스님의 꿈에 부처님이 나타나 그렇게 불상을 조성하면 좋을 것이라고 선몽을 하였다고 한다.

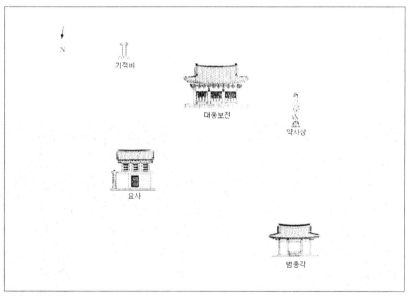

유선사 가람배치

일광사

■ 위치와 창건

일광사(日光寺)는 정읍시 수성동 410번지 구미산(龜尾山)에 자리한 한국불교태고종 사찰이다.

절은 1910년 무렵에 박장조 스님이 창건했다. 그 뒤 1963년에 박기수 스님이 절의 경내를 확충하면서 중창했다. 당시 인법당을 법당으로 늘려 짓고, 삼성각·종각을 지었으며 미륵불을 조성했다. 1985년에 지금의 주지 대주(大

일광사 정읍의 대표적인 포교사찰로 불교합창단과 학생회 운영 등의 적극적인 포교사업을 하고 있다.

珠) 스님이 부임하면서 포교활동을 활발히 시작했다. 사천왕문을 건립하고, 1993년에는 창건 당시의 인법당을 헐고 대웅전을 새로 지었다. 현재 정읍시의 대표적 포교사찰로 알려져 있으며, 불교합창단·불교학생회 등이 운영되고 있다.

■ 성보문화재

현재 절에는 대웅전·삼성각·종각·천왕문·요사 등의 건물이 있다.

대웅전은 팔작지붕에 앞면과 옆면 각 3칸씩이며, 1993년에 지었다. 안에는 석가삼존불상을 비롯해서 지장상이 있고, 후불탱화·지장탱화·신중탱화 및 중종과 법고가 하나씩 있다. 삼성각은 맞배지붕에 앞면과 옆면 각 1칸씩의 규모로서, 종각과 마찬가지로 1963년 중창 당시 지은 전각이다. 안에는 치성광여래좌상과 일광·월광보살입상, 14체의 작은 여래상, 독성상 그리고 칠성탱화·산신탱화·독성탱화 및 소종이 하나 있다. 칠성탱화는 1970년에, 그리고 산신탱화는 일제강점기 무렵에 조성된 듯하다.

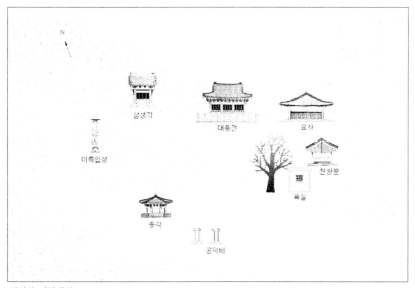

일광사 가람배치

정토사

■ 위치와 창건

　정토사(淨土寺)는 정읍시 정우면 산북리 28번지 팔봉산(八峰山)에 자리한 대한불교조계종 제24교구 본사 선운사의 말사이다.

　팔봉산은 정토산이라고도 한다. 풍수지리적으로 본다면 태인에서 시작된 맥이 이 절 뒷산 팔봉산에서 뭉쳤는데, 절 경내 약사전 뒤로 보이는 바위들이 이 터의 지기(地氣)가 강함을 가리킨다. 산은 야트막하지만 땅에서 올라오는

정토사　구전에 의하면 고려시대 담운 선사가 창건하였고, 진묵 스님이 중건하였다고 한다.

기운은 만만치 않다. 절의 좌향은 동남
향인 손좌(巽坐)이다.

현재 절의 연혁을 알 수 있는 사적기
나 기타 자료는 남아 있지 않다. 단지
구전만이 전해져올 뿐이다. 구전에 의
하면 정토사는 고려시대인 1299년(충
렬왕 25)에 담운(曇雲)선사가 창건했
다고 하니, 대략 지금으로부터 700년
전에 해당된다.

그 뒤 조선시대 중기 호남지방에서
뛰어난 신통이적(神通異蹟)으로 사람
들을 교화한 진묵 스님이 1603년(선조
36)에 절을 중건하면서 약사전을 지었
다. 그 뒤의 연혁은 분명하지 않다.

관음전 관음보살상

20세기에 들어와서는 1918년에 이진성(李振聲) 주지에 의해 원통전이 지어
졌고, 1922년에 전광명화(全光明華)가 칠성각을 지었다. 근래에는 1959년에
명봉(明峯) 스님이 칠성각을 지었다. 1962년에는 종균(鍾均) 스님이 초가였
던 원통전을 기와집으로 중수하고, 1966년에 관음선원을 건립하고 석탑을 세
웠다. 1977년에는 보명(寶明) 스님이 약사전을, 1981년에 원통전과 범종각을
중건했다. 1987년에는 정명(淨明) 스님이 칠성각을 중건하고 도로를 냈으며,
1992년에 석조미륵입상을 봉안했다.

■ 성보문화재

현재 절에는 약사전·관음전·칠성각·종각·요사 등의 건물이 있다. 대부
분 전각과 불상·불화가 근래에 조성된 것으로서 문화재적 가치는 별로 없다.
그 밖에 절 앞마당에는 석조미륵입상과 삼층석탑, 〈정토사기적비(淨土寺紀

積碑》)(1968년)가 있다.

● 약사전

팔작지붕에 앞면 3칸, 옆면 2칸으로서 1977년에 중건되었다.

안에는 석가불좌상을 비롯해서 영산후불탱화 · 지장탱화 · 신중탱화 및 중종 하나와 위패 2기가 있다.

● 관음전 · 칠성각

관음전은 우진각지붕에 앞면 5칸으로서 1981년에 중건되었으며 현재 요사를 겸한다. 안에는 관음상을 비롯해서 작은 여래상, 그리고 관음탱화가 있다.

칠성각은 맞배지붕에 앞면 3칸, 옆면 2칸이며 1987년에 중건되었다. 안에는 칠성탱화(1986년), 산신탱화(1988년), 독성탱화(1988년)가 있다.

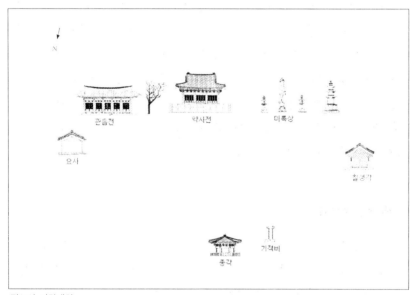

정토사 가람배치

정혜사

■ 위치와 창건

정혜사(定慧寺)는 정읍시 연지동 148번지 추령산(秋嶺山)에 자리한 한국불교태고종 사찰이다.

절은 연지봉(蓮池峰)을 조산(祖山)으로 하여 노령산과 입암산을 뒤로 하고 동쪽으로는 내장산과 칠보산, 서쪽으로는 변산과 두승산 등 삼신산(三神山)

정혜사 정읍시내 추령산 자락에 자리한 절은 1930년대 박대화 스님에 의해 3칸 법당으로 시작되었다.

석조 미륵불상

고려시대에 조성된 것으로 보이는 이 불상은 미륵사의 미륵상과 함께 정읍시의 영험있는 두 미륵불상 중의 하나이다.

이 안아주는 연지동 추령산 아래에 있다.

정혜사는 1930년 무렵에 박대화 스님에 의하여 3칸 법당으로 세워졌다. 이후로 보살 두 분에 의하여 암자로 유지되어 오다가 1983년 여산(如山) 스님이 부임하면서 요사 5칸을 중수하고 그 때까지 대성사(大成寺)였던 절이름을 지금의 정혜사로 고쳤으며, 1990년에 대웅전을 건립하였다. 1994년 여산 스님 입적이후로는 달안(達眼) 스님이 주지로 주석 중에 있다.

■ 성보문화재

현재 절에는 대웅전과 요사가 있는 단출한 규모이다. 대부분 전각과 그 안에 봉안된 불상·불화가 근래에 조성되었지만, 절마당에 있는 미륵상은 조성년대가 고려시대로 올라가는 문화재로서 본래 이 곳이 예전부터 절이 있었던 곳임을 나타내준다. 그밖에 경내에는 사적비와 여산당비 및 여산당 부도가 있다.

● 대웅전

팔작지붕에 앞면과 옆면 각 3칸씩이며, 1990년에 지었다. 안에는 석가불상을 비롯해서 지장입상 및 관음상, 그리고 불화로는 영산회상도 · 지장탱화 · 칠성 탱화 · 산신탱화 · 신중탱화가 있다.

● 미륵불

정혜사에서 볼만한 유물은 석조 미륵불이다. 이 미륵불이 남아 있었기 때문에 이를 근거로 해서 정혜사가 근래에 생겨난 것이다. 높이는 300㎝ 정도이고 넓이는 100㎝의 돌에다 조각한 것이다. 이 미륵불은 본래는 100㎝ 정도 땅속에 파묻혀 있었는데 1992년 무렵에 흙을 걷어내고 기단을 설치하여 현재의 모습으로 복원한 것이다.

자세히 보면 3토막으로 절단된 부분을 시멘트로 땜질한 것이 발견된다. 머리에는 관을 쓰고 있는데, 이것을 '복지감투'라고도 한다. 관을 쓰고 있는 미륵은 대체로 미륵보살로 부른다.

조성년대는 고려시대로 추정된다. 조선시대에 조성된 미륵불에 비해서 전체적 균형이라든가 얼굴 모습, 그리고 수인을 처리한 기술이 세련되어 보일 뿐만아니라 크기도 약 300㎝에 달하고 있어서 조선시대 미륵불 보다 크기가 큰 편이다. 전체적 인상이 세장(細長)해서 세련된 미인의 모습을 연상시키는 미륵불이다. 그러나 코 부분은 약간 마모되어 있다. 아들 얻는 데 효험있다고 해서 동네 사람들이 떼어다 먹은 탓이다.

정혜사의 미륵불은 정읍시에 남아 있는 영험있는 2체의 미륵불 가운데 하나

이다. 곧, 정읍시 사람들은 상동에 있는 미륵사(당)의 미륵불을 '동(東)미륵'
이라 하고 정혜사의 미륵불을 '서(西)미륵'으로 부른다. 정혜사 미륵불은 정
읍을 대표하는 양대 미륵의 하나인 것이다. 동미륵이 우락부락한 장군상이라
면 서미륵은 날씬한 미녀상이다.

정혜사 미륵불상 역시 많은 영험담이 전해온다. 그래서 이 근방 사람들은
살아가면서 어려운 일이 있을 때 이 미륵불에 와서 백일기도하면 영험이 나
타난다고 믿는다.

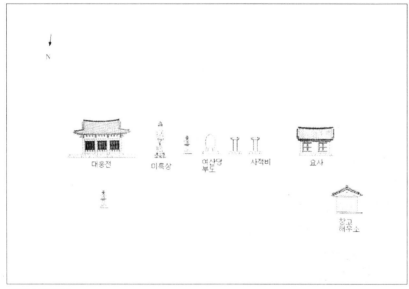

정혜사 가람배치

강천사

■ 위치와 창건

강천사(剛泉寺)는 순창군 팔덕면 청계리 996번지 강천산에 자리한 대한불교조계종 제24교구 본사 선암사의 말사이다. 절은 호남의 소금강(小金剛)이라 부르는 강천산 계곡을 따라 3㎞ 가량 올라가는 곳에 있다.

절에서 전하기로는 887년(진성왕 1)에 도선(道詵)국사가 창건하고, 1316년

강천사　호남의 소금강으로 불리는 강천산 계곡에 자리한 절은 도선국사가 창건하였다고 한다.

대웅전 절은 임진왜란 때 불타 없어졌으나 소요대사에 의해 중창되었다.

(충숙왕 3)에 덕현(德賢) 스님이 중창하면서 오층석탑을 세웠다고 한다.

조선시대에서는 1482년(성종 13)에 작성된 「강천사모연문」을 통해 이 해에 절이 중창되었음을 알 수 있다. 이 모연문은 신말주(申末舟, 1439~?)의 부인 설씨(薛氏)가 적은 글로서 당시 강천사의 중건에 관련된 내용이 잘 기록되어 있다. 신말주는 신숙주(申叔舟)의 동생인데, 『조선왕조실록』에 의하면 그는 1470년(성종 1)에 순창에 내려가 오랫동안 있었다고 한다. 이 모연문에 따르면 절은 옛날에 신령(信靈) 스님이 광덕산(廣德山) 가운데서 명승지를 골라 그곳에 초암을 짓고 지낸 것에서부터 유래한다고 한다.

그 뒤 세월이 흘러 절이 폐허가 되자 중조(中照) 스님이 서원을 내어 시주를 모아 중창했는데, 부근에 부도가 있으므로 절이름을 임시로 부도암(浮屠庵)으로 불렀으며, 이 때 절은 비록 자그마한 규모였지만 청정한 수도처로서 유명했다고 한다. 그러나 얼마 안 있어 절은 다시 퇴락되었고, 중조 스님은 설씨(薛氏)의 도움을 얻어 중창을 이루었다고 한다. 이 때의 중창은 설씨 부인

오층석탑

의 힘이 매우 컸는데, 가부장적 남성 위주의 권위가 사회를 지배하던 당시에 여인의 힘으로 큰 불사를 이룬 점에서 의미가 있다. 그리고 모연문에 나오는 절의 창건 부분이 절에서 전하는 내용과 다소 차이는 있으나 중창 내력을 잘 전하는 점에서도 중요하다.

이후 절은 임진왜란 때 불타 없어졌으나 1604년(선조 37)에 소요(逍遙)대사가 중창했다. 한편 1760년(영조 36)에 출판된 『옥천군지(玉川郡誌)』에 '복천사(福泉寺)'로 기록되어 있는 것으로 보아서는 이 무렵 한때 복천사로도 불렸음을 알 수 있다. 그리고 『옥천군지』에는 당시 절의 부속암자로 명적암(明寂庵)·용대암(龍臺庵)·연대암(連臺庵)·왕주암(王住庵)·적지암(積智庵) 등 5개 암자가 있다고 기록되어 있어 절의 규모가 컸음을 짐작케 한다. 이어서 1855년(철종 6)에는 금용(金容) 스님이 중창했다.

근래에는 1950년의 한국전쟁으로 보광전·칠성각·첨성각 등이 불탔으나, 주지 김장엽(金奬燁) 스님이 1959년에 첨성각, 1977년에 관음전, 1978년에 보광전을 각각 새로 지었다. 그 뒤 1992년에 보광전을 대웅전으로 바꾸었고, 1997년에는 첨성각을 헐고 새로 복원할 것을 준비 중이다.

■ 성보문화재

현재 절에는 대웅전과 선실(禪室)·객실·요사 등의 건물이 있다. 또한 경내에는 고려시대의 오층석탑과 석등 부재, 괘불대, 맷돌 그리고 근래에 조성한 석등 2기가 있다. 괘불대는 3개가 있는데 가장 왼쪽에 있는 괘불대 몸체에 '건륭 8년', 곧 1743년(영조 19)에 만들었다는 글이 새겨져 있다.

대웅전은 팔작지붕에 앞면과 옆면 각 3칸씩이며, 안에는 석가삼존불상과 아미타상 그리고 영산후불탱화를 비롯해서 지장탱화·산신탱화(1993년), 칠성탱화, 신중탱화(1962년) 및 범종 2구가 있다.

오층석탑은 고려시대인 1316년(충숙왕 3)에 덕현(德賢) 스님이 절을 중창할 때 만든 것으로 전해지며, 현재 전라북도유형문화재 제92호로 지정되어 있다.

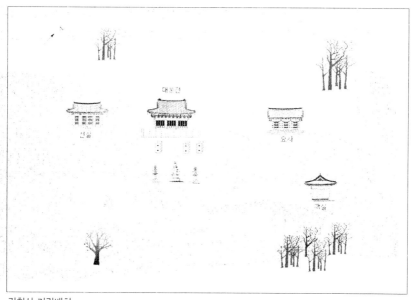

강천사 가람배치

구암사

■ 위치와 창건

구암사(龜巖寺)는 순창군 복흥면 봉덕리 374번지 영구산(靈龜山)에 자리한 대한불교조계종 제24교구 본사 선운사의 말사이다. 절로 가는 길은 복흥면에서 정읍 내장사로 가는 국도를 따라가다 백양사 가는 쪽으로 자포교를 지나 덕흥마을로 들어간 뒤, 봉덕리 덕흥마을 못 미쳐 서북쪽으로 난 길을 올라가

구암사 백제 무왕 때 창건된 절은 설파·백파 스님, 근대의 한영 스님 등 많은 고승들이 거쳐 갔다.

면 절에 닿을 수 있다.

절은 623년(백제 무왕 24)에 숭제(崇濟) 스님이 창건했다고 전한다. 그 뒤의 역사는 전하지 않고, 조선시대 이후의 연혁이 알려질 뿐이다.

■ 연혁

조선시대에 들어와 구곡 각운(龜谷覺雲) 스님이 1392년(태조 1)과 태종 때 (1400~1418)에 각각 중창했는데 이 때 절이름을 지금의 구암사로 바꾸었다고 한다. 당시 절터는 지금의 구암폭포 부근이었다. 그러나 임진왜란 때 불타 없어졌다가, 화엄종주(華嚴宗主)로 당대에 널리 알려진 설파 상언(雪坡尙彦) 스님이 머물면서 법등을 이었다. 이 때부터 절은 화엄종의 법맥을 잇는 화엄 사찰로 유명해져, 전국 각지에서 참선과 공부하기 위해 이곳으로 온 스님이 1,000명이 넘었다고 한다. 이어서 1800년대 초에는 백파 긍선(白坡亘璇, 1767~1852) 스님이 지금의 절터에 여러 전각들을 중건했으며 선강법회(禪講法會)를 개최해서 선풍(禪風)을 드날렸다. 긍선 스님은 추사 김정희(金正喜), 노사 기정진(奇正鎭) 등 당대의 유명한 학자들과 친교를 맺고 있어서 그들과 함께 이곳에서 수련하기도 했다. 김정희는 백파 스님을 높이 존숭해 수많은 그의 친필을 이곳에 남겨놓았으나 한국전쟁으로 전부 없어지고, 현재는 바위에 새긴 글씨만 남아 있다고 한다.

구한 말에서는 설두 유형(雪竇有炯, 1824~1889) 스님이 머물렀고 유형 스님을 이은 설유 처명(雪乳處明, 1858~1903) 스님은 조선 후기의 유명한 성리학자인 전우(田愚, 1841~1922)와 함께 불교교리를 연구했다. 또한 정호 한영(鼎鎬漢永, 1870~1948) 스님은 이곳에서 처명 스님에게 법을 전해 받았다. 한암 스님의 법호는 영호(映湖) 또는 석전(石顚)이라고도 하는데, 석전이라고 한 것은 김정희가 백파 긍선 스님에게 '석전 만암(石顚萬庵)'이라는 글을 써주면서, "후일 제자 가운데 도리를 아는 자가 있으면 이 호를 주는 것이 좋을 것이다."고 한 데서 유래한다. 이것이 긍선 스님의 제자인 처명 스님에게 전해

설파 상언 부도

화엄종주로 알려진 스님은 임진
왜란으로 폐허가 된 절을 중건한
바 있다.

지고. 처명 스님은 한영 스님에게 이 호를 내렸다고 한다. 1940년에는 주지 일
헌(一軒) 스님이 절을 중수했는데, 정호 스님은 이 때의 불사를 기념해 「중수
구암사기」를 써서 남겼다.

　이렇게 조선시대 중후기에 걸쳐 화엄학과 선풍을 선양하던 절은 근대에 들
어와 한국전쟁으로 완전히 폐허화되었다. 그 뒤 1957년에 중건되었으나 1959
년에 다시 불타 없어졌고, 1973년에 대웅전과 요사를 중건했다. 1997년에는
삼성각을 새로 지었다.

■ **주요인물**

　구암사에 머무르며 뚜렷한 발자취를 남겼던 여러 스님 가운데 구곡 각운,
설파 상언. 백파 긍선 스님에 대해 알아본다.

● 구곡 각운

구곡 각운(龜谷覺雲) 스님의 정확한 활동년대는 알 수 없으나 대략 고려 후기에 살았던 분으로서, 조선시대 초에 구암사를 중창했다. 스님의 생애에 대해서는 『동문선(東文選)』・『조선불교통사(朝鮮佛敎通史)』 등의 책을 참고할 수 있다.

스님의 호는 구곡이고 그밖에 소은(小隱)이라고도 했다. 남원에서 태어났으며 성은 유(柳)씨이다. 일찍이 출가하여 숙부이기도한 졸암 연온(拙庵衍昷) 스님의 제자가 되어 깊은 수행과 학식을 갖추었다. 연온 스님의 입적후 뒤이어 보우(普愚) 스님의 법통을 잇고 남원 만행산 승련사(勝蓮寺)에 주석했으며, 또한 해인사의 말사인 영원사(靈源寺) 상무주암(上無住庵)에 머물기도 했다. 스님은 특히 『전등록(傳燈錄)』을 30여 년간 연구하여 궁중에서 『전등록』을 강의하고 1372년(공민왕 21)에 책을 간행하기도 했다. 공민왕은 스님을 존경하여 그림과 글씨를 스님에게 내려주기도 했다.

더러 스님을 고려시대 고종 때의 고승으로서 진각국사 혜심(慧諶)의 제자인 각운(覺雲) 스님과 혼동하는 경우가 있으나 서로 전혀 다른 인물이다. 스님의 제자로는 천봉 만우(千峰萬雨, 1357~?)가 있다.

● 설파 상언

설파 상언(雪坡尙彦, 1707~1791)은 화엄학에 밝았던 조선시대 후기의 스님으로서 임진왜란으로 폐허가 된 구암사를 중건한 바 있다.

전라남도 장성에서 태어났으며 성은 이(李)씨이다. 일찍이 부모를 여의었고 집이 매우 가난했다. 1725년(영조 1)에 고창 선운사의 희섬(希暹) 스님 밑으로 출가하여 연봉(蓮峰)・호암 체정(虎巖體淨, 1687~1748)・회암 정혜(晦庵定慧, 1685~1741) 스님 등에게 가르침을 받았으며 특히 체정 스님의 법맥을 이었다. 그 뒤 각고의 정진 끝에 수행과 학문이 깊어져 대중들의 추앙을 받았고, 1739년에 용추사(龍湫寺)에서 처음으로 강의를 열었다.

스님은 특히 화엄학에 조예가 깊었다. 당시까지는 중국의 청량(淸凉)이 지은 『대방광불화엄경수소연의초(大方廣佛華嚴經隨疏演義鈔)』 90권이 우리나라 화엄학 연구의 기본서였으나 그 내용이 너무 어렵게 씌어 있어 공부하는 사람으로 하여금 오해를 일으킬 여지가 많았다. 스님은 이에 나름대로 공부를 하여 청량이 지은 책에 대한 주석을 달고 알기쉽게 재분류하여 『청량초적결은과(淸凉鈔摘抉隱科)』를 펴냄으로써 화엄학을 공부하는 사람의 필독서가 되게 하였다. 또한 화엄경의 여러 서로 다른 판본들의 차이점을 보유(補遺)하기 위해 해인사에 있는 모든 판본들을 합하여 80권본을 만들어 징광사(澄光寺)에 봉안했다.

그 뒤 금강산·묘향산·두류산 등으로 다니면서 수행했다. 1770년에는 징광사의 『화엄경』 판본이 불에 타 없어지자 구송(口誦)으로 과거의 판각을 다시 만들도록 했으며, 그것을 영각사(靈覺寺)에 경판각을 짓고 봉안했다.

만년에는 지리산 영원암(靈源庵)에 머물면서 매일 1만 편씩 염불하기를 10여 년 동안 계속했으며, 1791년 1월 3일에 입적했다. 다비 후 영원사와 선운사에 부도가 세워졌으며, 제자로는 백파 긍선·용악 성우(龍嶽性瑀) 등이 있다. 저술로는 『청량초적결은과』와 『구현기(鉤玄記)』가 있으나 현재 전하지 않는다. 현재 선운사와 구암사에 스님의 부도가 있다.

● 백파 긍선

백파 긍선(白坡亘旋, 1767~1852) 스님은 설파 상언, 설봉 스님의 법맥을 이은 제자로서 이곳 구암사를 중심으로 선강법회를 여는 등 많은 활동을 한 분이다.

스님은 전주 이씨로서 무장(茂長), 곧 지금의 고창에서 태어났다. 일찍이 유학을 공부하면서도 절에 가까이 있었는데, 18세 때인 1785년에 선운사의 시헌(詩憲) 스님을 은사로, 연곡(蓮谷) 스님을 계사로 득도(得度)했다. 1790년에는 화엄학의 대종사인 설파 상언을 찾아 지리산 영원암으로 가서 학문을 닦았고, 상언 스님의 입적 전에 그로부터 구족계를 받았다.

1793년에 백양사 운문암(雲門庵)에서 후학을 가르쳤는데, 학인이 100명이 넘었다고 한다. 1797년에는 구암사의 설봉(雪峰) 스님을 찾아가 그의 법맥을 이으며 '백파'라는 호를 받았다. 그 뒤 평안북도 초산에 있는 용문암(龍門庵)에 들어가 5년간의 수선결사(修禪結社)를 마친 뒤 백양사 운문암으로 가서 수도와 포교를 병행하는 한편 『선문수경(禪門手鏡)』을 지었다.

백파 긍선 부도

그 뒤 스님은 1830년에 구암사에 다시 들어가 절을 중건하고 선강법회(禪講法會)를 열며 수많은 교화를 폈다. 이로써 긍선 스님은 선문(禪門) 중흥의 종주(宗主)로 추앙받게 되었으며, 그로부터 약 100년 동안 우리나라 화엄종의 법맥이 구암사를 중심으로 계승되었다. 이 무렵부터 스님과 추사 김정희와의 교분이 시작되었던 듯하며, 항상 서신교환이 있었다.

스님은 계(戒)·정(定)·혜(慧)의 3학에 전부 능통했으며, 특히 율학(律學)에 탁월했다고 한다. 1840년부터 화엄사의 영당(影堂) 옆에 작은 암자를 짓고 수도하다가 1852년(철종 3)에 입적했다. 제자들이 다비 후 구암사에 부도를 세웠으며, 한편 선운사 부도전에도 김정희가 쓴 〈화엄종주백파율사대기대용지비(華嚴宗主白坡律師大機大用之碑)〉 비석이 있다.

■ 성보문화재

현재 절에는 대웅전·삼성각·요사 등의 건물이 있다. 대웅전 안에 봉안된 불상·불화 역시 근래에 조성되었다. 그밖에 절입구에는 설파·백파·정관(正觀. ?~1813) 스님의 부도 3기가 있다.

대웅전은 팔작지붕에 앞면 5칸, 옆면 3칸 규모이며 요사와 마찬가지로 1973년에 지었다. 안에는 석가삼존불상을 비롯해서 근래에 조성된 후불탱화·신중탱화·산신탱화 및 중종이 하나 있다.

삼성각은 1997년에 새로 지었다.

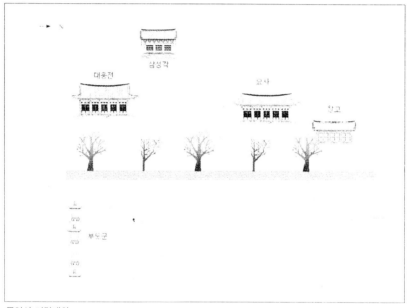

구암사 가람배치

대모암

■ 위치와 창건

　대모암(大母庵)은 순창군 순창읍 백산리 31번지 대모산(大母山)에 자리한 대한불교조계종 제24교구 본사 선운사의 말사이다. 순창읍에서 광주 방향으로 약 1.5km 되는 지점에서 오른쪽 냇가 쪽에 있는 길로 300m 쯤 올라가면 대모산이 있고, 대모산 안의 대모산성 앞에 절이 있다.

　절이 자리한 대모산에는 조선시대에 군창(軍倉)으로 사용되었고 현재 전라

대모암　대모산 대모산성 안에 자리하고 있다. 1933년 학동 스님에 의해 창건되었다.

북도유형문화재 제70호로 지정된 대모산성이 있다. 이 곳의 속칭으로는 '홀어
미산성' 혹은 '할미산성'으로 부르는데, 아마도 산성 내에 군량미 등을 저장
했기 때문에 '합미성(合米城)'으로 부른 것이 와전되어 '할미산성'이 되었을
것으로 추측된다. 그리고 이 할미성이 한자로 쓰여지면서 '대모(大母)'가 되
었던 것으로 생각된다. 절은 1933년에 박동식 등 30여 신도들의 힘을 모아 학
성(鶴成) 스님이 창건했다. 그 뒤 한국전쟁으로 절이 비었다가 1952년에 이문
용(李文容) 스님 등이 법등을 이었으나 사세는 매우 초라했다. 이후 1973년에
법당을 중수하면서 비로소 지금과 같은 모습을 갖추기 시작했는데, 1985년에
범종각을 그리고 1993년에 대웅전을 새로 지었다.

■ 성보문화재

1993년에 지어진 팔작지붕에 앞면 3칸, 옆면 2칸 규모의 대웅전에는 근래에
봉안된 석가삼존불상 및 독성상을 비롯해서 후불탱화·지장탱화·칠성탱화·
신중탱화·독성탱화·산신탱화 등이 있다.

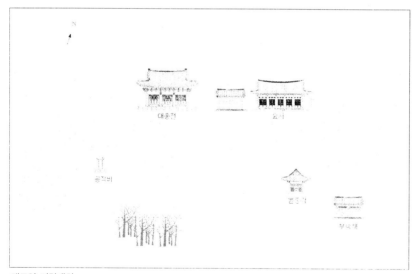

대모암 가람배치

만일사

■ 위치와 창건

만일사(萬日寺)는 순창군 구림면 안정리 502번지 회문산(回文山)에 자리한 대한불교조계종 제24교구 본사 선운사의 말사이다. 회문산은 해발 837m의 높은 산으로서 옛부터 명당자리가 많은 곳으로 알려져 있다.

창건은 절에서 전하기로는 백제시대인 384년(침류왕 1), 혹은 삼국이 통일

만일사 무학 스님이 이성계의 등극을 위해 절을 중건하고 만일동안 기도해 만일사로 불렀다고 한다.

만일사 뒤편 대나무 숲길

된 직후인 673년(문무왕 13)에 이루어졌다고 한다.

그 뒤의 연혁은 전하지 않고, 무학 자초(無學自超) 스님이 조선을 건국한 이성계의 등극을 위하여 절을 중건하고 만일 동안 기도했으며, 이후부터 절을 만일사로 불렀다고 한다. 이 때의 만일사는 지금보다 북쪽으로 약 200m쯤 올라간 곳에 있었다. 이 자리에는 지금도 초석과 기와 등이 흩어져 있다.

조선시대 중기에는 1597년(선조 30)의 정유재란 때

비각

소실된 것을 지홍(智弘) 스님이 중건했고, 20세기에 이르러 한국전쟁 때 다시 소실되었으나 1954년에 본래 자리에서 밑으로 내려온 지금의 위치에서 대웅전과 삼성각·요사를 지으면서 중건되었다.

최근에는 1994년에 초암을 헐고 요사를 새로 지었다. 1997년 11월에 새로운 대웅전이 완공되었으며, 새로운 요사를 짓고 있다.

■ 성보문화재

현재 절에는 대웅전·삼성각·비각·요사 등의 건물이 있다.

대웅전은 맞배지붕에 앞면과 옆면 각 3칸씩인데, 1997년 11월 현재 완공 직후라서 아직 빈 채로 있다.

삼성각은 맞배지붕에 앞면 2칸, 옆면 1칸으로서 칠성각과 산신각 현판이 함께 걸려 있다. 안에는 독성상을 비롯해서 독성탱화·산신탱화(1985년)·신중탱화·「만일암산신각중수방명」(1984년) 현판 및 동종이 하나 있다.

절 경내에는 무학대사가 조선 태조 이성계를 도와 임금에 오르게 하기 위해 기도했다는 내용을 담은 비석이 비각(碑閣) 안에 전한다. 비문의 내용으로 보아 절이 조선시대 초기에 중창될 때 세워진 듯하다. 처음 세워진 곳은 이 자리가 아닌데, 1910년 무렵 3부분으로 부숴진 것을 1978년에 복원해서 이 곳에 건립했다. 현재 마멸이 심해서 비문의 정확한 내용을 알아보기는 어렵다. 비석의 크기는 높이 210cm, 너비 70cm, 두께 12cm이다.

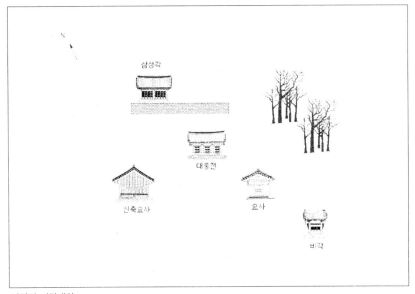

만일사 가람배치

실상암

■ **위치와 창건**

실상암(實祥庵)은 순창군 순창읍 순화리 671번지 금산(錦山)에 자리한 대한불교조계종 제24교구 본사 선운사의 말사이다.

절은 1936년에 본연 스님이 설송 스님 등과 함께 창건했다. 절이름은 창건 당시 옛 옥천사(玉泉寺)의 경내이자 지금은 순창여자중학교가 들어선 자리에

실상암 순창읍내에 자리한 절의 부근에는 옛 옥천사 자리인 순창여중 안에 삼층석탑이 있다.

있으며, 현재 전라북도유형문화재 제26호로 지정되어 있는 삼층석탑으로부터
상서로운 기운이 뻗어나와 이곳을 비추었으므로 절이름을 그렇게 지었다고
전한다.

1952년에 지금의 주지 원경 스님이 주석하기 시작했는데, 1972년에 인법당
을 헐고 법당과 요사를 새로 지었으며 1986년에는 종각을 새로 지었다. 요사
는 1992년에 지금의 자리로 옮기면서 늘려 지었고, 법당은 1996년에 지금의
대웅전으로 늘려 지었다.

■ 성보문화재

현재 절에는 대웅전·종각과 요사 2채가 있다. 그리고 경내에는 최근에 조
성한 삼층석탑이 있다.

대웅전은 1972년에 지은 뒤 1996년에 늘려 지었다. 안에는 석가삼존불상을
비롯해서 후불탱화·지장탱화·감로탱화·칠성탱화·신중탱화 및 목각산신
탱이 있는데 전부 최근에 봉안되었다.

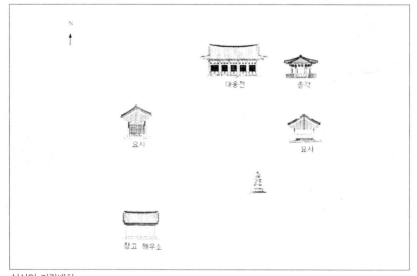

실상암 가람배치

Ⅳ. 고창군 · 부안군

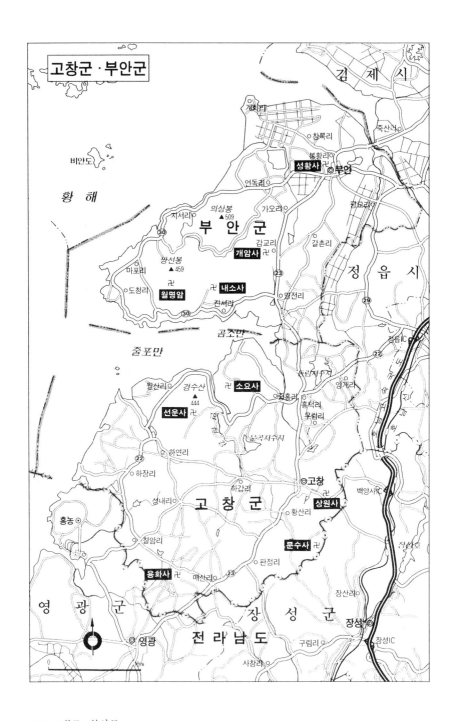

고창군 · 부안군

김 제 시

비안도

황 해

개화리

창복리

죽산리

봉황리

성황사　○부안

언독리

가오리

감교리

청교리

지서리

의상봉
▲509

부 안 군

갈촌리

정 읍 시

쌍선봉
▲459

개암사

마포리

○도청리

월명암　내소사

관

잔서리

영전리

29

곰소만

30

줄포만

정읍IC

22

황산리

경수산
▲444

소요사

흥림저수지

잉계리

선운사

관

정흥리

홍덕리

무림리

용곡저수지

줄포만

하연리

하장리

하갑리

○고창

백양사

상원사

신월호

성내리

황산리

홍농

칠암리

문수사

용화사　관
매산리　23

판정리

장산리

영 광 군

장 성 군

장성◎

영광◎　전 라 남 도

장성IC

구림리

0　　　10km

사창리

고창군·부안군의 역사와 문화

　고창군(高敞郡)은 전라북도의 서남단에 위치하는 군으로서 동쪽은 정읍시, 동남쪽으로는 노령산맥의 서쪽 사면(斜面)을 경계로 전라남도 장성군, 서쪽은 전라남도 영광군과 서해, 북쪽은 줄포만(茁浦灣)을 건너 부안군 일부와 서해에 접한다. 인구는 1997년 10월 말 현재 8만 147명, 행정구역은 1읍 13면 189 동리(법정동)로 이루어져 있다.

　자연환경은 노령산맥이 동쪽의 군계를 남서방향으로 뻗어내려 도내 서부지역에서 부안군과 함께 산지성(山地性) 지역을 형성한다. 군내의 주요 산으로는 방장산(方丈山, 734m)·태청산(太淸山, 593m)·비학산(飛鶴山, 307m)·경수산(鏡水山, 444m) 등이 있다.

　고창군의 역사는 신석기시대의 빗살무늬토기 유적이 하천 부근에서 발견되는 것으로 보아 이 무렵부터 사람들이 살았음을 알 수 있다. 삼한시대에는 마한의 영토였으며, 삼국시대에는 백제에 속한 지역이었다. 통일신라 때에는 757년(경덕왕 16)에 모량부리현이 고창현으로, 송미지현이 무송현(茂松縣)으로, 상로현이 장사현(長沙縣)으로, 상칠현이 상질현(尙質縣)으로 각각 바뀌었다. 고려시대에는 초기에 고창현이 고부군에, 장사현·무송현은 영광군에 속했다.

　조선시대에는 1455년(세조 1)에 고창현이 나주의 속읍이 되었고, 무송현·장사현은 1417년에 무장현(茂長縣)으로 통합되었다가 1836년(헌종 2)에 군으로 승격되었다. 고창 지방은 특히 조선시대에 해군의 군사적 요충지로 중요시되어 성과 봉수대가 많이 축조되었다. 1895년 지방 행정구역의 개편에 따라 고창현은 군으로 승격되어 전라북도에 편입되었고, 무장군은 전주부에 소속되었다가 이듬해 전라남도에 편입되었으며 1906년에 다시 전라북도 영역이 되었다. 그 뒤 1914년에 고창군·무장군·흥덕군이 합해져 고창군이 되었으며, 1955년에 고창면이 읍으로 승격되었다.

부안군(扶安郡)은 전라북도의 중서부에 위치하는 군으로서 동쪽은 정읍시, 서쪽은 서해, 남쪽은 곰소만, 북쪽은 김제시와 접한다. 인구는 1996년 말 현재 8만 2,184명이고, 행정구역은 1읍 12면 98리로 이루어져 있다. 이곳은 고창과 함께 도자기 산지로 널리 알려져 있는데, 특히 유천면 일대는 고려청자를 만들던 곳으로 유명하다.

자연환경은 남서부 서해에 돌출한 변산반도가 군의 대부분을 차지하고 있으며, 북쪽은 여러 섬을 비롯해서 바다에 접한다. 동쪽은 구릉성 산지인데, 주요 산으로는 부안읍의 진산격인 상소산(上蘇山, 115m)을 비롯해서 석불산(石佛山, 288m)·쌍선봉(雙仙峰, 459m)·옥녀봉(玉女峰, 433m)·기상봉(崎上峰, 509m) 등이 있다. 이들 높고 낮은 산지 사이를 고부천(古阜川)과 동진강(東津江)이 흐르며, 그 주위로 평야가 발달되었다. 그밖의 주요 강으로는 주변 경치가 아름다워 전라북도기념물 제28호로 지정된 채석강(彩石江)과 변산 해수욕장이 있는 해창천(海倉川)이 있다.

군의 역사는 동진강 하구의 취락지에서 신석기시대에서 청동기시대로 넘어가는 과도기에 해당되는 유적과 유물이 출토되었다. 삼한시대에는 마한의 영토로서 지반국이 있었는데, 백제에서는 개화현(皆火縣)으로 불렀다. 삼국통일 후에는 757년에 부령현(扶寧縣)이 되어 고부군에 속했다. 고려 초에는 백제와 신라에서 각각 흔량매현·희안으로 부르던 보안현(保安縣)이 고부군에 속했다. 조선 때인 1414년에 보안현이 부령현에 병합되었다가 곧 분리되었는데, 이 때 두 현의 이름을 따서 부안현이라고 했다. 1895년 행정구역 개편으로 부안군이 되었다. 1943년에는 부령면이 부안읍으로 승격되었다.

문수사

■ 위치와 창건

문수사(文殊寺)는 고창군 고수면 은사리 산190-1번지 문수산(文殊山)에 자리한 대한불교조계종 제24교구 본사 선운사의 말사이다. 노령산맥이 고창의 진산인 방장산(方丈山)에서 남북을 가르며 서남쪽으로 뻗어 내리다가 우뚝선 문수산(630m)의 북쪽 기슭(해발 320m)에 자리잡은 문수사는, 사적기에 의하

문수사   자장율사가 창건한 절은 문수도량으로서, 산이름도 문수산·청량산 등으로 불린다.

면 643년(백제 의자왕 3)에 신라의 자장율사가 창건한 것으로 기록되어 있다.

문수산에는 여러 가지 명칭이 있는데, 『신증동국여지승람』에서는 '우리산(牛利山)', 『동국여지지』에는 '문수산', 『대동지지』에서는 '축령산(鷲嶺山)' 또는 '청량산' 등으로 부르고 있다. 그리고 '문수산', '청량산' 등은 절이름에서 뜻하는 것처럼 문수보살과 인연이 있는 이름이다.

문수사의 창건설화에 의하면, 자장율사가 당나라의 청량산에 들어가 삼칠일 기도를 거듭한 끝에 문수보살의 가르침을 깨닫고 귀국하여 우연히 이곳을 지나가게 되었다. 가만히 보니 산세와 수세(水勢)가 중국의 청량산(清涼山)과 너무도 흡사한 것을 기이하게 여긴 자장율사는 문수산 기슭의 암굴(岩窟)을 찾아 7일 기도를 올렸는데, 그때 문수보살이 땅속에서 솟아나는 꿈을 꾸게 되어 땅을 파보니 화강석의 장대한 문수보살입상이 있었다고 한다. 그리하여 이곳에 절을 세우고 문수사라 이름하였다. 이로부터 축령산을 문수산·청량산으로 부르게 되었다고 한다.

이와 같이 문수보살상에 얽힌 전설적 의미와 문수도량의 창건 연기에 의해서 대웅전 보다는 문수전에 주전(主殿)의 비중을 더 두고 있음을 알 수 있다.

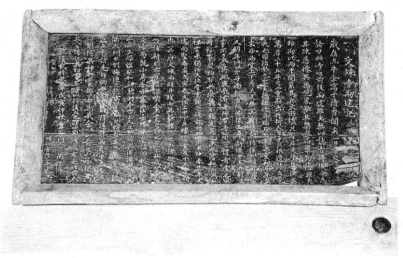

문수사 창건기 현판

자장율사가 중국 당나라에 건너간 것은 636년(선덕왕 5)이며, 그로부터 8년 후에 귀국했다. 백제·신라 두 나라가 정치적으로 심하게 대립되었던 당시의 시대적 상황으로 보아 과연 자장율사가 이곳을 통과하였느냐 하는 의문이 제기되고, 신라 고승이 백제 땅에 와서 절을 세웠다는 기록은 쉽게 믿어지지 않는다는 점도 있기는하나 당시 불교의 사세를 보면 수긍이 가는 일면도 있다. 그러나 사적기에도 그같은 창건 설화를 예로부터 전해 오는 이야기일 뿐이라고 말하고 있어 어쨌든 이를 감안해야 할 듯하다.

■ 연혁

문수사는 창건이후 고려시대의 역사가 전하지 않아 명확하게 알 수 없다. 조선시대의 역사는 「축령산문수사중건사적」·「문수사한산전중창상량문」·「축령산문수사내원초창상량문」을 통해서 문수사의 역사를 어느 정도 알 수 있다. 이 사적기를 종합해 보면, 1607년(선조 40)에 절을 중건했다 하나 자세하지 않으며, 1653년(효종 4)에 성오(性悟)대사와 상유(尚裕) 스님이 대웅전을 중창함과 동시에 대웅전의 삼존불을 조성하고, 명부전 시왕상의 단청을 했다.

절은 이후 2차에 걸쳐 더 중수하였는데, 1764년(영조 40)에는 신화(信和)·쾌영(快英) 두 스님이 선운사로부터 이곳으로 이주하여 1차 중수를 하였고, 그리고 대웅전 뒤에 있는 양진암(養眞庵)도 신화·쾌영 두 스님이 대웅전을 중수하면서 함께 창건했다.

그 뒤 1835년(헌종 1)에 당시 문수사 주지였던 우홍(牛弘) 스님이 2차 중수를 하였다. 그리고 이후 1876년에는 고창현감 김성로(金星老)의 시주로 묵암(默庵) 스님이 중수하여 오늘에 이른다.

현대에 이르러서는 경만·재석 스님이 주석하면서 여러 차례 기와 및 단청 불사를 하였고, 법연 스님이 1989년에 칠성각을 지었다. 그리고 현 주지인 서경 스님이 1997년에 고창군의 지원을 받아 한산전을 해체 복원하였고, 범종각과 범종을 조성했다.

그러나 위에서 언급한 사적기에도 문수사에 대한 조선시대 초기의 기록은 보이지 않는다. 문수사에 대한 조선 초기의 역사나 절의 규모를 짐작할 수 있는 것은 문수사에서 발간한 목판본을 통해서이다.

문수사에서 발간한 목판본은 1411년(태종 11)에 간행된『대전화상주심경(大顚和尙注心經)』과 1424년(세종 6)에 간행된『영가진각선사증도가(永嘉眞覺禪師證道歌)』와 1534년(중종 29)에 『법화영험전(法華靈驗傳)』등이 간행되었다 한다. 숭유억불정책으로 인해 불교가 소멸하려는 시기에 이렇게 불교와 관련된 서적을 간행하였던 것을 보면, 조선 초기 문수사 규모를 어느 정도 짐작할 수 있다.

또한 구한 말에는 장성(長城) 사람인 기참연(奇參衍)이 1906년 9월에 장성 수연산(隨緣山)에서 의병을 일으켜 다른 지역의 여러 의병들과 함께 동맹하여 9월 23일에 문수사에서 적들과 교전하여 크게 대승하였다 한다. 이렇듯 문수사는 불법을 통하여 중생구제에만 힘쓴 것이 아니라, 나라가 위기에 처한 어려운 시기에는 구국의 선봉기지 역할도 하였다.

■ 성보문화재

해발 620m의 문수산 중턱에 자리잡고 있는 문수사에는 절의 한가운데에 있는 대웅전을 비롯하여, 그 좌우로 만세루 · 명부전 · 한산전 · 금륜전 · 요사 등이 있다. 또 대웅전 뒤에는 이 절의 창건 설화와 관련된 문수보살상을 모신 문수전이 자리하고 있다.

특히 이 문수사 주변의 경관은 우거진 녹음 사이로 흐르는 계곡의 물과 가을의 단풍이 천년고찰과 잘 어우러져 이곳을 찾는 사람들의 발길에 불심이 저절로 깃들게 한다. 그리고 지금도 이곳을 찾는 사람들은 문수사 주변의 산세와 주변 환경이 마치 중국의 청량산과 유사함을 느낄 수 있어, 다시 한 번 자장율사가 이곳에서 기도를 하고 문수사를 창건했던 혜안에 대해 감탄하기도 한다.

대웅전 19세기에 중건된 건물은 석가여래를 주불로 좌우에 관음보살과 대세지보살상을 봉안하였다.

● 문수사대웅전

현재 전라북도유형문화재 제51호로 지정되어 있으며, 만세전과 문수전의 사이에 있다. 건물의 형태는 앞면 3칸, 옆면 2칸의 맞배지붕 다포계 건물이다.

이 대웅전은 소규모 건물이면서도 출목수가 많은 다포로 되었고, 맞배지붕으로 처리한 것이 특이하며 쇠서의 조각수법도 건실하다. 주초는 자연석을 이용한 덤벙주초이고 기둥은 두리 평주로 되어 있다. 또한 천장은 정자형(井字形) 천장으로 되어 있다.

이 건물은 여러 차례 중수되었는데, 현재의 건물은 1835년(헌종 1) 문수사 주지였던 우홍 스님이 중수했다. 이 때 대웅전을 중수하면서 삼존불의 개금도 함께 하였다. 이 대웅전은 내장사 대웅전과 서울 조계사 대웅전 등을 설계하고 지은 고창출신 대목(大木) 유익서(庾益瑞)의 작품이라 한다.

내부의 상단에는 목조석가여래좌상을 주불로 안치했으며, 그 왼쪽에 대세지보살좌상, 오른쪽에 관세음보살좌상을 모시고 있다. 삼존불 뒤에는 후불탱화

문수전

절은 문수도량이므로 대웅
전보다 문수전에 주전의
비중을 두고 있다. 문수보
살상과 탱화를 봉안하였다.

가 있으며, 왼쪽 중단에는 제작년도를 알 수 없는 신장탱화가 있다.

그밖에 대웅전 안에는 1949년에 놋쇠로 제작한 작은 범종이 하나 있다.

● 문수사문수전

대웅전 바로 뒤에 있으며 대웅전과 방향이 같은 동남향이다. 건물 형태는
앞면 3칸, 옆면 1칸의 맞배지붕 다포게 건물이다. 기둥은 민흘림 형식의 평주
로 되어 있고, 양 측면의 방풍판이 유별나게 길게 늘어져 있다. 현재 전라북도
유형문화재 제52호로 지정되어 있다.

이 문수전은 1764년(영조 40)에 신화 스님이 대웅전을 중창할 때 이곳에서

석불 1체를 발견하여 건물을 세워 안치하고 문수전이라 이름했다고 한다. 현재의 건물은 근대에 새로 지은 것이다.

특히 법당 내부에 있는 문수보살상이 남향해 있기 때문에 정면인 서쪽 중앙과 남쪽 측면에 양쪽으로 정문이 설치된 것이 특징이다. 또한 「문수전」 현판은 추사 김정희의 글씨로서 1992년까지는 남아 있었다고 하나 지금은 없다.

문수전 내부에는 문수보살입상과 후불탱화로 1988년에 조성한 문수보살탱화가 모셔져 있으며, 왼쪽에는 은선암(隱仙庵, 1957년 제작)에서 옮겨온 신장탱화가, 그 옆에는 대웅전에 있던 자장율사 진영(1990년 제작)을 옮겨와 모셔 놓았다.

● 문수보살상

문수전 내부에 있는 문수보살상은 신라 자장율사의 전설이 얽힌 석불좌상으로서 문수사에서 가장 영험하다는 보살상이다. 또한 이 문수보살석상은 일명 미륵보살상이라고도 한다.

문수보살상

이 보살상은 정중히 의자에 앉아 남향한 모습인데, 두 손을 모두 배에 얹었다. 보는 사람에 따라서는 보살상이라기 보다는 조사상(祖師像)일 것으로 생각하기도 한다. 왜냐하면 얼굴과 머리, 수인의 형태가 보살상과는 너무나도 현격한 차이를 보이기 때문이다.

양식을 보면, 두 어깨에 장삼을 걸치고 두 팔과 가슴에 옷주름이 나타나 있다. 머리는 민머리이며 두 볼이 두둑하고, 짙은 눈썹에 우뚝 솟은

명부전 내부 대웅전 왼쪽에 자리하고 있으며 지장보살과 시왕, 그리고 금강역사만 봉안하였다.

코, 두툼한 입술은 매우 소박한 인상을 준다. 두 귀는 얼굴에 비해 상당히 늘어져 있고, 짧은 목과 치켜올린 두 어깨의 뒷부분이 살이 쪄 보여 자비로운 모습이다. 이 좌상은 수법으로 보아 고려 말 조선 초에 조각된 것으로 여겨진다. 크기는 높이 160㎝, 몸둘레가 170㎝이다.

● 명부전

대웅전 왼쪽에 북향으로 세워져 있다. 건물 형태는 앞면 3칸, 옆면 2칸 맞배지붕 건물이다.

단청된 건물안에는, '지옥에서 고통받는 중생이 한 사람이라도 남아 있으면 그 중생들이 모두 지옥고에서 구제될 때까지 성불을 미룬다.' 라는 서원을 한 지장보살상과 지장보살의 오른쪽에 시왕이 시립하여 있다. 문앞에는 금강역사가 좌우 1체씩 서있다.

● 만세루

대웅전 앞 마당 건너에 남북간으로 길게 늘어서서 한산전 앞에까지 이르고 있다. 동향인 이 건물은 앞면 5칸, 옆면 3칸의 맞배 지붕이다. 마루는 우물마루로 짜여져 있고 기둥은 각기둥으로 평범하다. 이 만세루는 주로 법회장소로 사용되었다.

● 한산전

대웅전 앞 마당 건너 서쪽으로 길게 늘어서서 남향으로 세워졌다. 앞면 7칸, 옆면 3칸의 팔작지붕 건물이다. 지금은 요사로 쓰인다. 현재의 건물은 현 주지 서경 스님이 1997년에 해체 복원하였다. 그리고 문턱위에 「문수사창건기」(1758년)와 「한산전중건기」(1843년)의 현판이 걸려 있다.

만세루 대웅전 앞에 자리하고 있으며 누각의 형태가 아닌 단층의 건물로 이루어져 있다.

한산전 1997년 해체 복원되었다. 건물의 편액 좌우에는 문수사창건기와 한산전중건기가 걸려 있다.

● 금륜전

금륜전(金輪殿)은 맞배지붕에 앞면 3칸, 옆면 1칸 규모로서 산신각 기능도 함께 한다. 안에는 칠성탱화·독성탱화·산신탱화가 있는데 전부 근래에 조성했다.

● 요사

한산전과 나란히 연결하여 서쪽으로 늘어서 있고 한산전과 같이 남향으로 세워져 있다. 앞면 3칸, 옆면 2칸의 팔작지붕 건물이다. 현재 이 건물은 종무소와 요사를 겸하여 사용하고 있다.

● 우대굴

우대굴(牛大窟)은 문수전 뒤쪽에 있는데, 『대동여지지』에도 절 뒤쪽에 굴이 있다는 기록이 있다. 우대굴의 다른 이름으로는 우시굴(牛施窟) 또는 우타굴(牛陀窟)이라고도 한다.

이 굴은 문수사의 창건연기설과 관계 있는 것으로, '자장율사가 중국에서 귀국하여 이곳을 지나다가 중국의 청량산과 유사함을 보고, 문수산 기슭의 암굴을 찾아 칠일기도를 올렸는데, 그 때 문수보살이 땅속에서 솟아나는 꿈을

종각

꾸었다.' 라는 말과 같이 자장율사가 기도를 하고 꿈속에서 문수보살을 친견한 암굴이다. 이후에도 현재까지 외국의 눈푸른 수행납자들이 이 굴속에 머물면서 수행을 닦고 있다. 이 굴의 규모는 높이 300㎝, 길이 250㎝로 약 3평 정도의 규모이다.

● 내원암

문수사의 부속암자로서 문수사 남서쪽으로 500m 거리에 있다. 1618년(광해군 10)에 인해(仁海) 스님이 창건했고, 1690년(숙종 16)에 종희(宗僖) 스님이 중건했다고 전해지지만 문헌으로 확인되지는 않는다. 1846년(헌종 12)에 대웅전 중창을 마친 우홍(牛弘) 스님이 세웠던 건물은 한국전쟁으로 인해 소실되어 없고, 현재는 사적지만 남아 있다.

● 종각 · 범종

종각과 범종은 1997년에 현 주지 서경 스님에 의해 조성되었다. 종각은 앞면과 옆면 각 1칸인 팔작지붕이다. 안에는 높이 약 170㎝ 정도의 범종이 있다.

● 대웅전앞 석등

대웅전 앞에는 하대석 없이 간주석과 상대석만 남은 석등이 있다.

● 부도 · 비석

문수사 입구에 있는 묵암대선사의 공적비에서 오른쪽으로 4, 50m 되는 곳에 4기의 부도가 있고, 그곳에서 다시 남쪽으로 40m 되는 곳에 6기의 부도가 있다. 4기의 부도 중 가장 왼쪽의 것은 '침월당(枕月堂)'의 부도로서 팔각형

부도군 약수터 뒤편에 있는 4기의 부도 중 왼쪽의 팔각형 부도에는 침월당이라는 명문이 있다.

이고, 나머지 3기는 종형으로서 오랜 세월의 풍파로 인해 누구의 부도인지 명문을 읽을 수 없다.

남쪽 6기의 부도는 가장 왼쪽의 부도가 종형이고, 두 번째는 팔각형으로 중대석과 탑신부에 태극문양이 조각되어 있으며, 세 번째도 팔각형으로 '회적당(晦跡堂)'이라는 명문이 있다. 네 번째 부도는 종형으로 되어 있는데 명문이 보이지 않으며, 다섯 번째와 여섯 번째 부도는 팔각형으로서 각각 '진주강씨(晉州姜氏)'와 '송청정심(宋淸淨心)'이라는 명문이 있는 것으로 보아, 문수사의 중창에 관련된 여신도의 부도인 듯하다.

비석으로는 절입구에 〈묵암대선사공덕비〉(1961년)가 있고, 절 올라가는 길 입구에는 〈문수사공덕주묵암비〉(1922년)가 있다.

● 문수사에서 발간한 서적

절에서는 숭유억불정책이 극심하였던 조선 초기에 불전목판을 간행하고 있어 매우 주목된다. 특히 이들 목판본의 간행년도를 통해 「사적기」에도 나타나지 않는 조선 초기 문수사의 규모와 역사 등에 대해 추측할 수 있어 매우 중요한 자료가 된다. 이들을 정리하면 다음과 같다.

경 명(經名)	간 행 년 도	소 장 처
『대전화상주심경』 (大顚和尙注心經)	1411년(태종 11)	서울 통문관 소장
『영가진각선사증도가』 (永嘉眞覺禪師證道歌)	1424년(세종 6)	고려대학교 도서관 소장
『법화영험전』 (法華靈驗傳)	1534년(중종 29)	연세대학교 도서관 소장

이 가운데 『대전화상주심경』의 발문(跋文)을 보면 이 책 외에도 『화엄경』의 「보현행원품」과 『금강경』의 야보 도천(冶父道川)선사 주해(註解)를 공선(空禪)이라는 스님이 몇몇 동참인들과 함께 발원하여 중간했음을 알 수 있다. 발문의 내용과 번역은 다음과 같다.

行願品 金剛般若川老解 般若心經大顚解 空禪重刊 亦勿人情 印成流通 電轉風行 誦說書持 六國自淸四恩三有 無滅無生 四海不波 猿啼鳥鳴 永樂辛卯朱夏藏高敞縣 文殊寺

『화엄경』의 「보현행원품」과 『금강경』의 야보 도천 선사 주해와 『반야심경』의 대전선사 주해를 공선이 판에다가 거듭 다시 새긴다. 사사로운 인정에 얽

매이지 아니하고 이것을 박아내어 온 세상에 퍼뜨리니 번개가 구르고 바람이
불어가듯, 누구든지 외워서 말해주고 써 가져서, 세계의 모든 나라가 저절로
평화롭고, 위로는 한량없는 네 가지의 은혜와, 아래로는 삼계 속의 일체 모든
유정들이 나고 죽음 본래 없는 무생법을 얻게 되고, 이 세상의 온갖 액난 모
두 다 사라져서, 산 속의 잔나비는 휘파람을 높이 불고, 들녘의 새들마저 노래
할지어다. 영락 신묘년(1411년) 5월, 고창현 문수사에 장하노라.

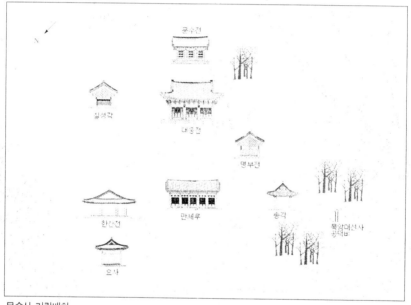

문수사 가람배치

상원사

■ 위치와 창건

상원사(上院寺)는 고창군 고창읍 월곡리에 있는 방장산(方丈山)의 동남쪽
기슭에 자리한 대한불교조계종 제24교구 본사 선운사의 말사이다. 방장산은
고창의 진산(鎭山)이다.

상원사 사적기에 의하면 544년(백제 성왕 22)에 신라의 진흥왕으로부터 백

상원사　고봉·반룡 두 스님에 의해 창건되었다고 한다. 당시 이 절 외에 팔방구암자가 세워졌다.

대웅전 목조삼신불 비로자나불을 중심으로 좌우에 노사나불과 석가모니불을 모시고 있다.

제 땅에 사찰을 창건하라는 명령을 받고 백제땅인 고창현에 온 고봉, 반룡 두 법사가 546년(성왕 24) 방장산 아래에 상원사를 창건했다고 전한다. 그리고 상원사 외에도 내원(內院)・외원(外院)・임공(臨空)・벽호(碧昊)・수월(水月)・오봉(五峰)・예천(禮泉)・상월(上月)・하월(下月) 등 이른바 팔방구암자(八方九庵子)가 잇달아 세워졌다.

그리고 상원사는 착공하여 준공되기까지 2년 6개월에 걸쳐 전(錢) 5,000량, 미곡(米穀) 1,000석, 정철(正鐵) 3,000근이 소요되었고, 절의 경역도 넓어서 동쪽으로 솔치(率峙), 서쪽으로 사자치(獅子峙), 남쪽으로 취암, 북쪽으로 용초에 이르렀으며 사찰 소유의 전답이 20결에 이르렀다.

■ 연혁

기록에 의하면 상원사는 544년에 창건되어 오늘에 이르기까지 6차례에 걸쳐 중창된 듯하다. 창건 이후 고려시대에는 942년(태조 25)에 은장(隱藏)법사가 대웅전을 중건했으나, 조선시대에 들어와서는 억불숭유정책으로 상원사를 제외한 인근 말사와 암자들이 거의 훼철되기도 했다.

그 뒤 1650년(효종 1)에 상원사 당우들이 3차 중창되었으며, 1734년(영조 10)에 4차 중수되었고 다시 1848년(헌종 14)에 5차 중수되었다.

20세기에는 1939년에 최지련(崔智蓮) 스님이 6차 중수를 하였고, 1947년 송용헌(宋龍憲) 스님이 7차 중수를 마쳐 지금과 같은 모습을 갖추었다.

최근에는 1960년에 용헌 스님이 칠성각에 약사여래도와 신장탱화를 모셨으며, 1986년에 유도원 스님이 종각을 짓고, 1966년에 청암 스님이 범종을 조성했다. 1990년에는 석지오 스님이 요사로 쓰이고 있는 보광전을 해체 복원하고, 현 주지인 법지 스님이 1997년에 칠성각을 해체 복원하였다.

■ 성보문화재

현재 절에는 대웅전·칠성각·산신각·종각·요사(보광전) 등의 전각이 있다. 그리고 절 경내에는 1990년에 세워진 〈청암당대선사중창공적비〉가 있다.

● 상원사대웅전

앞면 3칸, 옆면 2칸의 맞배지붕 건물로서, 대체로 조선 영조 때를 전후한 시기에 지어진 것으로 보인다. 현재 전라북도문화재자료 제126호로 지정되어 있다.

안에는 중앙에 목조로 조성된 비로자나불을 모시고 그 왼쪽에 노사나불, 그리고 그 오른쪽에 석가모니불의 삼신불을 모시고 있다. 이 삼신불의 조성 시기는 그다지 오래되지 않았다.

삼신불 뒤에는 후불탱화가 모셔져 있으며, 그밖에 1920년에 봉안한 지장탱화와 1966년에 조성한 신중탱화가 모셔져 있다.

내부에는 또한 나한상 11점이 봉안되어 있다.

부도

절 부근 산중턱에 있
으며 모두 종형 부도
인데 그중 1기는 파
손되었다. 명문은 보
이지 않는다.

● 칠성각

대웅전 오른쪽에 있으며, 앞면 3칸, 옆면 1칸의 맞배지붕이다. 현재의 칠성각
은 현 주지 법지 스님에 의해 1997년 9월 해체 복원되었고, 아직 아무 것도
봉안되어 있지 않다.

● 산신각

슬라브지붕에 돌담으로 이루어져 있으며, 내부 구조는 자연암반을 이용하고
있다. 안에는 산신상과 독성상이 있다.

● 보광전

현재 요사로 쓰이며 대웅전 왼쪽에 있다. 건물의 형태는 앞면 4칸, 옆면 2칸
의 팔작지붕으로 되어 있다.

현재의 건물은 1990년에 석지오 스님이 해체 복원했으며, 여기에 절의 종무
소와 스님들의 처소가 있다.

● 십일층석탑

상원사에 관련된 기록인『신증동국여지승람』·『여지도서』그리고 1871~1895년에 편찬된『호남읍지』등을 보면 '在半等山 有十一層靑石塔'이라 하여 11층으로 된 청석탑이 일제시대 무렵까지 존재했다고 기록되어 있다. 그러나 현재는 그 흔적조차 찾아 볼 수 없다.

다만 구전에 의하면 이 청석탑이 영험스럽고 아름다워 일제시대에 일본으로 밀반출되었다고도 하며, 또는 인근의 큰 사찰로 옮겨 갔다고 한다. 그러나 기록으로 남아 있지 않아 자세하게 알 수 없다.

● 부도

해우소 뒤쪽 오솔길을 따라 산중턱으로 가면 종형부도 3기가 있다. 1기는 최근에 도굴꾼들이 도굴을 하기 위해 파손했고, 나머지 2기는 오래되어서 명문이 보이지 않아 누구의 부도인지 알 수 없다.

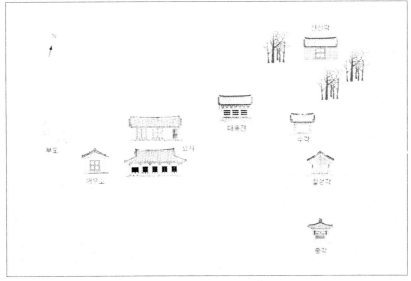

상원사 가람배치

선운사

■ 위치와 창건

선운사(禪雲寺)는 고창군 아산면 삼인리 500번지 선운산에 자리한 대한불교조계종 제24교구 본사이다.

선운산(禪雲山, 높이 336m)은 도솔산(兜率山)이라고도 하는데, 고창군의 아산면과 심원면에 걸쳐 있으면서 북쪽으로는 곰소만을 건너 변산반도를 바

선운산과 선운사 선운사는 도솔산이라고도 하며, 만물의 근원에 돌아간 신선이 모인 형상이다.

대웅보전 편액

유구한 역사와 빼어난 자연경
관 그리고 많은 성보문화재를
지니고 있어 참배와 관광의 발
길이 끊이지 않는 곳이다.

라보고 있다. 조선 중엽인 1484년(성종 14)의 기록에 산의 형세를 가리켜, '만
필의 말들이 뛰어 오르는 형상이고, 뭇 신하들이 임금과 잔치를 벌이는 모습
이며 또 만물의 근원에 돌아간 신선이 모이는 형상'이라고 하였다. 조선 후기
선운사가 번성할 무렵에는 89개의 암자와 24개의 수도굴, 그리고 189개에 이
르는 요사가 산중 곳곳에 흩어져 있어 가히 불국토와도 같은 장엄을 연출하
기도 하였다.

　이러한 선운산 북쪽 기슭에 자리잡은 선운사는 김제의 금산사와 함께 전라
북도의 2대 본사로서 유구한 역사와 빼어난 자연경관 그리고 숱한 성보문화
재를 지니고 있어, 사시사철 참배와 관광의 발길이 끊이지 않는 곳이다. 특히
눈내리는 한겨울철에 붉은 꽃을 활짝 피우는 선운사의 동백꽃은 겨울철에도
절을 찾는 사람의 마음을 따뜻하게 한다.

　절의 창건은 대략 백제 무왕 때의 일이라고 전한다. 절의 창건이나 역사를
전하는 기록이 적지 않지만 대개가 조선 중기 이후 18세기에 이루어진 것들

이어서 확실한 신빙성을 지니는 것은 아니다. 이러한 기록들 가운데 「도솔산
선운사창수승적기(兜率山禪雲寺創修勝蹟記)」(1707년), 『선운사지(禪雲寺
誌)』, 「대법당중수기」(1787년), 「참당사사적기(懺堂寺事蹟記)」(1794년) 등의

네 자료가 창건과 연혁을 살펴보는 데 큰 도움이 된다.

위의 기록들은 공통적으로 절의 창건이야기를 설화적으로 전하는 특징이 있다. 곧, '도솔암의 왼쪽에 열석굴이 있다. 신라 진흥왕이 왕위를 피해 와서 이 산의 왼쪽 굴에 머물고 있었는데, 어느 날 밤 꿈에 미륵삼존이 바위를 깨뜨리고 나오는 꿈을 꾸었고 이에 감응받아 사찰을 창건하니, 중애사(重愛寺)·선운사·도솔사(兜率寺) 등의 여러 사암이 이 때 창건된 것이다.' 라고 하였다. 또한 『선운사지』에서는 더 나아가, '진흥왕대에 창건하였고, 초기에 한창 흥성하였을 때는 법당이 아홉 채요, 종루가 여덟 채이며 여러 전각과 요사가 거의 수백 채에 이르렀다.' 고 하였다.

그러나 여기에는 역사적으로 해석하기 어려운 모순이 생긴다. 곧 신라 진흥왕대(540~576)에 이 지역은 백제의 영토였고, 당시는 삼국간의 치열한 영토확장 다툼이 있던 무렵이므로, 백제의 영토에 신라의 국왕이 들어와서 절을 세웠다는 이야기는 역사적 상황에 부합되지 않는다. 진흥왕은 백제 성왕(재위, 523~554)과 연합하여 고구려로부터 한강유역을 빼앗아 백제와 양분하였으나, 채 3년이 되

영산전 벽화

지 않아 진흥왕은 백제가 차지한 반쪽의 한강 영토를 빼앗아 버림으로서 이른바 나제연합(羅濟聯合)은 깨지고 말았다. 이에 성왕은 영토를 회복하기 위하여 아들을 데리고 관산성으로 나가 혈전을 벌였으나 끝내 전사하고 그 아들만이 간신히 돌아와 왕위를 이었으니 그가 바로 위덕왕(재위, 554~598)이다. 이처럼 진흥왕이 재위하던 시절은 백제 성왕과 위덕왕의 시대에 해당하는데 두 나라 사이에 팽팽한 긴장감이 최고조에 달했던 시기에 진흥왕이 백제의 영토에서 선운사 등을 창건하였다는 이야기는 시대적 상황과 맞지 않는다.

진흥왕은 신라불교를 국가적 차원에서 크게 진작시킨 인물로 말년에는 왕위를 버리고 출가하여 수행자로서 불문(佛門)에 전념하기도 하였다. 이러한 역사적 사실이 선운사의 창건에 견강부회되어 창건연기 설화로 성립되었을 것이다.

한편 선운사의 창건에 관해서는 또다른 설화가 전한다.

본래 선운사 자리는 용이 살던 큰 못이었다. 검단(黔丹)선사가 이 곳의 용을 몰아내고 큰 배에 인형을 만들어 태우고 배를 띄워 차례로 돌을 던져 연못을 메워 나갔다. 이 때 마을에 눈병이 심하게 돌았는데 숯을 한 가마씩 못에 갖다 부으면 금방 낫고는 하였다. 이런 영험으로 많은 사람들이 숯과 돌을 가져와 큰 못은 오래지 않아 다 메워졌다. 마침내 이 자리에 절을 세우니 바로 선운사의 창건이다.

또한 이 지역에는 도적이 들끓었다. 검단선사는 이들을 불법으로 바르게 이끌어 선량한 백성들로 교화시키며 이들에게 바닷가에서 소금을 굽는 방법을 가르쳐 생계를 꾸려 나가도록 하였다. 이 소금만들기로 새로운 삶을 시작한 마을 사람들은 선사의 은덕에 보답하기 위해 해마다 봄가을로 절에 소금을 갖다 바쳐 이를 '보은염(報恩鹽)'이라 불렀다. 자신들이 사는 마을이름도 검단선사의 은혜를 기리기 위하여 '검단리'라고 하였다.

위에서 본 것처럼 절의 창건에 관한 두 가지 이야기는 설화의 모습으로 전한다. 사실 두 이야기를 통해 정확한 창건의 사정을 알 수는 없지만, 진흥왕의 창건설은 당시의 시대적 상황으로 볼 때 전혀 맞지 않는 이야기이고, 검단선

창건주 검단과 의운 스님 영정

사의 창건 설화가 지리적 특성으로 보아 비교적 설득력을 지닌다고 할 수 있다. 절이 위치한 곳이 해안에서 멀지 않고, 실제로 얼마전까지만 해도 염전을 일구었다는 사실이 전하므로 염전을 통해 부를 축적한 검단선사가 절을 창건하였을 가능성이 크다고 생각된다.

검단선사는 절을 창건하면서 절이름을, '노을에 깃들고 구름에 머무르면서 참선 수도하여 선정의 경지를 얻고 모든 번뇌를 타파한다.'라는 의미에서 선운사라고 하였다.

■ 연혁

절의 역사를 전하는 기록들은 대개 조선 후기의 기록들이다. 따라서 창건 당시 절의 규모나 사격 등에 관한 설명은 사실 사적기가 편찬되던 무렵의 사정이라 보아도 무방하다. 곧 『선운사지』에, '법당이 아홉 채, 종루가 여덟 채, 기타 전각과 요사가 수백 채'라고 한 설명은 조선 중기의 규모인 것이다.

명부전

삼국시대 검단선사의 창건이후 통일신라시대의 사정은 전하지 않고, 고려시대에 들어와 1200년(신종 3)에 대학자 이규보(李奎報)가 고창 지방에 유람왔다가 선운사에 머물렀던 사실이 『동국이상국집(東國李相國集)』 가운데의 「남행일월기(南行日月記)」에 전한다.

그 뒤 1354년(공민왕 3)에 효정(孝正) 대사가 퇴락한 법당과 요사를 중수했다. 고려시대 절의 역사에 있어서 주목을 끄는 것은 1346년(충목왕 2)부터 1398년(조선 태조 7)까지 참당사에서 행한 생회(栍會)이다. 생회는 『점찰선악업보경』에 의거하여 나무 간자, 즉 생(栍)을 가지고 점을 쳐서 악보(惡報)가 나오면 그것을 소멸시키고 선보(善報)를 얻기 위해 일 년간을 참회수행하고, 다시 일 년이 지나 점을 치는 일종의 참회수행 의식이다. 이 생회는 약 52년 간에 걸쳐 시행되었는데 매년 12월에 실시하여 총 42회가 개설되었다. 이 법회가 산내암자인 참당사에서 이루어진 것이기는 하지만 선운산내의 여러 사찰과 암자는 상호 밀접한 관계를 지니고 있었고, 현재까지 전하는 선운사와 도솔암, 참당사의 지장보살상들이 이 무렵에 조성된 것이므로 이 일은 선운사의 역사에 있어서도 중요한 사실이다.

조선시대에 절을 크게 중창한 인물은 행호 극유(幸浩克乳) 스님이다. 스님은 선운산의 천리암(泉利庵)에 주석하면서 수도하다가 1410년(태종 10) 5월에 성종 강정대왕(康靖大王)의 선왕과 선후(先后)를 위하여 수륙법화회(水陸法華會)를 개설하였다. 1472년(성종 3)에 선운사를 찾은 스님은 구층석탑만이 외롭게 남아 있는 절을 안타깝게 여기고는 중창할 서원을 세웠다. 그러던 어느 날 꿈에 영지신중(靈祇神衆)이 나타나 중창할 것을 권하니 더욱 감동하여 실천에 옮기기 시작하였다. 이듬해 2월 제자 종념(終念)과 함께 한양으로 상경하여 덕원군(德源君)을 찾아 중창의 뜻을 밝히고 도움을 청했다. 성종의 작은아버지인 덕원군은 재물과 함께 원문(願文)을 직접 써 주었고, 선사는 취문(取文)과 선왕선가혼기(先王仙駕魂記)를 가지고 내려와 어실(御室)에 봉안하여 해마다 수륙재를 개설하기로 하였다.

그리하여 스님은 이 해, 곧 1473년에 나주의 보을정도에 가서 재목 천 여 그루를 구하고, 봄부터 가을까지 기와 20여 가마를 굽고 중창을 시작하였다. 1474년(성종 5)에는 2층의 장육전(丈六殿)과 관음전을 세우고, 1475년 봄에는 수륙재를 크게 개설하였다. 계속해서 1476년에는 천불대광명전을 조성하였고, 1481년에는 지장전·동상실(東上室)·금당·능인전 등을 차례로 짓고 53 불회도를 조성하였다. 이어서 1483년까지 각 전각에 단청을 새로 하면서 14년 간에 걸친 선운사의 대중창은 마무리되었고, 이렇게 해서 창건 당시보다 웅장한 가람의 모습이 갖춰지게 되었다.

행호 스님의 중창은 사실 절의 역사에 있어서 창건만큼이나 중요한 비중을 차지한다. 검단선사의 창건이래 지역민들의 신앙과 협조에 의해 유지되던 사찰이 통일신라를 거처 고려에 이르면서 쇠퇴하기 시작하였고, 고려 말 조선 초에 이르면 석탑만이 덩그러니 남은 폐허로 변해 있었던 것이다. 여기에 행호 스님의 중창은 마침내 선운사의 법등을 다시 환하게 밝힌 것이었고, 더욱이 숭유억불의 조선사회 아래서도 왕실의 원찰이 되어 사격을 한층 높여 놓은 것이었다.

그러나 그로부터 100여 년이 지난 1597년(선조 30)에 정유재란을 당하여 절은 잿더미로 변하고 말았다. 간신히 어실만이 화마를 피했지만 이로 인해 행호 스님의 노력이 깃든 절은 겨우 흔적만이 남았을 뿐이었다. 이후 1608년(광해군 1)에서 1609년에 걸쳐 승려 수 십명이 근근히 요사와 선방을 마련하고 수 년동안 힘을 모아 법당 3칸을 중건하였다.

그러다가 1613년 봄에 무장의 현감이었던 송석조(宋碩祚)가 이를 안타깝게 여겨 일관(一寬) 대사에게 중창을 의논하였다. 송석조는 이 곳 어실이 성종대왕이 선왕을 위해 해마다 재를 여는 곳이니, 나라에서 도움을 줄 것이라 귀뜸하고는 중창이 이루어지면 우선 법당의 방향을 바로 잡으라고 하였다. 그리하여 일관 스님은 입암산에 주석하고 있던 원준(元俊) 대사와 함께 힘을 모아 곳곳을 돌며 화주를 구하고, 고창 문수리에서 재목을 얻었다. 또한 현감 송석조는 어실을 구실삼아 도백(道伯)에게 청하여 문수산에서 열 아름이나 되는 큰 나무 백 여 그루를 베어왔다. 그런데 5~60리가 넘는 먼 길에 큰 나무를

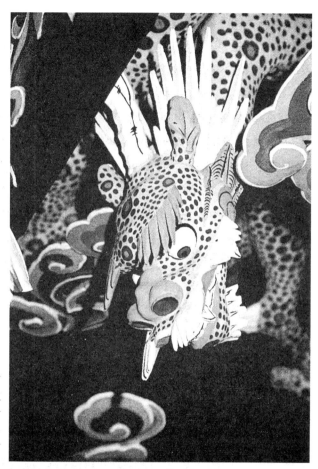

팔상전 닫집 천룡

조선시대에 절은 행호 스님에 의해 대대적 중창이 이루어져, 창건 당시보다 웅장한 규모를 갖추게 되었다.

운반할 길이 막연할 뿐만 아니라, 밤에 큰비가 내려 재목들이 모두 떠내려가 버렸다. 모두들 크게 놀라 걱정하고 있는데 꿈에 신령이 나타나더니 내일 아침 날이 밝으면 재목들은 장연(長淵) 기슭에 가 있을 것이라고 일러 주었다. 놀라 깨어 가보니 과연 절 앞을 흐르는 장연강 가에 재목들이 고스란히 쌓여 있었다.

이처럼 불법의 가호를 받으며 중건이 시작되었다. 먼저 보전(寶殿) 5칸을 세운 다음 상·하의 누각과 동·서의 양실(兩室)을 중건하였다. 1614년(광해군 6) 봄에는 화주 원준이 법당을 창건하였고, 1618년에는 영일(靈日)이 천불전을, 웅민(雄敏)이 지장전을 각각 창건하였다. 또한 같은 해에 일관 대사가 기와를 교체하고 단청을 새로 하였다. 이듬해 가을에도 심우(心佑) 스님이 법당을 단청하였고, 탄혜(坦惠) 스님은 부도전을 창건하였다. 그리고 이어서 1619년까지 6년에 걸쳐 여러 전각을 중창하였다. 오늘날 우리가 볼 수 있는 선운사 가람의 골격은 이렇게해서 갖추어지게 되었던 것이다.

이후로도 절의 중수와 중건은 계속 이어져 1620년에는 정문과 향운각(香雲閣)을 창건하였다. 1624년(인조 2)에는 지정(智晶) 스님이 천왕문을 창건하였고, 1634년에는 법정(法淨) 스님이 법당에 삼존상을 조성, 봉안하였다. 1648년에는 담형(淡迥) 스님이 불상을 도금하였다. 1656년(효종 7)에는 육수(陸修) 스님이 승당을 중수하였고 1658년에 시왕전을 창건하였으며, 인종(印宗) 스님이 진정당(眞淨堂)을 중수하였다. 이듬해에는 승초(勝楚) 스님이 해납료(海納寮)·삼선료(三仙寮) 등의 요사를 창건하였다. 1661년(현종 2)에는 의

천왕문 1624년에 창건된 건물은 2층 구조로 되어 있으며, 사천왕문과 범종각의 기능을 함께 한다.

운(儀雲) 스님이 기와를 보수하였고, 1668년에는 대해(大海)·혜정(慧淨)·사준(思俊) 스님 등이 천불상을 조성하였다. 1675년(숙종 1)에는 덕문(德文) 스님이 시왕전을 창건하였고, 1676년에는 극호(克浩) 스님이 시왕상을 봉안하였다. 또 이 해에는 약사전도 창건하였다. 1677년에는 쌍운(雙雲) 스님이 천불전을 중수하였고, 유선과 천호가 나한전을 창건하였다. 이듬해 덕기(德起) 스님이 천불전에 단청을 하였고, 성혜(性惠) 스님이 극락전을 창건하였다. 1680년에는 선열(禪悅) 스님이 시왕전을 중수하였고, 혜정(慧淨) 스님이 정문을 중수하였으며 사준 스님이 천왕상을 조성하였다. 1681년에는 명월(明月) 스님이 나한존상을 조성하였고, 이듬해에는 해집(海輯) 스님이 칠성료(七星寮)와 청심료(淸心寮)를 창건하였다. 1688년에는 경탄(敬坦) 스님이 법당에 단청을 새로 하였으며, 후불탱화를 봉안하였다. 1691년에는 선우(善佑) 스님이 대승전(大乘殿)을 창건하였고, 1697년에 극현(克玄)·삼정(三淨) 스님이 기와를 보수하였다.

한편 이 무렵 절에서 수행하던 대중이 무려 260여 명에 달하고 있어 그 대단한 사세를 짐작할 수 있다. 1701년에 희원(希遠) 스님이 대종과 중종을 조성하였고, 1705년에는 영택(靈擇) 스님이 관음전을 창건하였으며, 태초(太初)·법총(法聰) 스님이 양계료(養鷄寮)와 양봉료(養鳳寮)를 창건하였다. 1706년에 행성(幸性)·심경(心鏡) 스님 등이 팔상전을 창건하고 안에 팔상탱화를 봉안하였다. 이듬해에도 심경 스님이 팔상전에 삼존상을 봉안하였다.

1725년(영조 1)에는 화엄교학의 발전에 큰 발자취를 남겼던 설파 상언(雪坡尙彦, 1707~1791) 스님이 선운사에서 출가하였다. 또한 1778년(정조 2)에는 설파 대사의 제자로서 선문(禪門)의 중흥주라 칭송받았던 백파 긍선(白坡亘璇, 1767~1852) 스님이 이 곳에서 출가하기도 하였다.

1839년(헌종 5) 5월에 큰 비가 내려 법당 오른쪽의 2칸이 무너지자, 이듬해 성찬(誠贊)·의홍(義弘)·찬성(贊誠) 스님 등이 보수하고 단청하였다. 또한 양운전을 보수하고 정문의 기와를 교체하여 가람을 일신하였다. 이 중수 과정을 적은 「무장현선운사대법당사적기(茂長縣禪雲寺大法堂事蹟記)」가 남아

있어 자세한 사정을 전한다. 이 기록과 1698년(숙종 24)에 김우항(金宇杭)이
쓴 「선운사중신기(禪雲寺重新記)」, 1707년에 현익(玄益)이 쓴 「도솔산선운사
창수승적기」 그리고 「전각요사창건년대방명열목(殿閣寮舍創建年代芳名列
目)」 등의 여러 자료를 참고하여 절의 주요 연혁을 간단하게 표로 나타낸다.

년 도	주 요 사 항
1410년(태종 10) 5월	행호(幸浩)선사 극유(克乳)가 성종의 선왕과 선후(先后)를 위하여 수륙법화회(水陸法華會)를 개설.
1474년(성종 4)	장육전(丈六殿)과 관음전 창건.
1475년(성종 5)	수륙재를 개설.
1476년(성종 7)	천불대광명전을 조성.
1481년(성종 12)	지장전·동상실·금당·능인전 등을 차례로 짓고 53불회도를 조성.
1483년(성종 14)	각 전각에 단청.
1507년(중종 2)	청풍암 중창.
1597년(선조 30)	정유재란의 병화로 소실.
1609년(광해군 2)	요사와 선방, 법당 3칸을 중건.
1613년(광해군 5)	현감 송석조와 일관대사가 보전(寶殿) 5칸, 상·하의 누각, 동·서의 양실(兩室)을 중건.
1614년(광해군 6)	원준이 법당을 창건
1618년(광해군 10)	영일(靈日)이 천불전을, 웅민(雄敏)이 지장전을 각각 창건.

1619년(광해군 11)	심우(心佑)가 법당에 단청. 부도전과 능인전을 창건.
1620년(광해군 12)	부도암·정문·향운각(香雲閣)을 창건.
1624년(인조 2)	지정(智晶)이 천왕문을 창건.
1634년(인조 12)	법정(法淨)이 법당에 삼존상을 조성 봉안.
1648년(인조 26)	담형(淡逈)이 불상을 도금.
1656년(효종 7)	육수(陸修)가 승당을 중수.
1658년(효종 9)	시왕전 창건. 인종(印宗)이 진정당(眞淨堂)을 중수.
1659년(효종 10)	승초(勝楚)가 해납료(海納寮), 삼선료(三仙寮) 등의 요사를 창건.
1661년(현종 2)	의운(儀雲)이 기와를 보수.
1665년(현종 6)	석상암 중창.
1668년(현종 9)	대해(大海)·혜정(慧淨)·사준(思俊) 등이 천불상·천불회도·괘불 등을 조성.
1675년(숙종 1)	약사전을 창건하고 시왕전을 중창.
1676년(숙종 2)	극호(克浩)가 시왕상을 봉안.
1677년(숙종 3)	쌍운(雙雲)이 천불전을 중수. 유선과 천호가 나한전을 창건.
1678년(숙종 4)	덕기(德起)가 천불전에 단청. 성혜(性惠)가 극락전을 창건.
1680년(숙종 6)	선열(禪悅)이 시왕전을, 혜정(慧淨)이 정문을 중수. 사준이 천왕상을 조성.
1681년(숙종 7)	명월(明月)이 나한존상을 조성.

1682년(숙종 8)	해집(海輯)이 칠성료(七星寮)와 청심료(淸心寮)를 창건.
1688년(현종 9)	경탄(敬坦)이 법당에 단청을 새로 하고, 후불벽화 봉안.
1690년(숙종 16)	향적전 기와 보수.
1691년(숙종 17)	선우(善佑)가 대승전(大乘殿)을 창건.
1693년(숙종 19)	동운암 창건.
1697년(숙종 23)	극현(克玄)과 삼정(三淨)이 기와를 보수. 주지인(住持印) 조성.
1699년(숙종 25)	미륵전 창건.
1701년(숙종 27)	희원(希遠)이 대종과 중종을 조성.
1705년(숙종 31)	영택(靈擇)이 관음전을, 태초(太初)와 법총(法聰)이 양계료(養鷄寮)와 양봉료(養鳳寮)를 창건.
1706년(숙종 32)	행성(幸性)과 심경(心鏡) 등이 팔상전을 창건.
1709년(숙종 35)	한산전 창건.
1713년(숙종 39)	장육전 창건.
1754년(영조 30)	천불회도 조성.
1807년(순조 7)	오봉(鰲峯)·보월(寶月) 등이 신중탱화 조성.
1818년(순조 18)	대종을 고쳐 조성.
1839년(헌종 5)	후불벽화 보수.
1840년(헌종 6)	성찬(誠讚)·의홍(義弘)·찬성(贊誠) 등이 법당을 보수.
1848년(헌종 14)	천불전의 상설을 대법당으로 옮기고 전각을 철거.

1915년	검단 의운조사의 진영 조성.
1965년	팔상전 중수.
1997년 현재	성보전시관 신축 중.

　이렇듯 조선 후기 이후 구한 말을 거치면서 절에는 여러 차례의 중수가 이어졌지만, 이후의 절의 역사는 외적인 전각의 중창이나 조성보다는 걸출한 고승대덕들에 의해 전개되었다.

　조선 후기의 화엄학승 설파 상언, 선문(禪門)의 중흥조 백파 긍선, 구한 말의 철저한 율사 환응 탄영(幻應 坦泳, 1847~1929), 그리고 근대 불교의 선구자 석전 박한영(朴漢永, 1870~1948) 등이 선운사에서 출가, 수도하면서 이 시기의 불교를 이끌어 나갔으며, 눈에 보이지 않는 선운사의 사격을 한층 드높였던 것이다.

백파 긍선비

■ 주요인물

　선운사는 백제 때 창건되어 오랜 세월동안 법등을 이어 오면서 많은 고승과 대덕들을 배출하였다. '구름속에서 선정에 젖는다'는 절의 이름에서 알 수 있듯이 통일신라시대에는 선풍의 도량으로서 많은 선사들이 화두의 끝을 잡고 삼매에 몰입하였을 것이다. 안타깝게도 조선시대 이전의 인물들에 대해서는 구체적으로 전하는 기록이 남아 있지 않다. 여기서는 조선 중기 이후 선운사와 밀접한 관계에 있었던 절의 주요인물 몇몇에 대하여 구체적으로 살펴본다(설파 상언·백파 긍선 스님에 대해서는 순창군 「구암사」의 주요인물편 참고).

● 환응 탄영

환응 탄영(幻應坦泳, 1847~1929) 스님은 전라북도 무장(茂長)에서 태어나 14세 되던 1860년(철종 11)에 선운사의 성시(性諡) 스님에게 출가하였다. 19세 때는 백파 긍선의 법을 이은 경담 서관(鏡潭瑞寬, 1824~1904)에게서 구족계를 받았다. 그 뒤 전국의 고승을 찾아 교학과 선학을 닦았고, 특히 계율을 엄격히 실행하여 율사로서 칭송이 자자하였다. 백암산 운문사(雲門寺)에서 강당을 열어 화엄대교를 선양하였는데 많은 학인이 모여 성황을 이루었다. 이곳에서 십 여 년을 후학양성에 전념하다가 운문사 옆에 따로 우은난야(遇隱蘭若)라는 자그마한 별당을 짓고 정진하였다.

스님은 뛰어난 교학적 식견을 지녔음에도 간단한 시문(詩文)조차 수행에 방해가 된다고 하여 남기지 않을 정도로 율행(律行)에 청정하였다. 또한 만년까지도 조석으로 관세음보살과 영산 16아라한께 분향, 공양하기를 게을리 하지 않았다. 1912년에는 일제의 사찰령으로 전국의 사찰이 30개의 본산체제로 재편되었는데, 이 때 제자들의 간청으로 백양사의 주지를 맡았다. 1917년에는 출가처인 선운사로 돌아와 율전(律典)을 깅의하였고, 1928년에는 조선불교중앙종회에서 교정(敎正)으로 추대되었다. 1929년 4월 7일 나이 83세, 법랍 69년으로 조용히 입적하였다. 다비한 후 사리탑을 조성하였는데 현재 오세창이 쓴 사리탑이 선운사에 남아 있다.

● 박한영

석전(石顚) 박한영(朴漢永, 1870 ~1948) 스님은 전라북도 완주에서 태어났다. 아버지를 일찍 여의고 어머니와 어린 형제들과 함께 가난하게 성장하였다. 17세 되던 해에 어머니가 전주 위봉사에서 금산(錦山) 스님의 삶과 죽음에 관한 법문을 듣고와서 이를 전해주자 크게 감동하였다. 이 인연을 계기로 1888년 금산 스님의 법제자가 되어 법호를 정호(鼎鎬)라 하였고, 1890년 21세에 백양사 운문암의 환응 대사에게서 사교(四敎)를 배웠다. 1892년에는 순

석전 박한영 스님

천 선암사의 경운(擎雲)에게서 대교(大敎, 『화엄경』・『염송』・『전등록』)를 익혔다. 1894년에는 안변 석왕사를 비롯하여 신계사와 건봉사에서 안거하였고, 1895년에는 순창군 구암사의 설유 처명(雪乳處明)에게서 법을 이어 당호를 영호(暎湖)라고 하였다.

석전이라는 시호는 일찍이 추사 김정희가 백파에게 '석전, 만암(曼庵), 구연(龜淵)'이라는 글씨를 지어주면서, "훗날 법호 가운데 도리를 깨친 자가 있으면 이로써 호를 삼게 하라."고 부탁하였는데 이것이 설유에게 전해져 마침내 박한영 스님의 시호가 되었다. 스님은 이후 여러 곳에서 강론을 펼쳤다. 30세 되던 해부터 고창의 선운사, 산청의 대원사, 장성의 백양사, 해남의 대둔사, 합천의 해인사, 보은의 법주사 등에서 대법회를 열어 많은 대중이 운집하였다.

1908년 스님은 서울에 올라와 불교개혁운동에 헌신하게 된다. 이회광(李晦光)이 친일의 입장에서 한국불교를 일본불교의 조동종(曹洞宗)과 합종하려

하자 만해(萬海) 한용운(韓龍雲) 등과 함께 한국의 불교전통은 임제종(臨濟宗)임을 밝히고 일제의 한국불교 말살정책에 정면으로 맞섰다. 1912년에는 중앙불교전문학교(현 동국대학교)의 교장에 취임하였고, 이듬해에는 『해동불교』를 창간하여 불교의 자각과 개혁운동을 선도하였다. 1916년에는 중앙불교학림에서 강의를 맡아 후학양성에 힘을 쏟았고, 1926년에는 개운사 대원암에 불교강원을 설립하여 이후 20여 년간 많은 인재를 배출하였다. 이들 가운데 주요 졸업생으로는 청담 순호·운허 용하 스님을 비롯하여 신석정(辛夕汀)·조지훈(趙芝薰)·김달진(金達鎭) 등을 손꼽을 수 있다.

1929년에는 조선불교 교정(敎正)에 취임하여 최고 지도자로서 폭넓은 도량으로 종단을 이끌었으며, 1931년에는 불교전문학교의 교장으로 선임되어 고등교육 일선에서 불교를 전하고 후학 양성에 힘을 기울여 불교중흥과 조국광복의 인재양성에 몸바쳤다.

그 뒤 광복을 맞이하여 새롭게 조직된 조선불교 중앙총무원의 초대 교정에 취임하였다. 그로부터 얼마 지나지 않아 정읍 내장사를 찾아간 스님은 주지에

선운사 대웅보전 절의 금당으로서, 비로자나불을 중심으로 노사나불과 석가모니불을 봉안하였다.

게 "나 여기서 죽으려고 왔다."라는 천진한 말 한마디를 남기고 입적하였다. 이 때가 1948년으로 나이 79세, 법랍 61년이었다.

스님은 학문에 있어서 교와 선에 정통하여 당대의 화엄종주(華嚴宗主)라 일컬어졌고, 출가자의 신분이면서도 유교 경전에 두루 통달하였다. 더욱이 스님은 사회와 대중을 염두에 두고 불교를 생각하고, 실천하려고 애썼다.

문하에는 청담 순호(靑潭淳浩)와 운허 용하(耘虛龍夏)가 대표적이다. 저서로는 『석림수필(石林隨筆)』·『정선치문집화(精選緇門集話)』·『정선염송설화』·『계학약전(戒學約詮)』·『염송신편』 그리고 400여 수의 시를 수록한 『석전시초(石顚詩抄)』 등을 남겼다.

■ 성보문화재

선운사에는 오랜 역사를 간직한 성보문화재가 즐비하다. 먼저 전각으로는 대웅보전과 관음전·영산전·팔상전·명부전·산신각·만세루·천왕문이 있고, 대웅보전 앞에는 6층석탑과 괘불대·당간지주·석주 등이 있다.

오늘날 선운사에 남아 있는 성보문화재는 오랜 역사속에서 이루어진 수많은 성보 가운데 일부에 불과하다. 많은 중건과 보수가 이어지면서 어제 있었던 것이 오늘 사라지고 다시 새롭게 조성하는 등 변천을 거듭해왔다. 기록으로만 전하는 천불전·나한전·영자전(影子殿)·향적전·약사전·극락전·부도전·능인전·대승전 등의 전각과, 동상실·진정당·해남료·신선료 등의 승방이 즐비했었다.

● 선운사 대웅보전

앞면 5칸, 옆면 3칸의 맞배지붕으로 절의 중심 전각이다. 지금의 모습은 1613년(광해군 5)에 원준(元俊) 스님이 처음 세우고, 숙종 임금 때 한 차례의 중수를 거쳤다. 미술사적으로 볼 때 조선 후기의 뛰어난 건축기술과 조형미를

지니고 있어 보물 제290호로 지정되었다.

건축 양식을 보면 얕은 기단위에 막돌초석을 놓고, 약간의 배흘림이 있는 두리기둥을 세워 창방으로 기둥 윗몸을 결구하였다. 그 위에 평방을 놓고 공포를 기둥위와 기둥사이에 얹은 다포양식이다. 공포의 짜임은 내외3출목으로 되어 있으나 어칸(御間) 3구의 공간포와 기둥위에 놓인 주심포, 좌우협칸의 공간포 1구 등 모두 7구의 포작은 같은 형식이다. 처마는 부연이 있는 겹처마이고 다포식에서는 드물게 맞배지붕을 이루고 있다. 정면 모든 기둥 사이에는 빗살창호를 달았으나 후면에서는 어칸에만 창호를 가설하였고, 양측 협칸에는 교창(交窓)을 달았다.

대웅보전의 내부는 통칸으로 되어 있으나 불벽(佛壁)을 한 줄 세워 그 앞에 불단을 만들었다. 내부 벽에는 산수·비천·나한 등을 벽화로 장식하였고, 천장에는 사실감이 돋보이는 커다란 운룡문(雲龍紋)이 그려졌는데, 아마도 검단선사가 절을 창건하면서 못을 메우고 이 곳에 살던 용을 내쫓았다는 설화를 바탕으로 조성된 것이 아닌가 짐작된다. 중앙의 불단은 별다른 기교없이 단순하고 투박해 보이며, 닫집도 간략하게 마련하였다.

불단위에는 흙으로 빚은 소조(塑造) 삼세불을 봉안하고 삼존 사이에 근래에 조성된 보살입상을 협시로 세웠다. 중앙의 주존은 비로자나불이고, 왼쪽이 아미타불, 오른쪽이 약사불이다. 일반적으로 대웅보전이라 하면 석가모니불을 주존으로 하고 약사불과 아미타불을 협시로 할 때 붙이는 전각 이름이다. 또한 대광명전 혹은 대적광전이라 하면 비로자나불이 주존이고, 노사나불과 석가모니불이 협시로 모셔진다. 그런데 여기서는 석가모니불 대신 비로자나를 주존으로 봉안하고 대웅보전이라 이름하여 전각 명칭에 혼동을 준다. 더욱이 삼존불 앞에는 불상의 이름을 각각 비로자나불·석가모니불·노사나불이라고 적은 명패를 두고 있어 혼란을 가중시킨다. 대웅보전은 정유재란 때 소실되었다가 1613년에 중건하였는데 당시 어실 하나만 남고 모든 전각이 소실된 상황에서 거의 창건과도 같은 대규모 불사를 시행하면서 착오가 생겨 주존불을 석가모니불이 아니라 비로자나불로 잘못 조성한 것이라 생각된다. 그렇다고

대웅전 노사나불상

불상은 1634년에 후불벽화
는 1688년에 조성하였는데,
벽화는 불상과는 달리 약사
회상도로 되어 있다.

지금에 와서 이러한 오류를 정정하기는 쉽지 않다. 왜냐하면 삼존불 뒤에 벽
화로 조성된 후불탱화는 비로자나불회도를 중심에 두고 각각 아미타회상도와
약사회상도를 도설하고 있기 때문이다.

아무튼 이 삼세불상은 1634년(인조 12)에 법정(法淨) 스님이 조성하였는데
거대한 규모이면서도 비교적 균형잡힌 모습이다. 딱딱한 듯하지만 간결하게
빚은 코와 귀의 표현, 두텁게 흘러내린 옷자락 등에서 조선 후기의 시대상을
잘 엿보게 된다.

삼존불상 뒤의 후불벽화는 본래 1688년(숙종 14)에 조성하였으나 1839년

(헌종 5) 5월의 큰 비에 많이 손상되어 이듬해에 보수하였다. 중앙의 비로자나불회도와 왼쪽의 아미타회상도, 그리고 오른쪽의 약사회상도로 이루어진 후불벽화는 유례가 많지 않은 경우로서 웅장한 대웅보전의 전각과 잘 어울린다. 중앙의 비로자나불회도는 화면 가운데 두광과 신광을 지니고 지권인을 취한 비로자나불을 크게 묘사하였다. 얼굴위로는 두 줄기의 불꽃이 머리위로 향하고, 정상의 계주없이 중앙 계주를 크게 표현하였는데 머리카락의 나발을 하나하나 묘사한 것이 무척

대웅전 목조보살입상

이채롭다. 머리위에는 복장주머니가 달려 있다. 본존의 좌우로는 아난과 가섭존자가 협시하였는데 본존과 협시는 모두 화면 아래의 연꽃줄기에서 타고 올라간 연화대좌위에 자리하고 있다. 본존의 두광과 신광은 둥근 원형이고, 협시의 두광은 원형, 신광은 키모양이다. 화면 상단에는 사천왕을 좌우 2체씩 배치하였는데 모두 보관을 쓰고 비파와 창, 보탑과 여의주 등의 지물을 잡고 있다. 이들은 불법을 보호하는 옹호신의 역할에 충실하려는 듯 부릅뜬 눈과 치켜 올라간 눈썹, 거친 수염 등을 공통적으로 지녔다. 그럼에도 전체적인 얼굴의 모습은 유화적이고 온유하게 느껴진다.

왼쪽의 아미타회상도는 전체적으로 보아 중앙의 비로자나불회도와 분위기가 흡사하다. 가운데 아미타불이 좌정하고 좌우로 관음과 세지보살이 협시하였으며 다시 협시보살의 위로 2대 보살과 2비구, 팔부신장이 도설되었다. 역시 연꽃줄기에서 파생한 연화대좌에 앉은 아미타보살은 원형의 두광과 신광을

대웅전 제석천룡탱화

지녔다. 손은 엄지와 중지를 맞댄 아미타구품인을 취하였고, 대체로 방형의
신체를 지녔다. 오른쪽의 관음보살은 본존의 연꽃대좌에서 뻗어나온 연꽃위에
서 있다. 얼굴위의 높은 보관에는 화불이 표현되었고, 옷은 백의관음을 나타
낸 흰색이다. 왼쪽의 대세지보살도 역시 보병(寶瓶)이 그려진 큰 보관을 쓰고

오른손에 연꽃을 들었다. 협시보살위로는 청문(聽聞)보살이 합장한 채 불법을 경청하는 모습이고, 그 위로는 팔부신중과 서운(瑞雲)이 펼쳐졌다.

삼존불화 중 오른쪽의 약사회상도 역시 같은 시기에 조성되고 또 동시에 보수되었기 때문에 중앙의 비로자나불회도나 왼쪽의 아미타회상도와 같은 계통의 양식을 지녔다. 중앙에 약사여래가 본존으로 좌정하고 좌우에 일광·월광보살이 시립하였다. 화면아래에서 솟아오른 연꽃 가지가 약사여래의 연화좌대로 이어지고, 원형의 두광과 신광을 갖춘 모습이다. 전체적으로 녹색과 흰색 등이 주조색으로 사용되어 차가운 느낌이 드는 것은 당시 불화조성의 문화가 퇴조하고 있는 시대상을 반영하고 있다.

이 후불벽화의 조성에는 증명으로 선월 경찰(禪月警察), 화원으로는 원담 내원(圓潭乃圓)·백화 덕한(白花德閒)·호묵(護默)·익찬(益讚)·성희(性稀)·우화(佑和)·회윤(會允)·응숙(應叔)·도순(道淳) 스님 등이 참여하였다.

대웅보전의 내부 오른쪽 벽에는 독성탱화 1점과 최근에 조성한 칠성탱화 1점

대웅전 천장화 건물 천장에 그려져 있다. 천상에서 날아온 용의 모습을 생생하게 그리고 있다.

관음전 원래 대웅보전의 서쪽에 자리하고 있었으나 근래에 지금의 위치로 옮겼다.

을 봉안하였다. 또한 왼쪽 벽에는 1807년(순조 7)에 조성한 신중탱화가 있는
데, 화면 가득히 불법을 보호하는 신중의 모습을 다채로운 자세로 표현하였다.
녹색과 적색을 주조로 한 이 신중탱화는 오봉(鰲峯)·보월(寶月)·완월(琓
月)·환익(環益)·민선(敏詵)·학윤(學允)·복순(福順) 등이 금어로 참여하
였다.

● 관음전

관음전은 대웅보전의 동쪽에 자리한 앞면과 옆면 각 3칸씩의 맞배지붕 건물
이다. 얼마 전까지 관음전은 대웅전의 서쪽에 있었으나 근래에 이곳으로 옮
겼다.

안에는 보물 제279호로 지정된 선운사금동지장보살좌상과 그 뒤로 최근작
의 수천안관음보살탱화, 그리고 오른쪽 벽에 1991년에 조성한 신중탱화를 봉

안하였다. 지장보살을 주존으로 모셨으면 지장전 혹은 명부전이라 이름붙여야 옳다. 더욱이 선운사에는 명부전이 따로 있으므로 그 곳으로 지장보살상을 옮겨 봉안하는 것이 올바른 의궤가 될 것이다.

금동지장보살좌상은 조선 초기의 작품으로서 높이가 96㎝의 등신대 크기이다. 머리에는 두건을 썼는데, 이마에 두른 두건의 좁은 띠가 귀까지 흘러내렸다. 두건을 쓴 지장보살상은 고려 시대의 도상에서 많이 발견되는데 현존하는 고려불화 속에서 지장보살은 대개가 이러한 모습이다. 풍만한 얼굴에 조그만 아래턱 주위로 이중턱을 이루어 후덕한 인상을 준다. 목은 움츠린 듯 짧게 표현하였고 굵은 띠와 같은 삼도가 있다.

불의(佛衣)는 통견의를 걸쳤으나 도식적으로 나타낸 옷주름이 투박하게 보인다. 옷의 표현에서 눈길을 끄는 것은 어깨에서 끈으로 매듭지어진 독특한 치레장식이다. 대개 고승진영과 같은 불화에서는 많이 사용되나 금동불의 경우는 드문 예이다. 이러한 띠매듭은 불의 안의 군의(裙衣)에서도 마찬가지다. 상체에 비해 결가부좌한 하체 부분은 낮게 표현하였고, 다리는 옷에 덮여 보

관음전 금동지장보살좌상 조선 초기에 조성되었다. 머리에는 두건을 쓰고 있다. 보물 제279호.

이지 않는다. 오른손은 엄지와 중지를 구부려 밖으로 향했고, 왼손은 배꼽 부분까지 들어올린 채 마찬가지로 엄지와 중지를 약간 구부렸다. 간결한 치장과 가지런한 옷자락이 단정한 느낌을 주지만 이 수인과 가슴의 목걸이 장식에서는 세련된 조형미가 있다.

전체적으로 고려시대에 이룩했던 뛰어난 불상조각에는 미치지 못하지만 조선 초기에 이만큼 고려의 양식을 계승하여 조성된 예는 매우 드물다.

한편 이 보살상은 도솔암의 지장보살상과 양식적 맥락을 같이하고 있음을 볼 때 선운산내의 여러 사암에서 지속적으로 지장신앙이 성행하였음을 짐작할 수 있다.

● 영산전

대웅보전의 서쪽에 자리한 앞면 5칸, 옆면 3칸의 맞배지붕 건물이다. 영산전의 본래 이름은 장육전(丈六殿)이었다. 1471년(성종 4)에 2층의 전각으로 처음 조성하였다가 1614년(광해군 6)에 중건하면서 단층으로 규모를 줄였고, 1821년(순조 21)과 1839년(헌종 5)에 각각 중수하였다.

기둥을 받치는 초석은 정면의 중앙칸 두 개는 6각으로 잘 다듬었고, 좌우칸을 이루는 나머지 네 개는 자연석을 이용한 덤벙주초이다. 정면의 평주(平柱)에는 엷은 배흘림이 있고, 공포는 익공 형식이다. 건물의 옆면에는 공포를 짜지 않고 고주(高柱) 두 개를 세워 그것으로 종량(宗樑)을 받치고 추녀 높이로 수평의 방풍판을 댔다.

내부의 벽에는 가득히 벽화를 그렸는데, 건물의 부재를 자연스럽게 구획으로 사용하여 경전에 등장하는 각종 나한과 역사적 인물의 인연설화를 표현하였다. 모두 24개에 달하는 각 벽화에는 그림의 장면을 실명하는 문구가 적혀 있고, 특히 달마의 행장을 여러 벽화로 나타내 주목된다. 최근에 전각을 보수하면서 떼어낸 벽화를 영산전 내부에 그대로 소장하고 있어 조선 후기의 벽화를 이해하는 데 큰 도움이 될 것 같다.

영산전 본래 장육전으로 불렀던 건물로 내부벽에는 각종 나한과 인연설화 등의 벽화가 그려져 있다.

영산전 내부에는 별도의 불단 공간을 마련하여 삼존불을 봉안하였다. 석가모니불을 주존으로 하고 제화갈라보살과 미륵보살이 협시한 삼존불이다. 모두 단향목(檀香木)으로 제작한 목불인데 주존의 높이는 300㎝이고, 협시보살의 높이는 240㎝나 되는 거대한 규모이다. 석가모니불은 육계가 없는 나발의 모습으로서 얼굴은 두 볼에 살이 도톰하여 네모꼴에 가깝다. 두 눈썹사이에는 백호가 작게 박혀 있고, 눈매를 가늘게 떠 인자한 모습을 보이는 한국적 불상의 특징을 잘 나타냈다. 협시보살의 상호도 주존불과 흡사하지만 두 손으로 연꽃을 들고 서 있는 자세가 무척 자연스럽게 보인다. 근년에 어느 비구가 이 삼존상을 다른 곳으로 옮겨가려다가 이 곳에서 화광(火光)이 발하여 달려온 사람들에게 발각되어 화를 면했던 영험이 전해온다.

삼존불의 주위로는 삼면에 걸쳐 16나한상과 외호신중상을 조성하여 부처님 당시 영축산에서 이루어지던 장엄한 법회의 광경을 그대로 옮겨놓았다. 한편 영산전에는 얼마전까지 1710년(숙종 36)에 펴낸 『석씨원류』 판본이 소장되어 있었으나 지금은 별도로 보관하고 있다.

● 팔상전

영산전 뒤편에 자리한 앞면 3칸, 옆면 2칸의 맞배지붕 건물이다. 정유재란으로 소실되었다가 1706년(숙종 32)에 행성(幸性)과 심경(心鏡) 스님 등이 중건하였고, 1965년에 재차 중수하였지만 전체적으로 조선 후기의 양식을 지닌 아름다운 전각이다.

팔상전(八相殿)은 석가부처님의 행적을 여덟 가지 극적인 장면으로 묘사한 팔상탱화를 봉안한다는 의미에서 전각 이름이 유래한다. 이곳 팔상전에도 1706년에 건물을 중건하면서 함께 봉안한 팔상탱화가 있었다. 그러나 당시의 팔상탱화는 자취를 감췄고 지금은 1900년에 조성한 2점과 1992년에 새로 조성한 6점이 그 자리를 대신하고 있다.

팔상전에는 천룡조각이 이채로운 닫집을 마련하고 석가여래좌상을 주존으로 봉안하였다. 본래 이 곳의 불상은 1707년(숙종 32)에 심경 스님이 봉안한 삼존상이 있었지만 지금의 작품은 후에 새로 조성한 불상이다. 본존 뒤로는 1901년에 조성한 영산회상도가 있고, 그 좌우로 소형의 나한상을 모셨다.

● 명부전

대웅전 서쪽에서 동향하고 있는 앞면 5칸, 옆면 3칸의 맞배지붕 건물이다. 명부전으로서는 비교적 큰 규모의 전각인데 본래는 1658년(효종 9)에 시왕전으로 창건된 것이다.

안에는 지장보살을 중심으로 좌우에 도명존자·무독귀왕이 협시하는 지장삼존상을 비롯해서 시왕상·사자상·판관상 등을 봉안하였다. 이 삼존상은 1676년(숙종 2)에 조성한 것으로서, 다소 경직된 모습이 보이나 석설한 신체비례와 온화한 상호가 17세기 조선 후기 조각문화의 절정을 잘 보여준다.

이 밖에 명부전에는 주먹을 불끈 쥐고 악귀를 물리치는 형상의 인왕상 2체와 창을 든 외호신중 2체, 동자상 4체가 봉안되어 있다.

팔상전 팔상도

팔상전 중건당시의 팔상도
는 없고, 지금은 1900년에
조성한 2점과 최근 조성한
6점이 봉안되어 있다.

● 산신각

영산전 뒤편, 팔상전 옆에 자리한 앞면 3칸, 옆면 2칸의 아담한 맞배지붕 건
물이다. 1614년(광해군 6)에 건립된 이래 여러 차례의 중수가 있었다.

안에는 왼쪽에 최근의 산신탱화가 있고, 정면에는 절의 창건주인 검단선사
와 참당사의 창건주인 의운(義雲) 선사를 하나의 화폭에 나란히 그린 1915년
작의 진영을 봉안하였다. 두 사람 사이로 소나무가 있고 호랑이가 도설되어
자칫하면 산신탱화로 오인하기 쉽다.

산신각은 우리나라 외에는 전세계 어디에서도 찾아 볼 수 없는 순수한 한국적 불교신앙의 산물이다. 즉 불교가 수용되기 이전에 존재하던 토착신앙의 산신이 불교에 융합되어 산신신앙으로 등장한 것이다. 달리 말하면 산신각은 한국적 불교의 변용(變容)인 셈이다. 그런데 선운사는 여기서 한 걸음 더 나아가 절의 창건주를 산신으로 화현(化現)시켜 산신각에 봉안하고 있다.

● 만세루

대웅보전의 앞면에 위치한 앞면 9칸, 옆면 2칸의 맞배지붕 건물이다. 절의 창건 당시부터 있어온 건물로서 그 동안 여러 차례의 중수가 있었지만, 지금도 700년이나 된 두 개의 아름드리 기둥이 남아 있어 옛 자취를 그대로 느끼게 한다. 더욱이 원목을 가공하지 않고 자연 그대로의 생김생김에 따라 짜맞추어 세웠기 때문에 주변 자연환경과 좋은 조화를 이룬다.

정면의 중앙칸은 그 폭이 390cm이고, 좌우로 나가면서 조금씩 기둥사이가 좁아진다. 중앙칸의 양쪽을 제외하고는 모두 판벽으로 처리하였고, 내부의 서쪽 앞 두 칸씩은 칸막이를 하여 2층의 구조를 만들어 종각으로 사용하기도 하였다.

명부전 동자상

대들보 위에는 낮은 동자주를 얹었고 기둥 윗부분에는 작은 나무토막들을 포개 쌓았다. 이 대담하고 역학적인 기술은 일본의 유명한 민속학자로 한국미술에 조예가 깊었던 야나기 무네요시(柳宗悅)가 경탄해 마지 않으며 그 기둥앞에서 합장배례를 올렸다는 일화가 남아 있을 정도이다. 짧은 나무토막을 누더기처럼 이어 올려서 390cm라는 높은 기

만세루 절의 창건 당시부터 있어온 건물로 내부에는 각종 시주질과 사적기를 적은 현판이 걸려 있다.

등을 만들고, 더구나 못 하나 쓰지 않고 나무만으로 조립한 이 만세루는 선조의 높은 건축기술과 예술적 감각을 살필 수 있는 귀중한 전각이다.

건물 안에는 각종 시주질과 사적기 등을 적은 현판이 16개나 걸려 있다.

● 천왕문

천왕문은 절 경내로 들어가는 입구에 해당되는 문으로서 앞면 3칸, 옆면 2칸의 맞배지붕 건물이다. 높은 초석위에 약간의 배흘림이 있는 기둥을 세웠고 앞면 1칸이 경내로 향하는 출입문이 된다. 입구에는 김충현(金忠顯)이 쓴 '도솔산선운사'의 현판이 걸렸고, 안에는 험상궂은 표정과 자세로 악귀를 물리치는 사천왕상을 봉안하였다.

천왕문은 2층의 구조를 지녀 아래층은 불법수호의 기능을 하고, 위층은 종각과 법고를 두어 의식 공간으로 마련하였다. 이 곳에는 1818년(순조 18)에 고쳐 조성한 대종과 10개의 각종 시주기 현판을 보관하고 있다.

● 6층석탑과 괘불대

대웅보전 앞마당 오른쪽에는 고려시대의 6층석탑이 있다. 화강암으로 만들었으며, 방형의 축대안에 지대석을 놓고 그 위에 정사각형의 돌 윗변을 둥글게 처리한 하대석을 얹었다. 다시 그 위에 사각형의 중석을 세웠는데, 이 중석은 네 귀에 우주(隅柱)를 조각하였다. 갑석은 방형인데 아랫면은 수평으로 다듬고 중앙에는 1단의 받침을 새겼으며, 윗면은 약간의 경사를 이룬 채 중앙에는 1단의 옥신(屋身) 괴임이 있다.

각 층의 옥신은 하나의 돌로 만들었고 네 귀에 우주가 조각되어 있다. 옥개석은 5단의 옥개받침을 지녔다. 추녀는 하늘을 향해 약간 반전되었고, 낙수면은 비교적 완만한 경사를 이룬다. 3층부터는 옥개석 너비의 체감율이 1층과 2층의 비율보다 심하며 3층 이상의 체감율은 같다. 6층 옥개석 위에는 노반이 올라갔고 그 위에 복발이 있다. 다시 그 위에 하나의 석재로 만든 팔각의 귀꽃 형으로 각출된 보개가 있어 상륜부도 비교적 잘 남아 있는 편이다.

탑의 정확한 조성년대는 알 수 없으나 대체로 고려시대의 양식을 지녔고, 5단의 옥개층급을 지니는 등 부분적으로 통일신라의 전형탑을 연상

천왕문 범종

대웅보전 앞 육층석탑

케하는 고려 초기의 작으로 추정된다.

대웅보전 앞마당의 좌우에는 여러 석물들이 놓여있다. 대웅보전에 오르는 계단 좌우의 괘불대 2개와 계단 왼쪽의 당간지주, 그리고 부도탑으로 추정되는 석조물이 각각 대웅보전 앞에 1개, 영산전 앞에 1개씩 서 있다. 계단 좌우의 괘불대는 1797년(정조 21)에 7명의 시주자가 힘을 모아 조성하였고, 당간지주는 1728년(영조 4)에 조성한 것이다.

괘불대

● 천불회도

천불회도(千佛會圖)는 대승불교의 다불사상(多佛思想)에서 이미 성불한 과거천불, 현겁(現劫) 중에 성불하는 현재천불, 미래의 성수(星宿) 중에 성불하는 미래천불을 그림으로 나타낸 것이다. 과거·현재·미래의 삼천불을 모두 표현하거나 각각 천불만을 그리기도 하는데, 대개 현재 천불을 조성한 예가 대부분이다. 그러나 화폭의 한계가 있어 대체로 하나의 화면에 250불씩 4개로 나누어 그리는 경우가 보통이다.

선운사의 현재천불회도는 1754년(영조 30)에 조성되어 지금은 동국대학교 박물관에 소장되어 있다. 가로 140cm, 세로 199cm의 화폭에 250불을 가득 묘

사하였다. 화면 윗부분에는 반타원형의 구획을 둔 채 중앙에 5여래가 합장한
자세로 서 있고, 좌우의 구획에는 3여래가 각각 합장한 모습이다. 그 아래쪽의
250불은 한 줄에는 10체, 다음 줄에는 11체씩 모두 18줄로 그렸다. 여래의 모
습은 모두 연녹색의 이중 원형광배를 갖추고 결가부좌한 자세에 통견의(通肩
衣)의 홍색 불의를 입었다. 언뜻보면 여래의 모습이 하나의 도상으로 찍어낸
듯 하지만, 자세히 살피면 각기 다양한 수인을 취하고 있음을 알 수 있다. 전
체적으로 부드러운 녹색과 홍색이 주조를 이루어 은근한 느낌을 주는데, 유례
가 흔치 않은 귀중한 성보이다.

지금은 사라졌지만 선운사에는 조선 후기에 천불전이 있었다. 1618년(광해
군 10) 봄에 영일(靈日) 스님이 창건한 이래 1677년(숙종 3)에 쌍운(雙運)
스님이 중창하였으나, 많이 퇴락하여 1848년(헌종 14)에 내부의 봉안물을 모

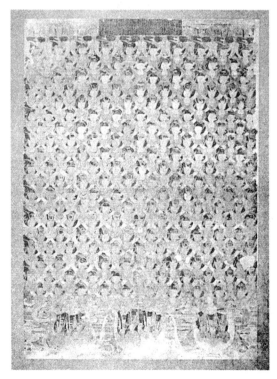

천불회도

이 불화는 과거·현재·미래의
삼천불을 모두 그리거나 각각의
천불만 그리기도 하는데 선운사
의 것은 현재의 천불을 그리고
있다. 1754년에 조성되었다.

두 대법당으로 옮기고 철거하였던 것이다. 이 천불전 안에는 1668년(숙종 14)에 조성한 천불상과 천불회도, 그리고 괘불 등이 있었다. 지금 남아 있는 천불회도는 1668년 조성의 천불회도 대신 1754년에 새로 조성하여 이 곳 천불전에 봉안했던 것이다.

■ 산내암자

조선시대이래 선운산에는 89개의 암자와 24개의 수도굴, 그리고 189개에 이르는 요사가 있었다. 이후 19세기 초에는 다소 줄어들었지만 50여 개의 암자가 여전히 존재하고 있었다. 현재 절의 암자로는 참당암·도솔암·동운암·석상암의 네 곳만이 남아 있다.

● 참당암

선운사 천왕문을 나와 오른쪽의 산길을 3km 정도 오르면 세 갈래 길이 나

참당암 선운산에는 89개의 암자가 있었다고 하는데 지금은 참당암을 비롯한 네곳만 남아 있다.

참당암 대웅전　고려시대 풍의 부재를 간직한 조선 후기의 빼어난 건축물이다.

오는데, 그 오른쪽 길로 꺾어 들면 참당암(懺堂庵)을 만나게 된다. 지금은 선
운사의 산내암자로 사격이 위축되었지만 사실 참당암은 선운산의 여러 사암
가운데 가장 먼저 창건되었고, 본래의 이름은 참당사 또는 대참사(大懺寺)라
고 불렸던 거찰이었다.

　절의 창건은 의운(義雲) 선사에 의해 이루어졌는데 그 과정이 다음과 같이
설화의 형태로 전한다.

　산아래의 포구에 범음(梵音)을 울리며 배가 다가오자 의운 선사가 마을사
람들과 함께 다가갔다. 배안에서는 금인(金人)이 나타나 여러 불상과 보인을
전해 주었다. 대사는 그와 함께 절을 세울 곳을 찾았으나 마땅치 않았다. 그런
데 그날밤 대사의 꿈에 우전국 왕이 나타나, "나는 부처님의 경(經)과 상(像)
을 봉안할 성지를 찾기 위하여 해동의 여러 산을 돌아다녔다. 이 곳 선운산에
이르러 대참(大懺)의 기가 있고 용당(龍堂)을 세울 신령스러운 서기가 하늘
에 뻗쳐 있음을 보았으니, 원컨대 대사께서는 이 곳에 절을 지어 경상(經像)

을 봉안하라."고 당부하였다. 대사는 마침내 산 가운데에 터를 잡고 진흥왕의 도움을 얻어 절을 창건하니 때는 581년(백제 위덕왕 28)이었다.

위의 설화에 등장하는 진흥왕은 앞서 선운사의 창건 설화에도 등장한다. 백제 때 창건되었다는 참당사의 경우에도 신라의 진흥왕이 등장하는데, 앞서 말했듯이 이것은 역사적으로 설명이 불가능한 부분이다. 또한 달리 전하는 말로는 선운사를 창건한 검단선사가 도적들을 깨우치고, 그 도적들이 크게 참회하여 참당사라는 이름이 붙었다고도 한다.

창건 이후의 사정은 전하지 않고 고려시대 들어 1328년(충숙왕 15)부터 그 이듬해까지 중수가 있었다. 또한 1346년(충목왕 2)부터 1398년(조선 태조 7)까지 약 52년에 걸쳐 점찰신앙 법회의 하나인 생회가 개설되었다.

조선시대에는 여러 차례의 중건이 있었는데 먼저 1530년(중종 25)에 재중수하였고, 1614년(광해군 6)과 1642년(인조 20), 1794년(정조 18) 등에도 중수가 이어졌다.

당시 가람의 모습은 법당의 동쪽에 승당, 서쪽에 미륵전, 위로는 약사전, 아래로는 명부전 등 여러 전각이 즐비해 있었다. 이처럼 참당암은 조선 후기까

참당암 대웅전 삼존불 삼존불과 함께 영산회상도 · 현왕탱화 및 18세기의 동종이 함께 있다.

지만 해도 독립 사찰로서 상당히 번성하고 있었으나 성종대(1469~1494) 이후 선운사가 산중의 중심도량이 되면서 상대적으로 차츰 사세가 기울어 갔다.

절은 현재 대웅전과 약사전·응진전·명부전·도솔선원 그리고 요사로 이루어졌다.

◆ 참당암 대웅전

앞면과 옆면 각 3칸의 맞배지붕 건물인데 조선 후기의 빼어난 건축미를 지니고 있어 보물 제803호로 지정되었다. 특히 여러 차례의 중수가 있었음에도 여전히 고려시대 건축 부재(副材)의 양식을 지니고 있어 이채롭다. 오랫동안 보수가 이루어지지 않았고, 또한 단청을 하지 않아 지금은 퇴락이 매우 심하다. 안에는 석가여래를 본존으로 하고 관음보살과 세지보살이 협시한 삼존불을 봉안하였다. 그 뒤로는 1900년에 조성한 영산회상도를 봉안하였고, 왼쪽 벽에는 최근작의 신중탱화와 1910년 조성의 현왕탱화, 그리고 우은당(遇隱堂) 대선사의 진영을 모셨다. 한편 1788년(정조 11)에 당시 주지 윤진(允眞)과 만민(萬敏) 스님 등이 조성한 중종이 있는데 지금도 예불에 사용하고 있다.

◆ 참당암 약사전

앞면 3칸, 옆면 2칸의 아담한 맞배지붕 건물이다. 오랜 세월을 거치면서 많이 퇴락하여 지금은 보수가 한창인데, 안에는 석조의 보살좌상을 봉안하였다. 6각의 연화대좌에 앉은 불상은 높이 80cm, 무릎 너비 50cm이다. 머리에는 두건을 쓰고 이마에는 띠를 둘렀으며 백호는 새로 보수한 듯하다. 상호는 두 볼이 두툼하게 살쩌 풍만하면서도 균형이 잡혀 있다. 눈썹은 가늘고 둥근 모양이 초생달을 닮았고, 반쯤 뜬 눈은 입정상(入定相)이다. 가슴에는 영락이 있고, 오른손은 가슴아래로 구부려 엄지와 인지, 장지로 보주를 들고 있으며 왼손은 촉지인을 취해 무릎위에 올려 놓았다. 발은 결가부좌하였으나 그 위를 덮은 옷자락으로 굴곡과 선이 생략되어 두껍고 투박하게 보인다. 흔히 이 보살상을 약사여래라 하고, 오른손의 지물을 약호(藥壺)로 보기도 하나, 이보다는 보주에 가깝고 머리에 두건을 쓴 상호 등에서 지장보살상에 가깝다. 더욱이 선운사의 금동지장보살상이나 도솔암의 지장보살상과도 그 양식적 계통을 같이하고 있어 이 약사전의 보살상은 지장보살일 가능성이 크다.

◆ 참당암 응진전 · 명부전

응진전과 명부전은 앞면 6칸, 옆면 2칸의 맞배지붕 건물 하나에 나란히 들어서 있다. 응진전 안에는 석가삼존상과 최근작의 소형 나한상, 그리고 인왕상

약사전 석조보살좌상
보주와 머리에 두건을 쓰고 있어 선운사와 도솔암의 지장보살상과 그 계통을 같이하는 지장보살로 여겨진다.

2체를 봉안하였다. 전각 출입문 위에는 1900년의 「오백나한중수개채기」를 비롯한 현판 4점이 걸려 있다. 명부전에는 지장삼존상과 시왕·판관·녹사·사자·인왕상 등을 목조로 조성하여 명부세계의 장엄을 묘사하였다.

참당암의 현재를 보면 영원한 것은 없다는 경전의 글귀를 실감하게 된다. 조선 초까지 50여 년간 생회가 개최되는 등 크게 번성했던 옛자취는 간 데 없고, 지금의 절은 상당히 퇴락한 상태이다. 그 이유야 자세히 알 수 없으나 머지 않아 선원을 세우고 선방으로서 거듭날 것이라 하니 기대를 걸어 본다.

● 도솔암

선운사 천왕문을 나와 등산로를 따라 산 정상 길을 약 2km 정도 오르면 참당암으로 가는 오른쪽 길이 나온다. 여기를 지나 200여 m를 오르면 진흥왕이 왕위를 버리고 만년에 출가하여 수도하였다는 진흥굴이 있다. 이 천연동굴은 선운사와 여러 암자의 창건 연기에 등장하는 진흥왕의 수도처라고 전하므로 설화를 그대로 따른다면 선운산에 존재하는 사암의 근원지가 되는 셈이다.

여기서 멀지 않은 곳에 도솔암(兜率庵)이 자리한다. 이 암자는 백제 때 창건되었다고 한다. 정확한 창건 사실은 알 수 없으나 선운사의 연혁을 전하는 여러 기록에 따르면 선운사와 함께 창건되었다는 것이다. 사적기에는, "신라 진흥왕이 왕위를 버리고 선운산의 왼쪽 굴에 머물고 있었는데, 어느 날 밤 꿈에 미륵삼존이 바위를 깨뜨리고 나오는 꿈을 꾸었고, 이에 감응받아 중애사(重愛寺)·선운사·도솔사(兜率寺) 등의 여러 사암을 창건하였다."라고 하였다. 그러나 앞서도 살펴 보았지만 백제와 신라가 영토를 둘러싸고 심한 대립에 있었을 당시 신라의 국왕이 백제의 영토에 들어와서 수행하였다는 이야기는 납득이 가지 않는 부분이다. 이처럼 도솔암의 창건 과정은 정확히 알 수 없지만, 분명한 것은 이 곳이 미륵신앙과 깊은 관련을 지녔다는 점이다. 즉 미륵삼존이 출현하였다던가 절이름을 도솔암이라고 한 사실 등은 미륵 하생신앙을 배경으로 절이 창건된 사실을 말해준다.

도솔암의 역사에 있어서 가장 오래된 유물은 동불암(東佛庵)의 마애불이다. 거대한 자연암벽에 새긴 이 마애미륵불은 고려시대에 조성되었다. 이로써 도솔암은 창건이래 지속적으로 미륵신앙을 신앙배경으로 삼아왔음을 알 수 있다. 한편 1994년에 부여문화재연구소에서 발굴한 결과 출토된 기와에 '도솔산 중사(仲寺)'라는 명문이 있어 당시에는 절이름이 중사라고도 불렸음을 알 수 있다. 조선 후기에 들어오면 이 곳 도솔암은 세 개의 이름으로 불렸다. 상도솔암(上兜率庵)·하도솔암(下兜率庵)·북도솔암(北兜率庵)이 그것인데 상도솔암은 지금의 도솔천내원궁이고, 하도솔암은 마애불상이 있는 곳이며, 북도솔암이 지금의 대웅전이 있는 자리이다. 이처럼 도솔암은 각기 독자적 암자였는데 근세에 와서 북도솔암을 중심으로 도솔암 하나로 통합되었던 것이다.

상도솔암은 1511년(중종 6)에 지은(智誾) 스님이 중창하였고, 1694년(숙종 20)에 태헌(太憲) 스님이 기와를 바꾸는 등의 중수를 하였다. 1705년 봄에는 보경(寶鏡) 스님이 중종을 봉안하였고, 천호(天浩) 스님과 신도 최태신(崔太信)이 전각에 단청을 하였으며 불상에 도금을 하였다. 1829년(순조 20)에는

도솔암　조선 후기에 상도솔암·하도솔암·북도솔암이었는데 지금의 대웅전은 북도솔암에 해당된다.

나한전 마애불상과 내원궁으로 가는 길목에 자리한다. 용문암에서 옮겨온 나한상과 판관상이 있다.

경문(敬聞) 스님이 전각을 중수하고 단청을 새로 하였다. 이후 얼마 지나지 않아 내원궁만을 남기고 퇴락했던 것으로 추측된다.

하도솔암은 1658년(효종 9)에 한해인(韓海印)이, 북도솔암은 1703년(숙종 29)에 최태신이 각각 창건하였다.

현재 도솔암의 전각은 대웅전과 나한전, 도솔천내원궁 그리고 요사로 이루어졌다.

◆ 도솔암 대웅전

앞면과 옆면 각 3칸의 맞배지붕 건물로서, 안에는 금동석가여래좌상을 본존으로 모셨다. 그 뒤에는 영산회상도를, 왼쪽에는 현왕탱화와 영산회상노를 봉안하였다. 불상 오른쪽 벽에는 선운산의 여러 사암을 창건한 검단선사와 의운조사의 진영을 한 폭에 조성한 진영을 봉안하였다. 아마도 최근에 선운사 산신각에 있는 진영을 모사한 듯 크기와 모습이 똑같다.

◆ 도솔암 나한전

대웅전 서쪽으로 150m 정도 떨어져 있다. 앞면 3칸, 옆면 1칸의 맞배지붕
건물로서 조선시대 말기의 건축양식을 지녔다.

안에는 흙으로 빚은 소조석가여래좌상을 중심으로 가섭과 아난이 협시하였
고, 1910년에 용문암(龍門庵)에서 옮겨온 16나한상과 판관상 등이 있다.

나한전 앞에는 아담한 삼층석탑이 하나 있는데, 비록 심하게 파손되었지만
고려시대 석탑의 모습을 잘 간직하고 있다.

◆ 도솔암 도솔천내원궁

대웅전 서쪽 기슭의 가파른 계단을 숨가쁘게 오르면 넓은 암반 대지가 나오
는데, 도솔천내원궁(兜率天內院宮)은 바로 이 곳에 위치한다.

내원궁은 미륵보살이 도솔천에서 수행과 교화를 펼치며 머무르는 곳을 가
리킨다.

전각 크기는 앞면 3칸, 옆면 2칸의 맞배지붕 건물로서 안에는 금동지장보살
상과 목각의 지장후불탱을 봉안하였다.

◆ 도솔암 도솔천내원궁 금동지장보살상

현재 보물 제280호로 지정되어 있으며, 크기는 높이 97cm이다. 전체적으로
보아 선운사 관음전 보물 제279호의 지장보살상과 비슷한 분위기를 지녔다.

대좌와 광배는 남아 있지 않고, 불신(佛身)만 완전한 모습이다. 상호는 타원
형으로 갸름한 얼굴에 초승달을 닮은 눈썹, 감았는지 떴는지 분간이 어려운
가는 눈, 오뚝한 코, 꾹 다문 입 등이 매우 사실적이면서도 경건함을 지녔다.
머리에는 얇은 두건을 썼지만, 위쪽은 삭발한 승려와 같은 민머리이다.

수인은 오른손의 엄지와 중지를 살짝 맞댔고, 왼손에는 둥근 보륜(寶輪)을
든 독특한 모습이다. 또한 손에는 팔찌를 두르고 있어 가슴의 화려한 목걸이

대웅전 현왕탱화

와 두건의 정교한 영락 등과 조화를 이루며 세련된 아름다움을 마음껏 뽐내
는 듯하다.

불의는 통견으로서 어깨나 소매, 무릎 등을 얇은 선각으로 표현하여 간결하
면서 단정한 느낌을 준다.

이 지장보살상은 충청남도 청양 장곡사나 문수사의 고려시대 지장보살상과
비교하여 대체로 양식적 계통을 같이한다고 해서 고려 후기작으로 보기도 한
다. 그러나 조선 초기에 조성되었을 가능성도 있나.

이 보살상과 거의 같은 양식을 지닌 선운사 지장보살상이 조선 성종대(1469
~1494) 이후 선운사가 왕실에서 돌아간 선왕의 명복을 비는 원당(願堂) 사
찰이 되던 무렵에 조성된 것이기 때문이다.

도솔천내원궁 금동지장보살상

선운사 관음전의 지장보살상과
비슷한 분위기를 지니고 있다.
왼손에는 둥근 보륜을 들고 있
으며 팔찌와 목걸이 등의 화려
한 장신구를 두르고 있다. 보물
제280호.

● 동불암 마애불상

　도솔암 나한전의 서쪽 자연 암벽에는 거대한 마애불상이 있다. 지금은 도솔
암이 가까운 곳에 있어 도솔암에서 조석으로 예불을 올리고 있지만 본래 이
곳에는 동불암(東佛庵)이 있었다. 높이 13m, 너비 3m에 달하는 이 웅장한 마
애불은 고려시대에 조성되어 지금까지 별다른 변화없이 천 여년 동안 내려왔
으며, 지금은 선운사의 상징처럼 되어 있다.

　그런데 이 불상에 관해서는 백제 위덕왕(554～598)이 검단선사에게 부탁하
여 암벽에 불상을 조각하고, 그 위 암벽 꼭대기에 동불암이라는 공중 누각을

짓게 하였다는 조성 연기(緣起)가 전해내려 온다. 불상에 대한 자세한 기록이 전하지 않기 때문에 선운사를 창건한 검단선사를 조성자로 파악한 것이다. 비록 마애불이 고려시대의 양식을 지녔지만 위의 설화를 전적으로 무시해 버릴 것은 아니다. 왜냐하면 최근에 마애불과 그 부근을 발굴조사한 결과 이 곳에서는 백제시대의 기와가 출토되었고, 이를 통해 백제 때부터 가람이 존재하고 있었음이 증명되었기 때문이다.

마애불은 낮은 부조(浮彫)로 연화대좌 위에 결가부좌한 모습이다. 머리에는 육계가 있고, 상호는 눈꼬리가 치켜 올라갔는데 불거진 눈에 우뚝 솟은 코, 앞으로 내민 입술 등이 전체적으로 거칠고 소박한 느낌을 준다.

귀는 어깨까지 축 늘어져 고려시대 마애불의 일반적 경향을 반영하고 있다. 그런데 목에는 가느다란 삼도가 있으나 지나치게 짧게 표현하여 머리와 어깨가 맞붙어 잔뜩 웅크린 듯한 인상이다. 불의는 통견인데 옷주름을 선으로만 나타내 지극히 형식화되어 있다.

가슴은 암벽의 특성 때문에 양감(量感)이 없이 밋밋하게 처리하였지만 그 아래로는 선명하게 불의(佛衣)의 띠매듭이 나타나 있다.

수인은 두 손을 활짝 펴 아랫배에 가지런히 놓았는데 지나치게 크게 표현하였고, 이는 결가부좌한 발에서도 마찬가지이다. 대좌는 2단으로 되었으며, 상단에는 옷자락이 늘어져 있고 하단에는 간략한 복연화문을 새겼다.

마애불의 머리 위로는 여러 개의 구멍이 뚫려 있어, 이 곳에 목조의 전각을 세웠음을 알 수 있다.

전체적으로 이 마애불은 세련된 기법이라거나 공들여 조성한 흔적은 찾아볼 수 없다. 물론 거대한 암벽에 불상을 조각하는 일 자체가 대단한 신앙심과 노력을 들이지 않고는 불가능한 일이지만, 후대인의 사치스런 안목으로 볼 때 그렇다는 말이다.

그러나 거칠고 투박하게 암벽을 듬성듬성 깎아 새기고 다듬은 고려인의 그 순수한 신앙심에 존경을 표하지 않을 수 없다. 그래서 사람들은 이 마애불을 미륵불이라고 부른다.

동운암 법당과 칠성각이 남아 있다. 법당에는 정교한 묘사와 구조를 가진 53불회도가 봉안되었다.

거칠고 혼탁한 현세에서 벗어나 먼 미래세상에 출현할 미륵을 지금의 현실에서 만나보고자 하는 중생들의 바램이 마애미륵불로 탄생한 것이 아닐까. 더없이 기쁘고 환희에 빛나는 미륵의 하생을 더 많은 사람들과 함께 나누고자 이 높은 암벽에 거대하게 표현했을 것이다.

미륵불의 가슴에는 사각에 가까운 네모난 구멍의 흔적이 남아 있다. 복장(腹藏)을 안치했을 자리로 보이는데, 여기에는 극적인 전설이 하나 전한다. 조선 후기에, 바로 이 미륵상의 배꼽속에 신비한 비결(秘訣)이 숨겨져 있으며 이 비결이 세상에 나오는 날에는 한양이 망한다는 전설이 퍼져 있었다. 1890년 무렵 전라감사로 내려왔던 이서구(李書九)가 어느 날 미륵불이 있는 곳에서 상서로운 기운이 뻗쳐 올라오는 것을 보았다. 이에 지체하지 않고 배꼽을 열어보니 그 속에 책이 한 권 들어 있었다. 그런데 갑자기 마른 하늘에 뇌성 벽력이 치자 두려워 도로 책을 넣고 봉해버렸다. 그 때 얼핏 본 책에는, '전라 감사 이서구가 열어 본다.'라는 글귀가 쓰여 있었다고 한다. 지금 마애불의 가슴에 남아 있는 회칠은 이 때의 흔적이라고 한다.

한편 동학혁명이 일어나기 2년 전인 1892년에 동학의 주도세력들 간에 이 미륵불의 배꼽에 들어 있는 책속에 세상을 개혁할 비방이 적혀 있다는 소문이 나돌았다. 이들은 실제로 이를 믿고 무력으로 책을 탈취하였고, 마침내 주동자들이 모두 체포되는 사건이 일어나기도 하였다.

● 동운암

동운암(東雲庵)은 선운사의 극락교 건너편 남쪽에 위치한다. 창건년대는 알 수 없으나, 아마도 선운사가 대대적으로 중창되던 1614년(광해군 6)에 창건된 것으로 추측된다. 그 후 1693년(숙종 19)에 중창하여 20여 년 전까지만 해도 명맥을 이어왔으나, 지금은 법당과 칠성각만이 남아 있다.

법당은 앞면 5칸, 옆면 3칸의 맞배지붕 건물로서 안에는 석가삼존불과 후불탱화, 그리고 신중탱화를 봉안하였다. 이 가운데 주목을 끄는 것은 후불탱화이다. 유리액자로 보호하고 있어 현재 화기(畵記)는 확인할 수 없지만, 화면 하단에 아미타불을 본존으로 좌우에 석가불과 약사불이 협시한 삼신불상이 중심을 이루고 그 위로 수많은 여래를 표현한 53불회도이다.

중단에는 아미타불의 화불(化佛)로서 7여래를 나타냈고, 그 좌우에 15여래가 상반신만을 보이고 있는데 각기 흰색 선으로 구획하였다.

상단에는 역시 흰색의 반원형 선으로 나누어 5여래를 좌우로 나타냈다. 일부분이 세월에 탈색되어 제 색을 잃었지만, 정교한 묘사와 구도를 지녀 매우 귀중한 불화임을 알게 한다.

선운사의 사적기에 따르면 1481년(성종 12)에 53불회도를 조성하였다는 기

석상암 백제 때 창건되었고 1665년에 학철 스님이 중창하였다. 법당에는 옥돌의 관음보살상이 있다.

록이 있다. 아마도 이 전통이 조선 후기까지 이어져 1693년에 동운암을 중창 하면서 이 불화도 함께 조성한 것으로 추정된다.

● 석상암

석상암(石上庵)은 선운사와 부도전 사이의 작은 길을 따라 1km 정도 오르 면 나타난다. 백제 때 창건되었고, 1665년(현종 6)에 학철(學哲) 스님이 중창 하였다. 지금은 법당과 칠성각만으로 이루어진 단촐한 암자이지만, 주변에는 네 곳에 걸쳐 건물지가 있어 본래는 지금과는 달리 적지 않은 규모였음을 짐 작하게 한다.

법당은 앞면 5칸, 옆면 2칸의 맞배지붕으로서 요사를 잇대어 놓은 최근 건 물이다. 안에는 옥돌의 관세음보살좌상을 주존으로 봉안하였는데 지금은 도금 을 입혀 옥돌인지 알아보기 어렵다. 보살상 뒤로는 1754년(영조 30)의 후불탱화가 있고, 좌우에는 같은 해에 조성한 칠성탱화·지장탱화·신중탱화를 봉안하였다. 칠성각은 1986년에 새로 지은 앞면 2칸, 옆면 1칸의 맞배지붕 건물로서, 안에는 1957년에 조성한 독성탱화·산신탱화·칠성탱화를 봉안하였다.

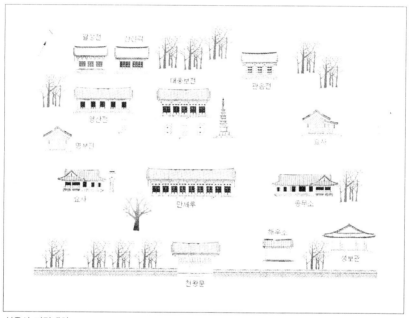

선운사 가람배치

소요사

■ 위치와 창건

소요사(逍遙寺)는 고창군 부안면 용산리 148-1번지 소요산에 자리한 한국
불교태고종 사찰이다. 고창의 영산(靈山)인 방장산의 맥이 서쪽으로 달려와
서쪽 해안 연변에 우뚝 솟은 산이 바로 소요산이다. 소요사는 소요산 동쪽 기
슭에 위치한다.

소요사   해안 연변에 우뚝 솟은 소요산 정상 가까이에 자리한 절은 그 경치가 아름답기 그지없다.

절의 창건에 대해서는 다음과 같은 두 가지 설이 있다. 첫째, 백제 위덕왕대 (554~597년)의 고승이던 소요대사(逍遙大師)에 의해 개창되었다고 하는 설이다. 당시 소요대사는 이 곳 소요사에서 큰 가르침을 깨닫고, 이름을 얻은 곳이라는 의미에서 산이름도 소요산이라 불렸다고 한다. 두 번째의 창건설은 지리산 화엄사와 천은사 및 연곡사를 창건했다고 하는 연기조사(烟起祖師)가 소요사 바로 아래에 있는 연기사(烟起寺)를 창건하면서, 지금의 소요사 자리에 작은 암자를 짓고 수도했다고 하는 설이다. 이 두 가지 창건설에 대해서 현재 절에서는 연기조사의 창건설을 사실로 받아들이고 있다.

그 뒤 신라 말의 고승인 도선국사(827~898)가 도를 깨친 다음 수도 행각을 할 때 잠시 이곳에 머물렀던 곳으로도 소요사는 널리 알려져 있다. 이 때 도선국사가 다시 소요사를 중창하였다고 한다.

■ 연혁

도선국사 중창 이후 고려시대에는 강감찬 장군이 이곳에서 기도를 하였다고 전하지만 기록이 없어 자세하지 않다.

조선시대가 되면서 수많은 선승들이 이 곳 소요사에서 수도를 하였다고 한다. 그 가운데서 가장 대표적 수행자는 같은시대 사람들인 진묵 일옥・소요 태능 스님이다. 이 두 스님이 이곳에서 수행을 함에 따라 인근의 승려들과 신도들이 법문을 들으려고 끊임없이 모여 들었다. 이 때 절의 규모도 상당히 번창했다고 한다. 태능 스님의 중건은 1583년(선조 16)으로 전한다. 그러나 정유 재란 때 왜군의 노략질로 당우들은 소실되고 겨우 요사만 남았다. 그 뒤 1644년(인조 22)에 허기(虛機) 스님이 중건한 대웅전은 조선시대 말까지 존재했다고 한다.

그러나 『신증동국여지승람』 권36 「흥덕현 불우조」와 『여지도서』 등에는 소요사에 대한 기록이 나타나지 않고, 1871~1895년에 작성된 『호남읍지』에는 '소요암'으로 나오는 것을 볼 수 있다. 이들 기록을 종합해 보면 소요암은 창

대웅전 많은 선승이 이곳에서 수도를 하였는데 그중에는 진묵 스님, 소요 스님 등이 대표적이다.

건 이후 공식적으로 알려진 사찰보다는 비공식적으로 알려지지 않은 사찰이고, 또한 17~18세기를 전후해서 일시적으로 폐찰된 듯하다.

조선 후기에 들어와서는 언제부터인가 중창되어 사찰로서의 역할과 기능을 하다가, 1950년의 한국전쟁으로 다시 거의 폐사가 되었다.

근래에는 백양사에서 총무를 맡아 백양사 3창에 중추적 역할을 하던 현학(玄鶴) 스님이 1961년에 이곳으로 와서 대웅전을 짓고 중창하기 시작했다. 그 뒤 1970년 부임한 전덕진 스님을 거쳐, 1975년에 전동진 스님이 주지로 부임한 후로 대웅전과 요사를 중수하고 종각과 칠성각을 새로 짓는 등의 중창불사로 소실되었던 절의 면모를 갖추었다.

최근에는 1990년에 정윤댁 스님이 주지로 부임하면서 소요사 수변의 환경을 정리하고, 요사 입구까지의 도로를 개설했다. 1992년에는 강옥동 주지가 부임한 뒤에 산신각을 창건하였다. 1994년에 현 주지 김금성 스님이 부임하면서 산신각의 탱화불사를 비롯해 사찰의 여러 불사를 활발하게 진행하고 있다.

■ 주요인물

● 연기조사

연기조사(緣起祖師)의 정확한 활동년대는 잘 알려지지 않았지만, 대체로 신라 경덕왕(재위, 742~764년) 때의 고승으로 추정된다. 연기조사의 출신에 대해서는 두 가지 설이 있다. 하나는 고창군 흥덕현 출신으로 출가하여 도교를 성취한 뒤 여러 명산을 편력하였다는 설과, 다른 하나는 인도에서 왔다는 설 등이 있다.

이름에 대해서도 대체로 '緣起'로 표기하고 있으나, '烟氣' 또는 '烟起'로도 쓰고 있으며, 전하는 말로는 그가 연을 타고 우리나라에 왔다고 해서 '鳶起'라고 했다고도 한다.

전설에 따르면 그는 어머니와 함께 처음 지리산에 와서 화엄사를 중창하고

화엄사 연기조사 공양상

지리산 화엄사를 중창하고 화엄학을 널리 현양했다는 연기 스님은 연기사, 운흥사, 천은사, 연곡사 등을 창건하였다. 사진은 구례 화엄사 효대(孝臺)에 있는 연기조사 공양상. 연기조사가 마주한 어머니에게 차를 공양하는 모습이다.

화엄학을 널리 현양했다. 고려의 대각국사는 화엄사에 들러 연기조사를 드높이며, '일생을 바쳐 노력하여 화엄의 종풍을 해동에 드날렸네.' 라는 글을 남겼다. 특히 최근에 경덕왕 때 제작된 신라『화엄경』사경(寫經)이 발견됨으로써 그의 행적이 확인되었다. 이 사경의 발문에 의하면, 그의 주재하에 754년(경덕왕 13) 8월 사경을 조성하기 시작하여 그 이듬해 2월에 완성하였음을 알 수 있다.

그가 창건한 사찰로는 화엄사, 흥덕의 연기사와 소요사, 나주의 운흥사, 지리산 천은사와 연곡사, 곤양 서봉사, 산청 대원사 등이 있다고 한다. 저술로는 『대승기신론주망소(大乘起信論珠網疏)』3권(혹은 4권)과『대승기신론사번취묘(大乘起信論捨繁取妙)』1권, 『화엄경개종결의(華嚴經開宗決疑)』30권, 『화엄경요결(華嚴經要決)』13권, 『화엄경진류환원락도(華嚴經眞流還源樂圖)』1권 등 5종이 있다. 이 저술들에 대해서 고려시대 의천(義天) 스님이 중국 및 우리나라 불교관계 저술을 모아 엮은 목록인『신편제종교장총록(新編諸宗敎藏總錄)』에서도『대승기신론주망소』를 제외한 나머지 넷을 연기의 저술이라고 기록하고 있으나, 현재는 모두 전해지지 않는다.

■ 성보문화재

절에는 현재 대웅전을 비롯해서 칠성각·산신각·요사 등의 건물이 있다.

● 대웅전

팔작지붕에 앞면과 옆면 각 3칸 규모로서 1961년 현학 스님이 중건했다.

인에는 문수보살좌상이 모셔져 있으며, 그 뒤로 1966년에 봉안된 후불탱화가 있다. 상단불단 벽 뒤면에는 1965년 10월 제작된 지장고사탱화(地藏庫司幀畵)·지장사자탱화(地藏使者幀畵) 등 지장탱화가 모셔져 있고, 중앙불단 왼쪽에는 1969년에 조성한 신중탱화와 시왕도 2폭이 있다.

부도와 비 부도는 도선국사의 부도탑이며, 2기의 비는 삼창공적비와 헌답기념비이다.

또한 법당 내부에는 천안 유왕사에서 옮겨온 높이 60cm 정도의 중종이 있다. 이 범종의 특징으로는 음통이 없으며, 용뉴에는 두 마리의 용이 꼬리가 없는 상태로 서로 엇갈려 있다.

● 칠성각

대웅전 뒤쪽에 있으며, 건물의 형태는 앞면 2칸, 옆면 1칸의 맞배지붕이다. 칠성각 내부에는 1988년에 제작된 신장탱화가 모셔져 있다.

● 산신각

대웅전 뒤쪽의 오솔길로 100m 가량 올라가 고창과 부안쪽이 한눈에 보이는 곳에 위치한다. 건물의 형태는 앞면과 옆면 각 1칸의 맞배지붕이다. 안에는 1994년에 조성한 산신탱화가 모셔져 있다.

굽이치는 산마루를 타고 오르는 길은 그야말로 천상으로 향하는 길을 실감케 한다.

● 서해용왕지위비

  칠성각과 산신각의 사이에 있는 오솔길의 오른쪽에 보면 〈서해용왕지위비(西海龍王之位碑)〉라는 비석이 있다. 비문의 내용을 보면 흥덕면민들이 비오기를 기원하여 세운 것이다. 특히 조선시대에는 국가가 주관하는 기우도량보다는 사찰에서 마을단위로 기우제를 행하였다.

● 부도와 비

  요사에서 서쪽으로 조금 내려가면 1기의 부도와 2기의 비석이 보인다. 이부도는 도선국사의 부도탑이라 전한다. 도선국사의 부도탑이 여러 사찰에 있지만, 소요사도 도선국사가 수도한 곳이기 때문에 부도탑이 있는 것은 당연하다고 볼 수 있다.

　2기의 비석은 〈삼창공적비〉(1970년), 〈헌답기념비〉(1971년)이다. 〈삼창공덕비〉는 1583년 소요 태능 스님의 중창, 1644년 허기 스님의 중창, 1961년 현학 스님의 중창을 기념한 것이다. 그밖에 절에는 〈소요사영보문기(逍遙寺永保文記)〉(1957년) 비석이 있다.

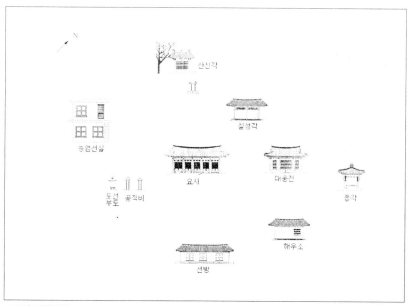

소요사 가람배치

용화사

■ 위치와 창건

용화사(龍華寺)는 고창군 대산면 연동리 산75번지에 자리한 한국불교태고 종 사찰이다. 대산면에서 영광 방면으로 2㎞쯤 가다가 다시 오른쪽으로 4㎞를 가면 야트막한 산이 있고, 그 기슭에 용화사가 위치한다.

용화사는 1950년에 서만혜 스님과 하종례 보살이 창건했다. 용화사 사적기

용화사 용화회상의 미륵도량으로 창건된 절은 1950년 서만혜 스님과 하종례 보살이 창건했다.

미륵전 꿈속에 나타난 미륵불을 모신 건물은 요사와 함께 가장 먼저 창건되었다.

에 의하면 서만혜 스님과 하종례 보살이 한날 한시에 같은 꿈을 꾸었는데, 꿈
속에서 미륵보살에 의하여, "야산에 내가(미륵보살) 있으니 모셔다 절을 창건
하라."는 마정수기를 받았다. 두 사람은 감격하여 미륵의 세상인 용화회상(龍
華會上)을 생각하고 미륵도량으로 용화사를 창건했다고 한다.

초대 주지인 서만혜 스님은 대웅전과 꿈속에 나타나신 미륵불을 모신 미륵
전과 요사를 창건하여 사격을 갖추었다. 그 뒤를 계속해서 고대근·김철봉·
이종남 주지로 이어 오면서 사찰의 면모를 갖추어 나갔다.

1982년에는 정법운 스님이 대웅전을 고쳐서 늘려짓고 종각을 새로 지어 범
종을 조성했다. 또한 부처님 진신사리를 스리랑카에서 모셔와 오층석탑을 세
웠다. 그리고 부처님의 지혜로 암흑의 세계를 비춘다는 2기의 석등과, 인류의
평화와 남북통일을 기원하는 평화통일 기원비를 세웠다. 이어서 용화사의 창
건주 서만혜 스님과 하종례 보살의 공덕을 기리기 위해 공덕비를 세웠다.

■ 성보문화재

현재 절에는 대웅전 · 미륵전 · 종각 · 요사 등의 건물이 200여 평의 대지위에 늘어서 있다.

● 대웅전

앞면 5칸, 옆면 2칸의 팔작지붕으로서 1950년에 지었다.

안에는 석가삼존불상을 모셨고, 지장상이 있다. 불화로는 후불탱화 · 칠성탱화 · 산신탱화 · 천룡도 등이 있는데 전부 근래에 조성한 것이다. 그밖에 중종이 하나 있다.

● 지장보살상

대웅전 안에 봉안된 목조상으로서, 절에서는 신라시대에 조성한 것이라고 전한다. 이 지장보살상은 스님들이 등에 지고 다니면서 모시고 기도를 하던 등대불이라 하는데, 언제 용화사에 모셔졌는지는 잘 모른다고 한다.

형태를 보면 높이는 60㎝ 정도인데, 특이한 점은 머리카락이 어깨 부근까지 내려와 있는 점이다. 손목은 본래의 목재 그대로가 아니라 따로 조각을 하여 맞춘 것이다.

이 지장보살상에서 출토된 복장 유물로는 『법화경』「방편품」 2권을 목판본으로 찍어낸 척간본(병풍식) 1부가 있다. 기록되어 있지 않아 제작년대가 명확하지는 않지만 글자 판각의 상태로 볼 때 조선 초기에 작성된 것으로 추정된다. 그밖에 붉은색으로 된 『수능엄주』 목판본 3부가 있는데, 역시 제작년대를 자세히 알 수 없다. 또한 제작년대가 '弘治 7년'(1493년, 성종 24)이라고 기록된 『범자다라니』 목판본 3부도 있다.

특히 이 범자다라니의 제작시기를 통하여 지장보살상의 연대를 추측해보면 신라시대의 작품이라기 보다는 고려 말이나 조선 초기로 볼 수도 있을 것이다.

석조미륵불상

용화사의 창건연기와 관
련된 영험있는 미륵불상
이다. 고려시대 조성으로
추정된다.

● 미륵전

대웅전 오른쪽에 위치하며, 앞면 3칸, 옆면 1칸의 맞배지붕 건물이다. 좌우측
벽면에는 비바람을 막는 방풍판이 길게 늘어져 있다.

안에는 미륵불상이 모셔저 있는데, 땅위로 170cm쯤 신체가 솟아난 형상으로
되어 있다. 이 미륵보살이 바로 용화사의 창건연기와 관련된 아주 영험있는
미륵불이다. 갓을 쓴 형태나 두툼한 얼굴, 풍만한 몸매로 보아 고려 시대에 조
성된 것으로 추정된다.

종각 원래 2층 건물이었다고 하는데 지금의 자리로 옮기면서 1층을 없애고 단층으로 중수하였다.

● 종각

절의 전체적 규모에 비해 종각의 건물 규모가 매우 웅장하고 화려한 느낌을 준다. 이 종각은 1984년에 창건했는데, 그 과정을 보면 다음과 같다.

일제강점기에 전라남도 영광의 어느 절에서 2층으로 된 종각이 영광군에 있는 서중학교 교정으로 옮겨져 전해오고 있었다. 그것을 안 현 주지인 법운 스님이 지금의 자리로 다시 옮겨와 중수했다고 한다.

이 종각은 본래 2층 건물이었는데 현재의 자리로 옮겨오면서 1층 부분은 제거하고 단층으로 중수하였다.

종각의 규모는 팔작지붕에 앞면과 옆면 각 1칸씩이다. 안에는 500근 규모의 범종이 있는데, 크기는 높이 150cm, 둘레 200cm로서 1984년에 조성되었다.

● 평화통일기원 오층석탑

종각 왼쪽에는 석가부처님의 진신사리를 모신 오층석탑이 있다. 규모는 높이 700㎝, 기단이 가로 세로 각 250㎝며, 1987년에 법운 스님이 세웠다.

탑의 기단부에는 8부신중이 조각되어 있으며, 1층 부분에는 동서남북으로 사천왕상이 조각되어 있다. 탑에 모셔진 부처님 진신사리는 서경보(徐京保) 스님을 통해 스리랑카에서 모셔온 사리 1과이다.

● 기타 유물

종각의 뒤쪽 200m 거리에 4기의 비가 있다. 왼쪽의 2기는 창건주 서만혜 스님과 하종례 보살의 창건공덕비이며, 오른쪽 2기는 신도공덕비다.

또한 미륵전의 정면 맞은편에는 앞면 4칸, 옆면 2칸의 요사가 있으며, 종각의 좌우에는 팔각형에 높이 200㎝ 크기의 석등 2기가 있다. 오른쪽 석등 앞에는 〈평화통일기원비〉가 있다.

용화사 가람배치

개암사

■ 위치와 창건

부안군 상서면 감교리 714번지에 자리한 개암사(開巖寺)는 주변의 빼어난 절경으로 더욱 이름난 고찰이다. 특히 개암저수지를 거쳐 절에 이르는 길은 단풍나무를 비롯한 각종 수목이 울창하게 들어차 있어 찾는 이들에게 늘 상쾌한 기운을 던져준다. 변산(邊山) 기슭의 울금바위, 즉 우금암(禹金巖) 아래

개암사 백제 무왕 때 묘련왕사와 태자 풍장이 옛 궁전을 절로 삼았고 그 중 하나가 개암사가 되었다.

에 있는 이 사찰은 일제강점기에는 백양사(白羊寺)의 말사였으나, 지금은 대한불교조계종 제24교구 본사 선운사의 말사이다.

개암사와 관련한 자료를 보면, 이 사찰의 역사는 이미 삼한시대 변한(弁韓)으로부터 시작되었음을 알 수 있다. 변한의 문왕(文王)은 동쪽의 묘암동, 서쪽의 개암동에 각각 왕궁과 전각을 지었는데 지금 개암사 터가 이 때 지은 왕궁터에 해당한다는 사실을 기록하고 있는 것이다.

실제로 지금 묘암동에 남아 있는 성지는 백제부흥운동의 근거지였던 주류성지(周留城址)로 추정되고 있으며, 여러 가지 정황으로 보아 이 곳 일대는 삼한시대부터 군사적 · 정치적 요지로 인식되었던 것 같다.

개암사 역사와 관계된 대표적 자료로는 『개암사중건사적기』와 『개암사연혁기』가 있다. 『개암사중건사적기』는 1658년 금파 여여(金波如如) 스님이 편찬한 것으로, 사적기를 비롯해 「법당중창기문」(月坡子 지음, 1640년), 「발문」· 「별기」 등이 함께 수록되어 있다. 아울러 『개암사연혁기』는 1941년 주봉 상의(舟峰尙毅) 스님이 편찬한 것으로서 이 때까지 전해지는 각종 자료를 바탕으로 개암사 역사를 정리한 자료이다.

개암사 창건 역사에 대해서는 오히려 후대에 편찬된 『개암사연혁기』가 상세하다. 변한시대의 축성 사실은 공통적으로 기술하고 있으나 왕궁으로 지어진 전각을 개암사로 창건한 연혁은 이 『개암사연혁기』에 실려 있는 것이다. 그러면 이 자료의 「초창(初創) 묘련왕사(妙蓮王師)」조에 수록된 창건 연기를 살펴보기로 하겠다.

백제 무왕(武王) 35년 갑오년에 왕사(王師)와 태자 풍장(豊璋)이 일본으로부터 돌아와 변산산성(卞山山城)에 머물렀다. 이어서 변한의 전각으로 사찰을 삼으며 사찰 이름을 묘암(妙巖) · 개암(開巖)이라 하였으니 고대 변한의 도성이 삼보(三寶)의 도량으로 변하게 된 것이다.

『개암사연혁기』에 수록된 이 내용을 통해 개암사의 창건 연기를 어느 정도

대웅보전 귀공포 용두 장식

유추할 수 있다. 곧 634년에 묘련왕사와 태자 풍장이 이 곳에 이르러 옛 변한 시절의 전각을 사찰로 꾸미게 되었는데, 그것이 지금의 개암사라는 내용인 것이다. 물론 이 자료를 입증해 줄만한 또다른 역사적 사료는 찾아볼 수 없지만, 백제 의자왕의 아들인 풍장, 곧 부여 풍(夫餘豊)이라는 인물과 이 지역의 연관성은 역사적 사실에 해당하는 내용이다. 앞서 언급하였듯이 백제부흥운동의 근거지였던 주류성이 바로 이 지역 일대였던 것으로 추정되고 있으며, 풍장은 그 백제부흥운동 과정에서 왕으로 추대되었던 인물이기 때문이다. 여하튼 풍장과 묘련왕사라는 스님에 의해 도량의 면모를 갖추게 되었다는 개암사 창건 연기는 상당한 역사적 근거를 지닌 내용으로 보인다.

하지만 개암사의 창건주인 묘련왕사라는 스님이 과연 어떠한 인물이었는지에 대해서는 전혀 알 수 없는 상태이다. 아울러 개암사 일대에 대한 고고학적 조사도 이루어지지 못하고 있으므로 앞으로의 연구에 따라 개암사 창건 역사는 보다 선명히 드러나게 될 것으로 보인다.

■ 연혁

앞서 말한 『개암사중건사적기』와 『개암사연혁기』를 중심으로 개암사 연혁을 구성해 보면 다음과 같다.

년 대	주 요 사 항
634년(백제 무왕 35)	묘련왕사와 태자 풍장이 변한의 옛 궁전을 사찰로 삼음. 동쪽의 궁전은 묘암사, 서쪽의 궁전은 개암사라는 이름을 붙임.
676년(신라 문무왕 16)	원효·의상 스님이 우금암 밑에 있는 굴에 들어와 수행함. 이후 이곳은 원효굴(元曉窟)이라는 이름으로 불리움.
742년(경덕왕 1)	진표율사가 이 곳 일대에서 수행하면서 부사의방장(不思議方丈)을 건립하고, 변산(卞山)의 한자 이름을 변산(邊山)으로 고쳤다고 함.
1276년(고려 충렬왕 2)	원감국사(圓鑑國師) 충지(冲止)가 이 곳을 중창함. 이때 황금전(黃金殿)을 비롯하여 청련각·백옥교·청허루 등 상당수의 전각을 지었다고 함. 아울러 변산의 이름을 능가산(楞伽山)으로 바꿈.
1414년(조선 태종 14)	선탄(禪坦) 스님이 중창함. 스님의 중창 무렵 개암사는 폐허 상태였으며, 사찰 이름도 도솔사로 불리우고 있었다고 함.
1592년(선조 25)	임진왜란으로 당우가 불에 탐. 이 때 오직 황금전 만이 화를 면했다고 하는데 지금의 대웅전이 그것이라 함.

1636년(인조 14)	계호대사(戒浩大師)가 중창함. 이 때 황금전을 대웅보전으로 개칭하였다고 함.
1640년(인조 18)	대웅보전 중창을 기념하기 위해 월파자(月坡子)가 「법당중창기문」을 지음.
1654년(효종 5)	덕언(德彦)·경묵(敬默) 등이 화주가 되어 동·서 양실을 중건함.
1658년(효종 9)	밀영(密英)·혜징(慧澄)·용집(龍集) 등의 스님이 수 년간에 걸친 중창불사를 마침. 이 중창불사를 기념하기 위해 금파당 여여 스님이 『개암사중건사적기』를 지음.
1689년(숙종 5)	동종을 조성함.
1696년(숙종 22)	신웅(信雄)의 화주로 문루를 다시 세움.
1720년(경종 1)	태견(太堅)의 화주로 향각·옥천·학루 세 곳을 다시 세움.
1728년(영조 4)	법천(法天)·찬견(贊堅)이 화주가 되어 명부전을 다시 세움.
1733년(영조 9)	희연(熙演)의 화주로 하서암(下西庵)·석주암(石柱庵)을 다시 세우고, 천인(天印)의 화주로 월정암(月精庵)도 다시 세움.
1737년(영조 13)	덕휘(德輝)·승일(勝日)·보윤(寶允) 스님 등이 시왕상·16나한상 등을 조성함.
1749년(영조 25)	금어(金魚) 의겸(義謙) 스님이 대형 괘불을 조성함.
1783년(정조 7)	승담선사(勝潭禪師)가 대웅전을 중수함.
1900년	대웅보전의 후불탱화를 조성함.

1913년	화은선사(華隱禪師)가 선당(禪堂)을 새로 지음.
1928년	능가산인(楞伽山人)이 『개암사중건사적기』의 발문을 지음.
1941년	주봉 상의 스님이 『개암사연혁기』를 찬술함.
1958년	대웅보전이 보물 제292호로 지정됨.
1960년	대웅보전을 해체 복원함. 이 때 기와를 바꾸고, 삼존불의 개금과 함께 닫집도 보수함.
1977년	〈법명당선사생사리비〉를 건립함.
1992년	반자를 제작함.
1993년	응향각을 복원하고 각 단의 낡은 탱화를 교체함.
1994년	일주문을 건립함. 응진전을 해체 복원함.

　이상이 창건 이후 오늘에 이르기까지의 개암사 연혁 내용이다. 다른 사찰과 마찬가지로 초기의 역사는 매우 소략하지만, 조선 중기 이후의 개암사 역사는 비교적 충실히 남아 있어 주목된다. 이것은 『개암중건사적기』 등의 자료가 중창 관계 역사를 자세하게 전하고 있기 때문인데, 특히 1928년에 능가산인이 지은 사적기 발문에 많은 내용이 전한다. 개암사 역사와 관련한 이들 자료는 단지 개암사 역사 뿐만 아니라, 한국불교사 전체를 연구하는데 있어서도 매우 중요한 자료로 인식되어야 할 것이다.

■ 성보문화재

　문헌상에 나타나는 개암사의 유구한 연혁에 비해서 현존하는 성보문화재는 통일신라기로 소급할 수 있는 것은 없고, 조선 중기 이후의 것들이 대부분이다.

대웅보전 뒷산의 우금암과 전각의 조화는 자연과 친화하려는 우리 사찰의 특징을 그려내고 있다.

그 가운데 중요문화재로 등록되어 있는 것은 보물 제292호인 대웅보전과 전라북도유형문화재 제126호인 조선시대 동종 2점에 지나지 않으나, 등록되지 않은 성보문화재 가운데도 제작년도가 비교적 정확한 것들이 있어 귀중한 학술 자료로 평가·활용되고 있다.

현존하는 성보문화재를 당우·불상·불화·의구·석물류로 구분하여 살펴보았다.

● 당우

현존하는 당우는 일주문 안 사역내에 대웅보전을 중심으로 서쪽에 인등전과 응향각, 동쪽에 응진당이 자리한다. 그리고 도량의 남쪽 아래 서쪽으로 치우쳐서 월성대와 요사가 있다.

◆ 개암사대웅보전

조선 중기의 건축양식으로 추정되는 대웅보전은 2중으로 된 건물기단부 위에 앞면과 옆면 3칸씩의 팔작지붕 건물로서 현재 보물 제292호로 지정되어 있다.

건축 양식을 보면, 초석은 거칠게 치석된 자연할석재를 사용했으며 민흘림식의 기둥은 건물에 비해 다소 굵은 느낌을 준다. 처마는 높게 들려서 네 모서리를 활주로 마감했다.

대웅보전을 제외한 현존 당우는 모두 근래에 신축 또는 해체 복원된 것들로서, 이들의 규격은 다음 표와 같다.

개암사 전각

명 칭	규 격	제작년도	비 고
대웅보전	25평, 앞면·옆면 각 3칸	조선 중기	보물 제292호
응진당	18평, 팔작지붕 앞면 5칸, 옆면 2칸	1972년	1994년 해체복원
인등전	6.5평, 앞면 3칸, 옆면 1칸	1976년	
응향각	14평	1991년	
월성대	38평	1979년	
요사	40평		
일주문		1994년	

대웅보전 삼존불상　석가모니불상을 중심으로 문수·보현보살상이 좌우에서 협시하고 있다.

● 불상

　현존하는 불상은 대웅전의 삼존불과 기존의 응진전에 봉안되었던 20나한 중 1994년에 새로 해체 복원하여 모신 응진당 불상과 16나한상이 있다.

　대웅전 삼존불은 구전에 의하면 고려시대에 조성되어 1657년에 개금했다고 한다. 이들 삼존불은 모두 조선 시대의 양식을 보이고 있으나 머리를 들고 있는 것이 조선 중기의 작품과 다른 면이다.

　현재 응진당에 봉안된 불상은 석가모니불을 중심으로 16나한과 좌우측의 금강역사 입상이다. 이중 16나한상은 조선 중기에 제작된 것으로 추정되는 목조상이며, 기존의 토조나한은 현존하지 않는다. 또한 지장보살상은 본래 청림 초등학교에 있던 것을 군청의 권유로 개암사에 이전 봉안하였다.

개암사 불상

명 칭	규 격(cm)	제작년도	위 치	비 고
석가불상	높이 176, 무릎너비 90	1657년 개금	대웅보전	
문수보살상	높이 168, 무릎너비 80		대웅보전	좌협시
보현보살상	높이 168, 무릎너비 79		대웅보전	우협시
나한상	높이 81, 무릎너비 83	1667년	응진당	목조, 16체
나한상	응진당 해체시 파불		응진당	소조, 4체
지장보살상				석조

● 불화

괘불은 1749년(영조 25)에 금어 의겸 스님이 그렸으며, 길이 14m, 너비 9m 의 대작이다. 법화사상을 표현한 영산회상(靈山會上) 괘불로서, 석가불입상을 중심으로 좌우에 관음·대세지보살이 배치된 구도이다.

주존의 광배에는 화염문이 배치되었고, 주존의 가슴에는 붉은색 '卍'자가 표시되어 있다.

이 괘불은 먹선으로 된 초본이 함께 남아 있어 괘불 연구의 중요 자료로 평가되며, 문화재 지정이 시급하다.

이 괘불을 모시고 기우제를 올려 비를 얻었다는 기록이 『개암사연혁기』에 적혀 있다.

대웅전 기단 입구에 세워져 있는 괘불대는 윗면이 말각(抹角)된 앞면 장방형의 형태로서 돌다음은 상태는 거칠다. 윗쪽 방형의 하부에는 둥근 구멍을

응진당

각각 배치했다. 괘불대 한쪽면에 '己巳年 月日 □□淸禪'의 명문이 새겨져
있다.

그밖에 개암사에 있는 탱화로는 대웅보전의 후불탱화를 비롯하여 4점이 있
으나, 괘불을 제외하고는 모두 근래에 조성된 작품이다.

개암사 불화

명 칭	규 격(㎝)	제 작 년 도	위 치
괘불	1400×900	1749년	
후불탱화	394×325	1950년	대웅보전
신중탱화	201×174	1992년	대웅보전
칠성탱화	201×174	1992년	대웅보전

● 기타

◆ 개암사동종

범종 몸체에 기록된 명문(銘文)에 의하면 1689년에 제작된 것으로서, 현재는 파손이 심해 사용하지 않고 별도 보관 중이다. 전라북도유형문화재 제126호로 지정되어 있다.

종신(鍾身)의 어깨에 방형으로 구획하여 25자의 범어(梵語)를 돋을새김한 견대(肩帶)가 배치되어 있고, 연화보상화문으로 장식된 4조의 유곽 내에는 9개의 유두가 배치되어 있다. 유곽 사이의 공간에는 두 손으로 꽃을 잡고 머리에 보관을 쓴 비천상이 배치되어 있다. 하대(下帶)에는 연화문양대가 마련되어 있다.

종두(鍾頭)에는 연화문으로 장식된 이중 음통(音筒)이 있다. 동종의 외형은 전체적으로 한국종의 형태를 하고 있다.

양식 가운데 용두의 형태와 상대부분을 구획하여 범어를 배치한 것 등은 원나라 이후의 중국적 요소가 많이 포함된 조선시대의 특징을 나타내고 있다. 크기는 높이 89㎝, 입지름 61.5㎝이다.

석조지장보살상

◆ 금고·법고

대웅보전 내에 있는 금고(金鼓)는 직경 80㎝의 크기로, 1992년에 제작된 것이며, 법고(法鼓)는 지름 50㎝, 너비 23㎝의 작은 것으로서 제작시기는 알 수 없다.

◆ 전적류

조선 중기에 작성된 것으로 추정되는 전적류로서, 사적기와 연혁기가 전해
지고 있다.

『개암사중건사적기』는 31×44.5㎝ 규격의 한지 19매로 엮어져 있으며, 내용
은 「개암사 중건」과 「법당중창기문」·「발문」·「별기」로 구성되어 있다.

『부안군개암사연혁기』는 19×32㎝ 크기의 한지 13매로 엮어져 있으며, 창건
연유와 중창자, 중창의 내력 및 괘불의 연혁 등이 실려 있다.

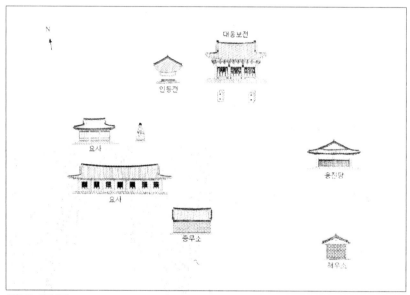

개암사 가람배치

내소사

■ 위치와 창건

내소사(來蘇寺)는 한국의 8대 명승지 가운데 하나인 변산반도 남쪽에 자리하고 있으며, 이 일대 사찰 가운데 최고의 명찰로 손꼽힌다. 행정구역상 소재지는 부안군 진서면 석포리 268번지이며, 예전에는 선계사·청림사·실상사 등과 함께 변산의 4대 명찰로 불렸으나, 지금 남아 있는 사찰은 오직 내소사

내소사　일주문을 지나 전나무 숲길을 들어서면 변산의 절경과 함께 자연과 어우러진 절을 만난다.

뿐이다. 일제강점기에는 백양사의 말사로 속해 있었으나, 지금은 대한불교조계종 제24교구 본사 선운사의 말사이다.

　내소사를 찾는 이들에게 유구한 사찰의 역사 못지 않게 큰 감동을 안겨 주는 일이 또 하나 있다. 바로 사찰 일주문부터 천왕문에 이르는 약 600m 정도의 전나무 숲길이 그것이다. 마치 터널을 이룬 듯한 전나무 숲길 아래로 드문 드문 보이는 산죽의 모습은 내소사가 간직하고 있는 특별한 자랑거리 중의 하나이다. 변산의 절경과 어우러진 내소사의 이같은 아름다움 때문인지 예로부터 많은 스님과 시인들이 이 곳에 들러 시를 남겼으며, 지금까지 각종 문헌에 이들 시가 전하고 있다.

　하지만 안타깝게도 내소사의 창건 이후의 역사는 별로 전하는 내용이 없다. 오랜 역사 속에서 분명 많은 자료들이 만들어졌겠지만, 지금 남아 있는 것은 오직 몇 개의 전각뿐이다. 그나마 지난 1995년에 〈내소사사적비〉가 건립되므로써 역사의 대강을 전하고 있는데, 여기에 수록된 내용들에 대한 역사적 고증과 보완 작업은 앞으로 계속 연구해 나가야 할 것이다.

　현존하는 자료 가운데 내소사의 창건 연기를 살펴볼 수 있는 것으로 『신증동국여지승람』이 있다. 단 몇 구절에 불과한 내용이지만, '신라의 혜구두타(惠丘頭陀)가 창건한 사찰로서 대·소의 두 소래사가 있다.'라는 표현이 있어 신라의 혜구 스님이 창건한 사찰임을 알 수 있는 것이다. 아울러 이 자료가 편찬된 16세기 무렵에는 내소사가 대·소의 두 개 사찰로 구성되어 있었음을 알 수 있는데, '대내소사'는 소실되어 없어지고 지금의 내소사는 '소내소사'를 가리키는 것이라는 게 일반적 견해이다.

　한편 내소사의 역사와 관련하여 눈여겨 둘 점이 또 하나 있다. 바로 사찰 이름의 변화에 대한 내용인데, 상당히 오랜 기간 동안 내소사의 이름은 소래사(蘇來寺)로 불리워졌던 것이 확실하다. 위에서 든 『신증동국여지승람』을 비롯하여 18세기에 편찬된 신경준(申景濬)의 『가람고』에도 소래사라는 이름으로 실려 있기 때문이다. 어떠한 이유로 사찰명이 바뀌게 되었는지는 분명하지 않지만, 1700년에 제작된 괘불과 내소사 동종에 새겨진 1853년의 명문에는 내소사라는 이름이 있어, 한동안 두 사찰명이 혼용되다가 이후 바뀐 이름인 내소사로 정착되었던 것으로 보인다.

■ 연혁

앞서 언급하였듯이 내소사의 역사를 전해주는 문헌 자료는 별로 없는 실정이며, 다만 조성년대를 알 수 있는 몇 종류의 유물 자료가 있다. 문헌에서 보이는 내용을 종합하여 연혁을 구성하면 다음과 같다.

년　　　대	주　　요　　사　　항
신라시대	혜구 스님이 창건.
740년(신라 효성왕 4)	산내암자인 지장암(현 서래선림)을 진표율사가 창건하였다고 하나 확실치 않음.
고려시대	삼층석탑 조성.
1414년(조선 태종 14)	실상사에서 봉래루(蓬萊樓)를 이건하였다고 하나 확실치 않음.
1415년(태종 15)	이씨 부인이 그의 남편 유근(柳謹)의 명복을 빌기 위해 『묘법연화경』 사본을 만듬. 내소사에 소장되어 있다가 국립전주박물관에 보관·전시하고 있음.
16세기 경	대소래사·소소래사의 두 사찰이 존재하고 있었음.
1633년(인조 11)	청민선사(靑旻禪師)가 중창함. 이 때 지금의 대웅보전을 건립함.
1640년(인조 18)	청영대사(淸映大師)가 설선당과 요사를 함께 건립함. 이 때 지어진 것으로 추정되는 재래식 정랑이 현존함.

1700년(숙종 26)	괘불탱화를 조성함.
1850년(철종 1)	청림사(靑林寺) 터에 묻혀 있던 고려 동종을 파내어 내소사로 옮겨 옴.
1853년(철종 4)	내소사로 옮겨 온 동종에 명문을 새겨 넣음.
1902년	관해선사(觀海禪師)가 중창함. 이 때 대웅보전도 중수함.
1941년	삼성각을 건립함.
1960년	삼성각의 칠성탱화를 조성함.
1963년	고려시대 동종이 보물 제277호, 『묘법연화경』 사본이 보물 제278호, 대웅보전이 보물 제291호로 각각 지정됨.
1983년	일주문을 조성함.
1985년	대웅보전을 보수함.
1986년	설선당과 요사를 보수함. 천왕문을 건립함.
1987년	봉래루를 해체하여 복원함.
1988년	진화사(眞華舍)를 건립함.
1989년	대웅보전의 삼존불상을 개금함.
1994년	부도전을 정비함. 화엄채를 무설당으로 고침.
1995년	경내의 수각을 제작함. 〈내소사사적비〉를 건립함. 〈해안당대종사행적비〉를 건립하고 종각과 범종을 세움.
1997년	괘불탱화가 보물 제1268호로 지정됨.

해안당대종사비와 사적비 근대의 고승 가운데 한 분인 해안 스님의 비와 사적비가 세워졌다.

　이상이 간략한 내소사의 연혁이다. 사찰에 전하는 내용에 따르면 내소사의 역사를 정리한 사지(寺誌)가 한국전쟁 이전까지 존재하고 있었으나 아쉽게도 전쟁 중에 불타버렸다고 한다. 따라서 현재로서는 더 이상의 연혁 내용을 확인할 수 없으며, 아울러 봉래루의 이건 시기 등 불확실한 내용에 대한 고증도 어려운 상태이다.

　어쨌든 위의 연혁 내용을 통해 짐작할 수 있듯이 내소사의 현재 가람 배치는 17세기 중창 때에 형성된 것으로 보인다. 청민선사라는 분이 주도한 이 시기의 불사는 과거 '소소래사' 터 위에서 이루어졌으며, 이 때 건조된 대웅보전에 얽힌 설화도 함께 전해지고 있다. 이 설화의 내용을 모두 옮기긴 어렵지만 당시 대웅전을 조성한 도편수는 호랑이가 화현한 대호선사(大虎禪師)이며, 대웅전 내부의 단청과 그림을 그린 새는 관세음보살의 화현이었다는 것이 줄거리이다.

■ 주요인물

● 해안선사

내소사를 거쳐간 역대 고승은 상당 수 있겠지만 그 행적이 자세히 전하는 인물로 해안선사(海眼禪師, 1901~1974)가 있다. 해안 스님은 근대의 대표적 고승 가운데 한 분이며, 특히 일제강점기 때 내소사를 가꾸어 놓는데 큰 역할을 하였다. 지금 대웅보전 내부에는 스님의 영정이 봉안되어 있으며, 지난 1995년에는 스님의 공적을 기리기 위해 〈해안당대종사행적비〉를 건립하기도 하였다. 그러면 이 행적비에 전하는 내용을 바탕으로 스님의 행장을 간략히 정리해 보도록 하겠다.

스님은 1901년 부안군에서 출생하였으며 부친은 김치권(金致權), 모친은 은진 송씨(宋氏)였다. 본관은 김해이며 어렸을 적 이름은 성봉(成鳳)이라 했고, 훗날 봉수(鳳秀)라는 이름으로 바꾸었다. 10세가 되던 1910년부터 근동서당에서 한학을 수학하다가 1914년 내소사의 만허선사(滿虛禪師)에게 나아가 출가하였다. 이후 1917년 백양사에서 만암(曼庵) 스님을 계사(戒師)로 사미계를 받았고, 이 곳에서 사미과를 수료하였다.

수행에 전념하던 스님은 1918년 성도절(成道節)을 기념한 용맹정진에 참석하였다가 큰 깨달음을 얻게 되었다고 한다. 그리고 계속해서 백양사 학림의 중등과·사교과를 졸업하고, 경성불교중앙학림을 졸업하는 등 학문을 게을리 하지 않았다. 학문 탐구에 대한 스님의 열정은 유학의 계기를 마련하는 것으로까지 이어지는데, 1922년 중국 땅에 들어가 3년간 북경대학에서 불교학 공부를 하였다.

스님은 1927년 내소사 주지로 부임하므로써 자신의 출가 도량을 직접 책임지게 되는 계기를 맞는다. 이후부터 스님은 내소사를 중심한 이 지역 일대에서 선(禪) 수행에 전념하게 되는데, 특히 월명선원(月明禪院)에서의 정진은 잘 알려져 있는 내용이다.

한때 금산사 주지와 서래선림(西來禪林)의 조실로 주석하기도 했던 스님은

1974년 음력 3월 9일, 서래선림에서 세수 74세, 법랍 57세를 일기로 입적하였다.

"생사 없는 곳에 따로이 한 세계 있도다. 때묻은 옷을 벗으면 바로 이 달 밝은 때이니라(生死不到處 別有一世界 垢衣方落盡 正是月明時)."는 열반송을 남겼던 해안선사는, "혹 사리가 나오더라도 물에 띄워 버리고 비석 같은 것은 세우지도 말라."는 당부를 할 정도로 겸허하고 진솔한 삶을 늘 강조했던 분으로 알려져 있다.

■ 성보문화재

현재 절에는 대웅보전·삼성각을 비롯하여 설선당·무설당·관심당 등의 요사, 그리고 범종각·보종각·봉래루·천왕문·일주문 등의 건물이 있다.

● 내소사대웅보전

팔작지붕에 앞면과 옆면 각 3칸씩으로서, 조선시대 인조대(1623~1648)에 철민 대사가 중창한 것으로 전해진다. 못 하나 쓰지 않고 나무를 깎아 서로 결합해 지은 것으로 유명한 것처럼, 그 의장(意匠)과 기법이 매우 독창적인 건물로 손꼽힌다. 현재 보물 제291호로 지정되어 있다.

건축 양식을 보면 앞면과 두 옆면을 쌓아올린 기단부 위에 낮은 건물기단을 갖추고 있으며, 초석은 자연석을 이용하였다.

모서리기둥은 배흘림이 있으나, 나머지 기둥들은 평기둥이다. 문짝들의 문살은 초화문을 투각(透刻)하였는데 정교하고 아름답다. 공포는 다포(多包)계인데 외부 3출목, 내부 5출목으로 되어 있다. 내부는 후열(後列) 중앙부 2개의 고주(高柱)에 후불벽(後佛壁)을 세워서 후불탱화를 걸고 그 앞면에 불단을 안치했다. 또한 후불벽 뒤쪽에는 벽화를 그렸다.

대웅보전 안에는 석가불좌상을 중심으로 좌우에 문수·보현보살이 있는 삼

대웅보전 못 하나 쓰지 않고 나무를 깎아 서로 결합하여 지은 의장과 기법이 매우 독창적이다.

존불을 비롯하여, 불화로는 영산후불탱화·지장탱화·신중탱화 및 후불벽화로 관음도가 봉안되었다. 또한 1700년(숙종 26)에 제작된 괘불함과 동종이 하나 있다.

대웅보전 삼존불은 1633년(인조 11)에 청민(淸旻)대사가 조성하여 봉안하였다고 전한다. 본존불 머리에는 육계가 표현되지 않았으며, 수인은 항마촉지인이다. 불의는 통견형식인데 가슴 가운데에 연화대를 장식했다.

● 삼성각·봉래루

맞배지붕에 앞면 3칸, 옆면 1칸 규모로서, 안에는 관음좌상을 비롯해서 칠성탱화(1960년)·산신도·독성도 및 현판 1매가 있다.

봉래루(蓬萊樓)는 맞배지붕에 앞면 5칸, 옆면 3칸인 2층 누각으로서 안에는 「내소사만세루중건기(來蘇寺萬歲樓重建記)」(1821년)·「변산내소사사자암중

대웅보전 문살
각 문짝의 문살은 초화문을 투각하
였는데 매우 정교하고 아름답다.

창기(邊山來蘇寺獅子庵重創記)」(1856년) · 「변산내소사영세불망기(邊山來
蘇寺永世不忘記)」(1875년) · 「내소사중창불사기」(1988년) 등 현판 여러 매가
걸려 있다.

● 요사

요사 건물로는 설선당(說禪堂) · 무설당(無說堂) · 관심당(觀心堂) 및 설선
당과 붙어 있는 또다른 건물 1동이 있다.

설선당은 맞배지붕에 'ㅁ'자 모양의 건물인데, 1640년(인조 18)에 청영(淸
映)대사가 수학정진의 장소로 사용하기 위하여 창건하였다고 한다. 건물구조
가 특이하여 4면이 모두 다른 요사와 연결되어 있고, 중앙에 우물천장을 배치
한 구조를 이루고 있다. 「설선당 및 요사」가 현재 전라북도유형문화재 제125
호로 지정되어 있다.

● 내소사고려동종

종의 몸체에 새겨진 명문에 의하면 고려시대인 1222년(고종 9)에 청림사(靑
林寺)에서 주조된 것으로, 어느 때인가 폐사되어 땅에 묻혀 있다가 1850년(철
종 1)에 내소사로 옮긴 것이라고 한다. 범종에 표현된 각 조각의 수법이 훌륭
한 데다가 범종 조성년대가 뚜렷해 범종 연구에 귀중한 자료가 되고 있어 현
재 보물 제277호로 지정되어 있다.

종의 어깨에는 어깨띠[肩帶]를 놓고 그 부근에 당초보상화문을 배치하였고,
어깨띠 위에는 입화형(立花形) 장식을 배치하였다. 몸체에는 4개의 유곽이 있
고 그 안에 각각 9개의 유두를 배치하였다. 유곽 아래에는 4개의 당좌(撞座)
가 마련되어 있는데, 당좌는 12판의 연화문으로 표현하였다. 유곽과 당좌 사
이에는 연화대에 앉은 본존상과 두 협시 보살입상을 배치하였다.

봉래루 중층 누각의 건물 안에는 각종 중건기와 불사기 등 사찰의 연혁에 관한 현판들이 걸려 있다.

내소사고려동종

범종의 상부에는 머리가 큰 용두(龍頭)를 배치했는데, 음통은 2절의 대마디형 구분이 있고, 그 상부는 6개의 구슬장식이 있다. 현재 이 범종은 보종각(寶鍾閣)에 보관되어 있다.

● 법화경절본사본

법화경절본사본(法華經折本寫本)은 1415년(태종 15)에 『묘법연화경』을 필사하여 7권 7책으로 엮은 것으로서, 표지에서 내용까지 훼손없이 상태가 매우 좋다. 각 권의 크기는 길이 36cm, 너비 14cm로 권당 52면으로 되어 있으며, 현재 보물 제278호로 지정되어 있다. 첫 책 첫머리에는 변상도(變相圖)가 있고, 끝책 끝부분에는 1415년에 이씨 부인이 남편 유근(柳謹)의 명복을 빌기 위해 사성(寫成)한다는 기문(記文)이 보인다.

본문 글씨의 품격은 조선 초기의 것이므로 고려 말기의 사경(寫經)에 비해 필력이 떨어지고 오직 중후건실(重厚健實)한 필치로만 일관되었다는 평가를 받는다. 그러나 이렇듯 완전하고 깨끗하게 보존된 것으로서는 드문 일품(逸品)인 데다가, 글씨 하나하나에 정성이 깃들여져 고인의 명복을 비는 필사자(筆寫者)의 두터운 믿음이 잘 나타나 있기도 하다. 현재 국립전주박물관에 보관·전시중이다.

내소사삼층석탑
고려시대에 조성되었다. 규모
는 작은 편이지만 통일신라
석탑 양식을 따르고 있다.

● 내소사 삼층석탑

대웅보전 앞에 위치한 고려시대 삼층석탑으로서 현재 전라북도유형문화재
제124호로 지정되어 있다.

탑의 양식을 보면 전체적으로 세장(細長)한 석탑이다. 기단부는 2중기단으
로 되어 있는데, 하층기단은 1매의 석재로 지대석·면석·갑석을 새겼다. 하층
기단의 상면은 높은 2단 받침을 갖추고 있다. 상대 중석(中石)은 4매의 석재
로 구성되어 있으며, 상대 갑석에는 탑신을 받기 위한 높은 2단 받침과 갑석
부연(副椽)이 새겨져 있다.

탑신과 옥개는 각 1매석으로 구성되었으며, 옥개석은 낙수면의 경사가 급하며 4단의 옥개받침으로 구성되어 있다.

옥개석 상면에는 탑신받침이 새겨지지 않았다. 현재 노반석을 제외한 상륜부는 완전하지 않다.

크기는 전체 높이 346㎝, 하층기단 너비 143㎝로서 비록 규모는 작은 편이지만 통일신라 석탑양식을 따른 고려시대 석탑으로서 중요하다.

● 부도군

절 입구의 일주문에서 경내로 가다가 왼쪽에 위치하며, 현재 전부 9기의 부도가 2열로 배치되어 있다. 앞열의 4기는 능파당(楞坡堂) · 만허당(萬虛堂) · 관해당(觀海堂) · 해안당(海眼堂)의 당호가 확인되나, 뒷열의 5기는 당호가 확인되지 않는다. 모두 조선 후기 및 근래에 봉안한 부도들이다.

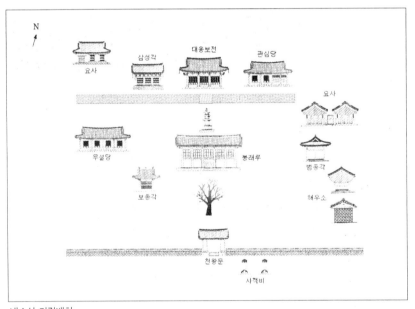

내소사 가람배치

성황사

■ 위치와 창건

성황사(城隍寺)는 부안군 부안읍 동중리 401번지 상소산(上蘇山)에 자리한 대한불교조계종 제24교구 본사 선운사의 말사이다.

상소산이라는 산이름은 신라가 삼국을 통일할 무렵 당나라 장수 소정방(蘇定方)이 와서 이 산에 올랐다해서 상소산으로 불린다고 전한다. 그리 크거나

성황사　부안읍내 상소산 서림공원 안에 자리한 절은 최근 법당 신축 등 중창불사가 시작되었다.

대웅전 지장탱화
지장보살을 중심으로 도명존
자와 무독귀왕 그리고 그 권
속들이 시립하고 있다.

높지는 않지만 부안군 전체를 내려다볼 수 있는 산으로서, 부안읍민의 휴식처
요 새벽 등산로로 애용되기도 한다. 그래서 상소산은 '부안의 남산'으로 불린
다. 절은 이 산 정상 바로 아래, 부안군청 뒷쪽의 서림공원 안에 위치한다.

창건은 절에서 전하기로는 고려시대인 1314년(충숙왕 1)에 순천 송광사의
16국사 가운데 한 분인 원광국사가 성황당사(城隍堂寺)라는 이름으로 창건
했다고 전한다. 그러나 16국사 가운데 원광국사라는 분은 없으며, 1314년에 해
당되는 분은 혜감(惠鑑)국사 만항(萬恒, 1249~1319)이나 각진(覺眞)국사 복
구(復丘, 1270~1355) 스님인데 이 두 스님의 행적 가운데 성황사 창건 사실
은 확인할 수 없다. 혹은 1105년(숙종 10)에 역시 16국사 가운데 한 분인 원
감국사가 창건했다고도 하지만, 그것 또한 원감(圓鑑)국사 충지(沖止, 1226~
1292)의 활동년대와 맞지 않는다.

근대에 이르기까지의 연혁은 전혀 전하지 않는데, 1870년(고종 7) 무렵에
법당이 중건되었다고 한다.

한편 부안에는 주위가 1,188척, 높이 15척에 샘물이 12개가 있고 동·서·

남으로 성문이 있는 읍성이 있었다. 본래 '성황'은 성 바깥에 파놓은 해자(垓字)나 그 성을 지키는 신을 뜻하므로 성황사라는 이름은 바로 이 읍성을 지키는 의미로 붙여진 것이 아닐까하는 견해가 있다.

■ 성보문화재

현재 절에는 대웅전과 요사만 있는 단출한 규모다.

대웅전은 팔작지붕에 앞면과 옆면 각 3칸 건물로서 1994년 무렵에 지었다.

안에는 아미타삼존불상과 독성상, 그리고 후불탱화·지장탱화·신중탱화·칠성탱화·독성탱화·산신탱화 및 중종이 하나 있는데 전부 근래에 조성했다.

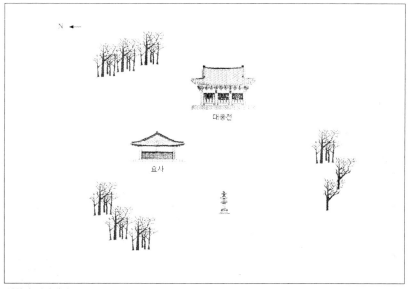

성황사 가람배치

월명암

■ 위치와 창건

월명암(月明庵)은 부안군 변산면 중계리 96-1번지 변산(邊山)에 자리한 대한불교조계종 제24교구 본사 선운사의 말사이다. 절 뒤쪽의 봉우리는 쌍산봉(雙山峰)으로서, 낙조대(落照臺)가 있는 쌍선봉(雙仙峰)과는 다른 봉우리다. 월명암은 전국에서 몇 안되는 산상무쟁처(山上無諍處)의 한 곳으로서 대둔

월명암 태고사 · 운문암과 함께 호남의 3대 영지로 손꼽는 절은 삼국통일 직후 부설 스님이 창건했다.

산 태고사(太古寺), 백암산 운문암(雲門庵)과 함께 호남지방의 3대 영지(靈地)로 손꼽는다.

절의 창건은 삼국의 통일직후인 691년(신문왕 11)에 부설(浮雪) 스님이 창건했다고 전한다.

그 뒤의 연혁은 잘 알 수 없고, 조선시대에 들어와 1592년의 임진왜란으로 폐허화된 것을 진묵 일옥(震默一玉) 스님이 중창하고 이곳에서 많은 제자들을 길러냈다(진묵 일옥 스님에 대해서는 『전북의 전통사찰 I』의 「완주군 봉서사」〈주요인물〉편 참고).

1863년(철종 14)에는 성암(性庵) 스님이 절을 크게 중창했으나, 1908년(융희 2) 우리나라를 침탈하려는 일본에 맞서기 위해 의병이 봉기하면서 이곳을 근거지로 삼아 일본군과 접전을 벌이는 와중에 절의 상당 부분이 다시 소실되었다. 그 뒤 1915년에 학명 계종(鶴鳴啓宗, 1867~1929) 스님이 중건했다.

근대에서는 1950년의 한국전쟁 직전 여순사태가 일어났을 때 소실되었다가

법당 관음보살상
목조로 조성된 보살상은 조선 후기
의 작품으로 추정된다.

1956년 무렵 원경(圓鏡) 스님이 소규모로 중건을 했다. 최근에는 1982년 무렵 주지로 부임한 현재의 종흥(宗興) 스님이 요사 등을 새로 짓고 고치는 등의 불사를 하며 오늘에 이른다.

부속암자로는 쌍선봉 쪽으로 약 100m 거리에 있는 묘적암(妙寂庵)이 있다.

월명암은 옛부터 전국에서 손꼽히는 수행도량으로서 봉래선원(鳳萊禪院)이 유명하다. 봉래선원에서는 근대의 큰스님인 행암(行庵)·용성 진종(龍城震鍾, 1864~1940)·고암 상언(古庵祥彦, 1899~1988)·해안 봉수(海眼鳳秀, 1901~1974)·소공(籬空) 스님 등이 참선한 바 있다. 이 봉래선원이 해방 전후한 무렵에 지금의 사성선원으로 바뀌었다.

한편 월명암에 관련된 시문 가운데 조선시대의 백학래(白鶴來)가 지은 시 한 수가 『사찰지(寺刹誌)』에 실려 있어 소개한다.

我愛蓬萊好 尋眞絶頂行 靈山長不老 落日沒還生
天近仙香濕 風高佛骨淸 孤庵經幾劫 古月至今明

나는 봉래를 좋아해서 진리를 찾으려 산꼭대기에 올랐더니
영산은 오래토록 늙지도 않았고 해는 저도 다시 살아오네
하늘은 가까워 선향은 진하고 바람은 높아 부처님은 맑기만 하네
암자는 오랜 세월을 보냈겠지만 그 때의 달은 지금도 밝기만 하네.

■ 주요인물

● 부설거사

망해사의 창건주로 알려진 부설(浮雪) 스님은 신라시대에 활동한 분으로서 흔히 '부설거사'로 부르는데, 자세한 생몰년을 알 수 없다. '거사(居士)'라는 말은 출가한 스님이 아니라 재가(在家)에서 불교를 수행하는 사람을 가리키

는데, 부설거사는 본래 스님이었으나 환속해 결혼한 후에도 뛰어난 보살행으로 출가한 여느 스님 이상으로 수행하고 정진하여 그 도가 매우 높았으므로 우리나라의 대표적 거사로 손꼽힌다. 부설거사의 행적에 대해서는 조선 후기에 편찬된 『영허대사집(暎虛大師集)』 속에 기록되어 있다. 이를 토대로 그 행적을 살펴보도록 한다.

부설거사는 선덕왕 때 경주에서 태어났으며 이름은 진광세(陳光世), 자는 의상(宜詳)이다. 어려서 출가해 불국사에서 원정(圓淨) 스님의 제자가 되었다. 함께 공부하던 영희(靈熙)·영조(靈照) 등과 함께 지리산·천관산·능가산 등 전남의 명산을 순례했다. 그 뒤 묘적암(妙寂庵)을 짓고 몇 해 동안 수도하다가 문수도량을 순례하기 위해 오대산을 향하게 되었다.

그러던 중 하루는 두릉(杜陵), 곧 지금의 김제 만경들에 있는 구무원(仇無寃)의 집에서 묵게 되었다. 구무원에게는 18세 된 묘화(妙花)라는 벙어리 딸이 있는데, 이 때 부설의 법문을 듣고는 말문이 열렸다. 감격한 묘화는 부설에게 부부가 되자고 말했으나 부설은 승려의 몸으로 그럴 수 없다고 거절했다. 이에 낙심한 묘화가 스스로 목숨을 끊으려 하자, 부설은 '보살의 자비는 곧 중생을 인연따라 제도하는 것'이라고 생각하고는 그녀의 청을 들어 부부가 되었고, 부설의 두 친구는 오대산으로 떠났다. 부설은 부인과 15년을 함께 살면서 등운(登雲)과 월명(月明) 등 아들 딸을 낳은 뒤, 별당을 짓고 5년 동안 수도에만 전념했다. 이 무렵 옛 친구인 영희와 영조가 오대산에서의 수도를 마친 뒤 돌아가는 길에 부설에게 들렀다.

오랜만에 만난 세 명의 옛 친구는 서로의 도력을 시험해보기로 했다. 물병 세 개를 매달아놓고 돌로 병을 쳤는데, 두 친구의 병은 깨지며 물이 흘러내렸으나 부설이 돌을 던지자 물병만 깨지고 물은 허공 중에 그대로 머물러 있었다. 비록 속가의 몸으로서 수도한 부설이지만 그 수행과 깨달음의 정도는 출가자를 훨씬 넘어섰던 것이다. 그리고는, "참된 법신(法身)에 생사가 있을 수 없다."는 설법을 한 뒤 임종게를 남기고는 단정히 입적했다. 두 친구가 다비해 사리를 변산 묘적봉 남쪽에 안치했다. 그리고 그의 아들 딸도 출가해 훗날 도

사성문과 사성선원 사성선원은 부설거사와 부인 그리고 그의 자녀를 가리키는 사성에서 비롯된다.

를 깨우쳤고 부인인 묘화는 살던 집을 보시해 절을 만들었으며 110세까지 살았다고 한다.

부설에 관한 이야기는 나중에 『부설전』이라는 불교소설로도 만들어져 한문 필사본 1책이 월명암에 전한다(「성보문화재」 참고).

■ 성보문화재

절에는 현재 법당을 비롯해서 사성선원·수각·요사 등이 있다. 전각을 비롯한 대부분 성보가 근래에 조성되었다. 요사는 전부 3채가 있는데, 사성선원 옆의 요사는 산신각을 겸하며 법당 옆 요사는 공양처로, 그리고 선원 북쪽에 있는 요사는 운해당(雲海堂)으로 부른다.

한편 묘적암 위쪽에는 2기의 부도가 있는데, 절에서는 이 가운데 왼쪽에 있는 석종형 부도가 부설거사의 사리탑이라고 한다. 실제 『부설전』에 보면 부설거사가 입적한 뒤 다비해서 그 사리를 묘정봉 남쪽 기슭에 묻었다는 기록이 있어 이 말과 어느 정도 부합되고 있다.

낙조대 절 가까이에 있는 쌍선봉에는 낙조대가 있다. 이곳에서 보는 낙조는 가히 절경이라 한다.

● 법당

팔작지붕에 앞면 5칸, 옆면 3칸의 규모이다. 앞면 3칸이 법당이며, 양쪽 1칸씩은 부엌과 주지실로 사용된다.

안에는 목조관음좌상을 비롯해서 목각후불탱·목각신중탱이 있다. 이 가운데 관음좌상은 조선시대 후기의 작품으로 추정되며, 크기는 높이 80cm, 무릎너비 48cm이다.

● 사성선원·요사

사성선원(四聖禪院)은 팔작지붕에 앞면 5칸, 옆면 3칸 건물로서 선방으로 사용된다. 사성선원의 '사성'은 '네 분의 성인'을 가리킨다. 곧 부설거사와 그의 부인 묘화 그리고 그의 아들 딸인 등운과 월명이 모두 다함께 불도를 깨우쳐 성인이 되었다는 일에서 유래한다. 안에는 비로자나불상이 봉안되어 있다.

법당 옆 요사에는 1933년에 조성된 소종이 하나 있다.

● 부설전

『부설전』은 월명암을 창건한 부설거사에 관한 이야기를 한문으로 적은 소설로서, 작자와 연대는 알 수 없다. 현재 전라북도유형문화재 제140호로 지정되어 있다.

필사본으로서 분량은 한지 7장을 1면으로 해서 전부 15면이며, 1면은 10행으로서 매 행 14자이므로 전부 2,616자가 붓으로 적혀 있다. 서체는 행서체이고 면 중간에 관인(官印) 또는 사인(寺印)으로 추정되는 날인이 있다.

내용은 부설거사가 태어날 때부터 죽을 때까지의 행적과, 그가 쓴 사부시(四賦詩) 그리고 팔죽송(八竹頌)으로 되어 있다. 그런데 4부시와 8죽송의 글씨체가 각각 다른 것이 주목된다.

이『부설전』은 단순한 재가성도담(在家成道譚)이라기보다도 대승적 보살사상의 구현을 사상적 기반으로 한 본격적 불교소설이라는 평가를 받는다.

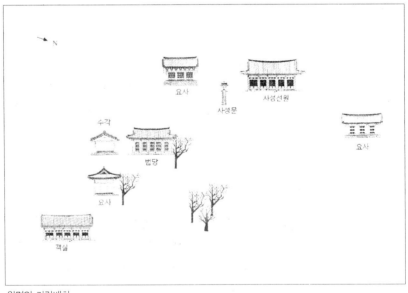

월명암 가람배치

부　록

불교 지정 문화재

1. 국보

유　물　명	소　재　지	지정번호
실상사백장암삼층석탑	남원시 실상사 백장암	국보 10

2. 보물

유　물　명	소　재　지	지정번호
만복사지오층석탑	남원시 왕정동	보물 30
만복사지석좌	남원시 왕정동	보물 31
만복사지당간지주	남원시 왕정동	보물 32
실상사수철화상능가보월탑	남원시 실상사	보물 33
실상사수철화상능가보월탑비	남원시 실상사	보물 34
실상사석등	남원시 실상사	보물 35
실상사부도	남원시 실상사	보물 36
실상사석탑	남원시 실상사	보물 37
실상사증각대사응료탑	남원시 실상사	보물 38
실상사증각대사응료탑비	남원시 실상사	보물 39
실상사백장암석등	남원시 실상사	보물 40
실상사철제여래좌상	남원시 실상사	보물 41
용담사지석불입상	남원시 용담사	보물 42

만복사지석불입상	남원시 왕정동	보물 43
정읍은선리삼층석탑	정읍시 영원면 은선리	보물 167
옥구발산리석등	군산시 개정면 발산리	보물 234
임실용암리석등	임실군 신평면 용암리	보물 267
발산리오층석탑	군산시 개정면 발산리	보물 276
내소사고려동종	부안군 내소사	보물 277
법화경절본사본	국립전주박물관 보관	보물 278
선운사금동보살좌상	고창군 선운사	보물 279
선운사지장보살좌상	고창군 선운사	보물 280
선운사대웅보전	고창군 선운사	보물 290
내소사대웅보전	부안군 내소사	보물 291
개암사대웅전	부안군 개암사	보물 292
천곡사지칠층석탑	정읍시 망제동	보물 309
백장암청동은입사향로	국립전주박물관 보관	보물 420
실상사약수암목조탱화	남원시 실상사 약수암	보물 421
선원사철조여래좌상	남원시 선원사	보물 422
남원신계리마애여래좌상	남원시 대산면 신계리	보물 423
선운사참당암대웅전	고창군 선운사 참당암	보물 803
정읍보화리석불입상	정읍시 소성면 보화리	보물 914
개령암지마애불군	남원시 산내면 덕동리	보물 1123

선운사도솔암마애불	고창군 선운사 도솔암	보물 1200
내소사괘불	부안군 내소사	보물 1200

3. 사적

유　물　명	소　　재　　지	지정번호
실상사일원	남원시 실상사	사적 309
만복사지	남원시 왕정동	사적 349

4. 중요민속자료

유　물　명	소　　재　　지	지정번호
남원실상사석장생	남원시 실상사	중요민속 15

5. 유형문화재

유　물　명	소　　재　　지	지정번호
용담사칠층석탑	남원시 용담사	유형 11
장문리오층석탑	정읍시 고부면 장문리	유형 13
선운사석씨원류	고창군 선운사	유형 14
대복사철불좌상	남원시 대복사	유형 24
선원사동종	전주시 남고사	유형 25

순화리삼층석탑	순창군 순창읍 순화리	유형 26
선운사영산전목조삼존불상	고창군 선운사	유형 28
선운사육층석탑	고창군 선운사	유형 29
선운사범종	고창군 선운사	유형 31
선운사약사여래불상	고창군 선운사	유형 33
상주사대웅전	군산시 상주사	유형 37
지당리석불입상	남원시 주생면 지당리	유형 44
실상사극락전	남원시 실상사	유형 45
심경암석불좌상	남원시 심경암(적조암)	유형 46
주낙리석조여래입상	남원시 주생면 낙동리	유형 47
내장사이조동종	정읍시 내장사	유형 49
문수사대웅전	고창군 문수사	유형 51
문수사문수전	고창군 문수사	유형 52
선운사만세루	고창군 선운사	유형 53
탑동삼층석탑	군산시 대야면 죽산리	유형 66
중기사지석불연화대좌	임실군 신평면 용암리	유형 82
오수리석불	임실군 둔남면 오수리	유형 86
강천사석탑	순창군 강천사	유형 92
남복리오층석탑	정읍시 고부면 남복리	유형 95
용흥리해정사지석탑	정읍시 고부면 용흥리	유형 96

용흥리석불입상	정읍시 고부면 용흥리	유형 97
후지리탑동석불	정읍시 영원면 후지리	유형 98
남복리미륵암석불	정읍시 미륵암	유형 99
신흥사대웅전	임실군 신흥사	유형 112
선국사대웅전	남원시 선국사	유형 114
불지사대웅전	군산시 불지사	유형 117
망제동석불입상	정읍시 망제동	유형 118
선원사약사전	남원시 선원사	유형 119
세전리석불입상	남원시 송동면 세전리	유형 120
선운사백파율사비	고창군 선운사	유형 122
청림리석불좌상	부안군 상서면 청림리	유형 123
내소사삼층석탑	부안군 내소사	유형 124
내소사설선당과 요사	부안군 내소사	유형 125
개암사동종	부안군 개암사	유형 126
과립리석불입상	남원시 이백면 과립리	유형 128
참당암동종	고창군 선운사 참당암	유형 136
부설전	부안군 월명암	유형 140
임실이도리미륵불상	임실군 운수사	유형 145

6. 기념물

유 물 명	소 재 지	지정번호
내장사지(벽련사지)	정읍시 내장사	기념 73
귀정사지	남원시 귀정사	기념 76
부안실상사지	부안군 실상사	기념 77
내소사일원	부안군 내소사	기념 78

7. 민속자료

유 물 명	소 재 지	지정번호
선국사대북	남원시 선국사	민속 5

8. 문화재자료

유 물 명	소 재 지	지정번호
해월암	임실군 해월암	문자 24
죽림암	임실군 죽림암	문자 25
선원사대웅전	남원시 선원사	문자 45
대복사극락전	남원시 대복사	문자 48
창덕암삼층석탑	남원시 창덕암	문자 60
미륵암석불입상	남원시 이백면 효기리	문자 62
창덕암석불좌상	남원시 창덕암	문자 64

미륵암석불입상	남원시 미륵암	문자 65
나한전	고창군 선운사	문자 110
상이암부도	임실군 상이암	문자 124
선운사도솔암내원궁	고창군 선운사 도솔암	문자 125
상원사대웅전	고창군 상원사	문자 126

절 터

사 지	소 재 지	유 적 유 물
선종암지(善宗庵址)	군산시 소룡동	석탑(은적사로 이건)
고산사지(高山寺址)	군산시 나포면 장상리	청자편, 토기편
영원사지(靈源寺址)	정읍시 구룡동	석조, 대좌석
천곡사지(泉谷寺址)	정읍시 망제동	칠층석탑(보물 제309호)
만복사지(萬福寺址)	남원시 왕정동	오층석탑, 석불입상, 금당터
수락사지(水落寺址)	임실군 덕치면 가곡리	부도
삼길리사지(三吉里寺址)	임실군 덕계면 삼길리	맷돌, 주초석, 축대
덕계리사지(德溪里寺址)	임실군 삼계면 덕계리	축대
수정사지(水晶寺址)	남원군 송동면 세전리	석불
과립리사지(科笠里寺址)	남원시 이백면 과립리	석불입상(전북유형 제128호)
옥천사지(玉川寺址)	순창군 순창읍 순화리	삼층석탑(전북유형 제26호)
남계리사지(南溪里寺址)	순창군 순창읍 남계리	석탑
세용리사지(細龍里寺址)	순창군 인계리 세용리	마애삼존불상, 석탑재
난계사지(蘭溪寺址)	순창군 동계면 수장리	석축
불암사지(佛岩寺址)	순창군 적성면 석산리	마애석불
안정리사지(安亭里寺址)	순창군 구림면 안정리	옥파당 부도, 석불상

해정사지(海鼎寺址)	정읍시 고부면 용흥리	석탑, 석불입상
상두사지(象頭寺址)	정읍시 산외면 가두리	당간지주
실상사지(實相寺址)	부안군 산내면 중계리	돌계단, 기와편
서외리사지(西外里寺址)	부안군 부안읍 서외리	당간지주(전북유형 제59호)
청림사지(靑林寺址)	부안군 상서면 청림리	석불좌상(전북유형 제123호)
동불암지(東佛庵址)	고창군 아산면 삼인리	마애불좌상
고현리사지(古縣里寺址)	고창군 성송면 무송리	석탑
갈산사지(葛山寺址)	고창군 흥덕면 교운리	당간지주, 탑재석

불교 금석문

· 대계 → 「한국금석문대계(韓國金石文大系)」, 전라남북도 편
· 전문 → 「한국금석전문(韓國金石全文)」
· 유문 → 「한국금석유문(韓國金石遺文)」
· 총람 → 「조선금석총람(朝鮮金石總覽)」

유 물 명	소 재 지	수록문헌
선운사당간지주명 (禪雲寺幢竿支柱銘)	고창군 선운사	대계 126쪽
실상사응료탑비 (實相寺凝蓼塔碑)	남원시 실상사	총람 권상 539쪽
실상사탑편운부도 (實相寺塔片雲浮屠)	남원시 실상사	대계 17·216쪽, 유문 174쪽, 전문 246
응료탑비명실상사비 (凝蓼塔碑銘實相寺碑)	남원시 실상사	전문 1304쪽
수철화상능가보월탑비 (秀澈和尙楞伽寶月塔碑)	남원시 실상사	전문 229쪽, 대계 11·214쪽, 총람 권상 56쪽
선운사백파대사비 (禪雲寺白坡大師碑)	남원시 화엄사	대계 188쪽
백장암은입사향완 (百丈庵銀入絲香埦)	국립전주박물관 보관	유문 370쪽, 대계 236쪽

전통사찰총서 ❾ 전라북도 Ⅱ 수록 사암 주소록

사 암 명	주 소	전 화 번 호
강천사	순창군 팔덕면 청계리 996	52-5420
개암사	부안군 상서면 감교리 714	83-3871
구암사	순창군 복흥면 봉덕리 374	53-7641
귀정사	남원시 산동면 대상리 1042	32-0106
남산사	정읍시 북면 남산리 610-1	33-4418
내소사	부안군 진서면 석포리 268	83-7281
내장사	정읍시 내장동 590	33-8741
다천사	정읍시 태인면 태흥리	34-4103
대모암	순창군 순창읍 백산리 31	53-3549
대복사	남원시 왕정동 283	31-1144
덕음암	남원시 어현동 176	625-5333
만일사	순창군 구림면 안정리 502	53-5283
문수사	고창군 고수면 은사리 산 190-1	62-0502
미륵암	남원시 노암동 765-1	625-7791
법인시	정읍시 상동 937	31-0593
보림사	정읍시 북면 보림리 939	535-6800
불지사	군산시 나포면 장산리 838	451-1518

사 암 명	주 소	전 화 번 호
상원사	고창군 고창읍 월곡리 산 1	63-2594
상이암	임실군 성수면 성수리 1-1	
상주사	군산시 서수면 취동리 544	64-7800
석탄사	정읍시 칠보면 반곡리 389	31-1268
선국사	남원시 산곡동 419	625-7222
선운사	고창군 아산면 삼인리 500	61-1422
선원사	남원시 도통동 392-1	31-0108
성황사	부안군 부안읍 동중리 401	82-5844
성흥사	군산시 성산면 둔덕리 26-1	64-0050
소요사	고창군 부안면 용산리 148-1	64-1227
신흥사	임실군 관촌면 상월리 360	43-2178
실상사	남원시 산내면 입석리 50	34-3031
실상암	순창군 순창읍 순화리	53-3384
심경암(적조암)	남원시 신촌동 124-2	32-2298
연화사	남원시 이백면 효기리 126-1	32-2708
용담사	남원시 주천면 용담리 298	32-9911
용화사	고창군 대산면 연동리 산 75	62-8531
운심사	군산시 대야면 산월리 48	451-4258
월명암	부안군 변산면 중계리 96-1	82-7890
유선사	정읍시 고부면 남복리 산 52	536-0583

은적사	군산시 소룡동 1332	466-4526
일광사	정읍시 수성동 410	535-3380
정토사	정읍시 정우면 산북리 28	537-9222
정혜사	정읍시 연지동 148	31-9333
죽림암	일실군 임실읍 성가리 525	42-3270
지장암	군산시 개정면 아산리 102-5	451-3993
창덕암	남원시 산동면 부절리 107	626-2217
해월암	임실군 둔남면 대명리 725	42-6161

D.D.D.
고창군 0677   군산시 0654   남원시 0671   부안군 0683   순창군 0674
임실군 0673   정읍시 0681

집 필

金相永 중앙승가대학교 교수
金賢男 원광대학교 불교학과 박사과정
文梨花 군산대학교 사학과 강사
李蘭英 국립문화재연구소 학예연구사
趙龍憲 원광대학교 동양종교학과 강사
崔先先 중앙승가대학교 교수
韓相吉 동국대학교 연구교수
申大鉉 사찰문화연구원 연구위원
安尙賓 사찰문화연구원 연구위원

전통사찰총서❾
전북의 전통사찰 Ⅱ
───────────────

펴낸이/사찰문화연구원
펴낸곳/사찰문화연구원

1997년 12월 10일 초판 1쇄 찍음
1997년 12월 10일 초판 1쇄 펴냄
2008년 9월 25일 초판 2쇄 펴냄

주소/서울특별시 마포구 신수동
      62-98번지 3층
전화/(02)706-4709
E-mail/sachal@chol.com
등록/제16-616호(1992년 11월 26일)

ⓒ사찰문화연구원, 2008
ISBN 978-89-86879-69-8 04220

가격/15,000원

※ 잘못된 책은 바꾸어 드립니다.